全国革命老区县发展史丛书·广东卷

广州市增城区革命老区发展史

广州市增城区革命老区发展史编委会　编

SPM 南方出版传媒　广东人民出版社
·广州·

图书在版编目（CIP）数据

广州市增城区革命老区发展史／广州市增城区革命老区发展史编委会编. —广州：广东人民出版社，2021.10

（全国革命老区县发展史丛书·广东卷）

ISBN 978-7-218-14819-9

Ⅰ. ①广… Ⅱ. ①广… Ⅲ. ①区（城市）—地方史—广州 Ⅳ. ①K296.54

中国版本图书馆 CIP 数据核字（2020）第 261526 号

GUANGZHOU SHI ZENGCHENG QU GEMING LAOQU FAZHANSHI

广州市增城区革命老区发展史

广州市增城区革命老区发展史编委会　编　　版权所有　翻印必究

出 版 人：肖风华

责任编辑：胡艺超
责任校对：林　俏　帅梦娣
装帧设计：张力平等
责任技编：吴彦斌　周星奎

出版发行：广东人民出版社
地　　址：广州市海珠区新港西路 204 号 2 号楼（邮政编码：510300）
电　　话：（020）85716809（总编室）
传　　真：（020）85716872
网　　址：http://www.gdpph.com
印　　刷：广州市浩诚印刷有限公司
开　　本：715mm×995mm　1/16
印　　张：20.25　插　页：4　字　数：260 千
版　　次：2021 年 10 月第 1 版
印　　次：2021 年 10 月第 1 次印刷
定　　价：68.00 元

如发现印装质量问题，影响阅读，请与出版社（020-85716808）联系调换。
售书热线：（020）85716826

广东省编纂《革命老区县发展史》丛书
指导小组

组　　长：陈开枝（广东省老区建设促进会会长）

副组长：林华景（广东省老区建设促进会常务副会长）

　　　　宋宗约（广东省农业农村厅二级巡视员、广东省老
　　　　　　　　区建设促进会副会长）

　　　　刘文炎（广东省老区建设促进会副会长）

　　　　郑木胜（广东省老区建设促进会副会长）

　　　　姚泽源（广东省老区建设促进会副会长兼秘书长）

　　　　谭世勋（广东省老区建设促进会副会长）

　　　　廖纪坤（广东省农业农村厅总经济师）

办公室

主　　任：姚泽源（兼）

副主任：韦　浩（广东省农业农村厅扶贫协作与老区建设处
　　　　　　　　处长）

　　　　柯绍华（广东省老区建设促进会副秘书长）

　　　　伍依丽（广东省老区建设促进会副秘书长）

《广州市增城区革命老区发展史》编纂委员会

主　任：丘岳峰（区委副书记、区委政法委书记）

副主任：徐明曦（区委常委、区委办公室主任）

　　　　祁森林（区委常委、区委组织部部长）

　　　　广新力（区委常委、区委宣传部部长）

　　　　尹博望（副区长）

成员：区委办、区委组织部、区委宣传部、区政协文史学习委、区人民武装部、区发改局（区统计局）、区民政局（区老促会）、区财政局、区国土规划局、区文体旅游局、区委党史研究室、区委党校、增城日报社、区广播电视台、区农业局（区扶贫办）、各镇街分管负责同志

《广州市增城区革命老区发展史》编辑部

主　编：祁森林（区委常委、区委组织部部长）

副主编：尹中威（区委党史研究室主任）

　　　　陈　坚（区委办副主任）

　　　　严立栋（区民政局党组书记）

　　　　夏文生（区委党校校长）

成员：区委办、区委组织部、区人民武装部、区民政局（区老促会）、区委党史研究室、区委党校有关人员

在举国欢庆新中国成立 70 周年前夕，中国老区建设促进会王健会长请我为《全国革命老区县发展史》丛书作序，作为一名在老区战斗过并得到老区人民生死相助的老兵，回首往事，心潮澎湃，感慨万千，深感义不容辞，欣然应允。

中国革命老区，是以毛泽东为代表的中国共产党人在领导人民推翻帝国主义、封建主义和官僚资本主义三座大山，争取民族独立和人民解放伟大斗争中建立的革命根据地，在这片红色的土地上，诞生了无数可歌可泣的革命英雄儿女，为后人树起了一座不朽的丰碑，她是新中国的摇篮，是党和军队的根。

在艰苦卓绝的战争年代，老区人民把自己的命运与中华民族的命运紧紧地联系在一起，与中国共产党和人民军队的命运紧紧地联系在一起，他们生死相依，患难与共。我曾亲历过战争年代，并得到过老区红哥红嫂的救助，切身感受到发生在身边的一幕幕撼天动地的革命故事，在那极其艰难的条件下，老区人民倾其所有、破家支前，不怕艰难困苦，不怕流血牺牲。"最后一碗米送去做军粮，最后一尺布送去做军装，最后一件老棉袄盖在担架上，最后一个亲骨肉送去上战场"，这是当时伟大的老区人民为建立新中国做出巨大牺牲的真实写照，它将永远镌刻在中国共产党、中国人民解放军、中华人民共和国的历史丰碑上。他们的光辉业绩永载史册，他们的革命精神必将影响一代又一代的革命新人，造就一代又一代的民族脊梁。

在社会主义革命和建设时期，革命老区和老区人民响应党的号召，面对落后的面貌、脆弱的经济、恶劣的生态环境，他们本色不变，精神不丢，自力更生，艰苦奋斗，干一行爱一行。始终坚持"革命理想高于天"，自觉做共产主义远大理想的坚定信仰者和忠实实践者，勇于向恶劣的自然环境和贫穷落后宣战，他们在各条战线上为国建功立业，用平凡的双手创造了一个又一个不平凡的奇迹，彰显了老区人的崇高精神和人格力量。

在改革开放的伟大进程中，老区人民解放思想，勇于创新，发奋图强，攻坚克难，老区的经济社会建设取得了辉煌成就。特别是在改变中国的面貌、中华民族的面貌、中国人民的面貌、中国共产党的面貌的伟大实践中发挥了至关重要的作用。老区人民既是改革开放的参与者，也是改革开放的推动者。

艰苦练意志，危难见精神。老区人民在近百年的革命战争、社会主义建设和改革开放的伟大实践中，孕育形成了伟大的老区精神：爱党信党、坚定不移的理想信念；舍生忘死、无私奉献的博大胸怀；不屈不挠、敢于胜利的英雄气概；自强不息、艰苦奋斗的顽强斗志；求真务实、开拓创新的科学态度；鱼水情深、生死相依的光荣传统。这是党和人民宝贵的精神财富、丰厚的政治资源，是凝心聚力、振奋民族精神的重要法宝，也是社会主义核心价值观的重要内容。

中国老区建设促进会怀着强烈的政治责任感和历史使命感，组织全国各地老促会人员克服困难，尽心竭力编纂《全国革命老区县发展史》丛书，记录老区的光辉历史和辉煌成就，传承红色基因，弘扬老区精神，是功在当代、利及千秋的一件大事。手捧这部丛书的部分书稿，读着书中的故事，倍感亲切，深感这部丛书具有资政、育人、存史的社会功能，有着重要的时代和历史价值。它是不忘初心、牢记使命的源头活水，是赞颂共产党、讴歌老区人民的一部精品力作，是弘扬老区精神、传承红色记忆的丰厚载体，是一项继承优秀传统文化、弘扬革命文化、发展社会主义先进文化，坚定"四个自信"的宏大文化工程。它必将成为一种文化品牌，为各界人士了解老区宣传老区支持老区提供一部有价值的研究史料。希望读者朋友们能从中了解并牢记这些为党和民族的利益不断奉献的老区人民，从中得到教益，汲取人生奋斗的精神动力。

新时代赋予新使命，新起点开启新征程。让我们更加紧密地团结在以习近平同志为核心的党中央周围，坚持以习近平新时代中国特色社会主义思想为指导，增强"四个意识"，坚定"四个自信"，做到"两个维护"，弘扬老区精神，铭记苦难辉煌。为实现"两个一百年"奋斗目标，实现中华民族伟大复兴的中国梦作出新的更大的贡献！

遆治田

2019 年 4 月 11 日

2017 年 6 月，中国老区建设促进会组织全国各地老促会启动编纂《全国革命老区县发展史》丛书，按照"建立中国共产党、成立中华人民共和国、推进改革开放和中国特色社会主义事业"三大里程碑的历史脉络，系统书写革命老区百年历史，深入挖掘革命老区红色文化资源，这对于充实丰富中国革命史籍宝库、在新时代传承红色基因、弘扬革命精神、强固根本，对于激励人们在新的历史条件下夺取中国特色社会主义伟大胜利，实现中华民族伟大复兴的中国梦具有重要意义。

丛书编纂以习近平新时代中国特色社会主义思想为指导，以《中国共产党历史》《中国共产党的九十年》等重要文献为基本依据，以党的领导为核心，以老区人民为主体，以老区发展为主线，体现历史进程特征，突出时代发展特色，坚持辩证唯物主义和历史唯物主义相统一、历史真实性与内容可读性相统一的原则，书写革命老区从站起来、富起来到强起来的光辉革命史、不懈奋斗史、辉煌成就史，把老区人民的伟大贡献、伟大创造、伟大成就、伟大精神充分展示出来，形成一部具有厚重历史特征和鲜明时代特色的精品力作。这是一部培根铸魂、守正创新，既为历史立言，又为时代服务，字里行间流淌着红色血脉、催生着革命激情的传世之作。丛书的编纂出版将成为讴歌党讴歌人民讴歌时代、传播红色文化、为革命老区和老区人民树碑立传的重要载体。

　　丛书按照编年体与纪事本末体相结合、以编年体为主的编写体例确定框架结构；运用时经事纬、点面结合的方式记述史实；坚持人事结合、以事带人的原则处理人与事的关系；采取夹叙夹议、叙论结合以叙为主的方法展开内容。做到了史料与史论、历史与现实、政治与学术统一，文献性、学术性、知识性相兼容。

　　为编纂好《全国革命老区县发展史》丛书，打造红色文化品牌，中国老区建设促进会认真组织积极协调，提出政治立场鲜明、史料真实准确、思想论述深刻、历史维度厚重、时代特色突出、编写体例规范、篇目布局合理、审读把关严格、出版制作精良的编纂出版总要求，力求达到革命史籍精品的精神高度、思想深度、知识广度、语言力度，增强丛书的权威性和社会影响力。各省（区、市）、市（州、盟）、县（市、区、旗）老促会的同志，以强烈的使命感、责任感和紧迫感，勇于担当，积极作为，认真实施，组织由老促会成员、专家学者等参加的十余万人编纂队伍。编纂工作主体责任在县，省、市组织协调、有力指导、审读把关。各方面人员以高度负责的精神和科学严谨的态度，满腔热情地投入工作，为丛书编纂出版做出了重要贡献。丛书编纂工作还得到了党和国家有关部委、地方各级党委政府及有关部门的大力支持和积极参与，社会各界也给予了热情帮助。中共中央政治局原委员、中央军委原副主席、原国务委员兼国防部长迟浩田上将，对老区人民怀有深厚感情，对革命老区建设发展十分关注，欣然为《全国革命老区县发展史》丛书作总序。

　　丛书由总册和 1599 部分册（每个革命老区县编纂 1 部分册）组成，共 1600 册。鉴于丛书所记述的史实内容多、时间跨度长和编纂时间紧，不妥之处，敬请批评指正。

中国老区建设促进会

● 红色史迹 ●

增城革命烈士纪念碑（吴雨轩摄于 2020 年）

正果革命烈士纪念碑（正果镇政府供图）

广州市中共党史教育基地：中共正果竹林支部旧址（袁冠勤摄于 2018 年）

广州市中共党史教育基地：派潭镇小迳村中共增龙县委旧址（袁冠勤摄于 2018 年）

广州市中共党史教育基地：正果镇白面石村中共增龙博中心县委旧址（袁冠勤摄于 2019 年）

广州市增城区中共党史教育基地：增江街道大埔围村抗战历史纪念馆（廖国文摄于 2019 年）

新塘镇坭紫村中共增城
敌后（沦陷区）县委机
关旧址（中共增城区委
党史研究室供图）

仙村镇竹园村阮海天故
居（袁冠勤摄于 2019 年）

第三区常备队旧址（仙
村镇政府供图）

正果镇亮星村中共增龙博中心县委党员干部培训班旧址（廖国文摄于 2016 年）

大埔围村广东人民抗日游击总队独立第二大队成立旧址（廖国文摄于 2019 年）

● 老区新貌 ●

派潭镇高滩村新貌
（中共增城区委党
史研究室供图）

仙村镇竹园村新貌
（中共增城区委党
史研究室供图）

永宁街道九如村新
貌（中共增城区委
党史研究室供图）

正果镇大田村新貌（中共增城区委党史研究室供图）

中新镇五联村新貌（中共增城区委党史研究室供图）

增江夜色（巫国明摄）

美丽增江（巫国明摄）

荔城朝阳（巫国明摄）

微信扫描二维码
您立即开展本书的
延伸阅读。

增城是革命老区，2019 年老区村庄多达 174 个。本书从老区村庄的形成这一角度，叙述中共增城地方组织不忘初心，担当使命，凝心聚力，带领增城人民谱写气吞山河的壮丽史诗的历史活动；叙述增城地方党组织包括中共增城地方组织系统，中共东江组织系统——中共增龙博中心县委、中共增龙县委、中共江北工委及增从番独立大队、东江纵队、广东人民解放军江北支队、中国人民解放军粤赣湘边纵队东江第三支队等组织和武装的中共党员在增城建立革命根据地和游击区的历史活动。本书还从老区发展这一侧面，叙述新中国成立后，中共增城（县、市、区）地方组织和人民政府带领增城人民开展土地改革、三大改造、大兴水利和农田基本建设、实行家庭联产承包责任制、构建社会主义市场经济体系等一系列历史活动而推动增城发生有史以来最为广泛而深刻的社会变革；叙述中共增城（市、区）地方组织和人民政府带领增城人民开展美丽乡村建设和实施乡村振兴战略的历史伟大创举。叙述内容上限为农民运动勃兴的 1924 年，下限至编写该书时的 2019 年，部分内容顺延至 2021 年。

《广州市增城区革命老区发展史》，是中共增城地方历史的重要组成部分，是一部讴歌中国共产党领导中国人民进行新民主主义革命、社会主义革命和建设以及改革开放和社会主义现代化建设等一系列历史活动的力作，是一部具有催人奋进及重要启迪作用和借鉴意义的力作。

从 1924 年至 2021 年，中共增城地方组织走过了近百年的历程。历史不会忘记，中共增城地方组织矢志践行初心使命，团结带领增城人民浴血奋战 20 多年，打败日本帝国主义、推翻国民党反动统治，让苦难深重的增城人民主宰命运当家作主。历史不会忘记，在革命战争年代，老区人民坚定信念，永远跟党走，为增城地方党组织和武装力量提供坚持长期斗争所需要的人力、物力和财力的奉献精神；不会忘记老区人民率先行动，投身革命事业，用血与生命支持和推动革命力量不断发展，进而为夺取最后胜利所作出的巨大牺牲。历史不会忘记，活动于老区的共产党人为了人民的根本利益，赴汤蹈火，不惜牺牲生命的献身精神；不会忘记老区人民用生命保护党的秘密和挺身而出掩护共产党人，在血与火的淬炼中，与共产党人建立的鱼水深情。新中国成立后，中共增城地方组织团结带领增城人民艰苦创业，开拓创新，不懈奋斗，改变了增城积贫积弱的落后面貌，使增城成为综合实力显著增强、经济总量大幅跃升、现代产业体系加快构建、社会民生事业不断发展、生态环境极大改善、城乡面貌物换星移，融入珠三角城市群和粤港澳大湾区的宜居宜业宜游宜养的中等规模生态之城。

增城革命老区村多在山区。新中国成立后，党和政府采取各种措施扶持老区迅速发展生产、改善生活，每年都投入专项资金为老区的社会主义革命和建设、改革开放和社会主义现代化建设输血和造血，持续解决"三农"问题，推动老区经济社会建设全面走向进步。2012 年，增城实施以工促农、以城带乡、相互促进、城乡协调发展的战略，坚持城乡一体，建设统筹城乡发展示范区，把增城 282 个行政村纳入城乡融合发展体系，深化统筹城乡发展的综合配套改革，全面推行美丽乡村建设，为生态优良的老区村庄发展注入新动能，一批老区村庄跃居美丽乡村行列。
2019 年，乡村振兴、城乡融合风帆正举，在全面建设社会主义现
代化国家新征程上，老区人民凭借增城日益完善的广州东部交通
枢纽中心区位优势、生态优势，因地制宜，融红色历史文化之魂、
山水生态之秀，加快补齐乡村振兴之短，努力打造美丽田园、美
丽家园、美丽河湖、美丽廊道和美丽园区，农旅融合、文旅融合、
智慧农业的生态观光产业基地像雨后春笋一样，崛起于增城大地
上，捷报频传。老区的绿水青山正转变成金山银山。

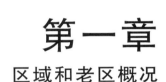

第一章
区域和老区概况

　　增城是千古文明绵延之地，拥有数千年的文明史，建县1800多年，文化底蕴深厚。历史上走出众多青史留名的人物，崔与之、湛若水、赖际熙等无不可称之为卓荦杰出之千秋硕彦。增城山清水秀，素有"岭海之奥区，山川之汇会"的美誉。东有增江自北而南纵贯县境；中西部有西福河自西北向东南，雕刻出广袤平原。自东而西的东江横亘增城南部，交汇于增江、西福河，经石滩、仙村、新塘流入珠江。罗浮山余脉自东而西雄踞于增江东北岸；南昆山山系，有9座海拔超千米的山峰位于增城、龙门边界，余脉伸入增城北部、西部及中部地区；南部平原之北，有东西走向、海拔约400米的油麻山、黄旗山、华峰山、南香山与广州市郊（民国时称为禺北地区，现为白云、黄埔区）、从化区交界。由此，增城形成北部群山起伏，中部丘陵和河谷平原广布，南部为冲积平原的地理格局。广九铁路纵贯增城南部平原。

增城有"省会入惠潮水陆冲地"之称。清宣统三年（1911年）开通的广九铁路经境内仙村、石滩、新塘，设有多个站点。自古以来，增城就是捍卫广州的战略要地。抗日战争时期，中国军队驻重兵在正果、中新、永和、仙村一线。增城沦陷后，形成沦陷区、国统区、中共武装力量游击区三大板块。解放战争时期，增城北部山区是中共武装力量的游击区域，在此建立中国人民解放军解放广州的前进基地。

从 1924 年到 1949 年，增城人民在中国共产党的领导下，经受住大革命及土地革命、抗日战争、解放战争血与火的考验，为了国家的独立、民族的解放，大义凛然，前赴后继，夺取了一个又一个的伟大胜利，谱写了新民主主义革命的壮丽华章。2019年，在增城全区 13 个镇街中，分布于 81 个建制村的 174 个自然村为革命老区村庄。其中正果镇竹林村的"四角楼"、白面石村的中共增龙博中心县委旧址、派潭镇小迳村的中共增城县委旧址、增江街凤鸣山的增城革命烈士纪念碑被评定为广州市中共党史教育基地；增江街道大埔围村抗战历史纪念馆被评定为广州市增城区中共党史教育基地，有迹可循的革命史迹更是星罗棋布。

增城老区人民凭借自然禀赋、区位优势、资源优势，融历史之韵、文化之魂、山水之秀，加快构建现代化经济产业体系的步伐，奋进在乡村振兴的伟大征途上。

区域基本情况

一、建置与区划

广州市增城区位于广东省中部、珠江三角洲东北角。东邻惠州市博罗县，西连广州市黄埔区，南临东江与东莞市隔江相望，北与广州市从化区、惠州市龙门县相接。区机关驻址位于荔湖街，距广州市中心约 60 公里。

明、清两代《增城县志》有载："后汉建安六年（201 年），析番禺地置增城县。"另说，增城建县最迟为东汉永和五年（140年）。自置县起至 1949 年新中国成立，增城历史上绝大多数年份均为县制，并多隶属于广州。梁、陈两朝（502—589 年）移东官郡治于增城。县辖地域多有变动，明《永乐大典》引《南海志》载增城辖区"四至八到"可考，宋、元至明永乐七年（1409年），增城辖地包括龙门全境和从化大部分地区。明代划县内西北部置从化县，弘治六年（1493 年）划东北部置龙门县。1949年 10 月 1 日中华人民共和国成立，增城属东江专区。1954 年划入粤中区。1956 年改属惠阳专区。1958 年龙门县并入增城，先后隶属于广州市、佛山专区。1961 年，龙门从增城分出，隶属惠阳地区。1975 年划归广州市管辖。1983 年撤销人民公社体制，恢复区、乡、村建制，后改为镇、村建制。1993 年 12 月 8 日，经国务院批准，撤销增城县，设立增城市（县级市），由广州市代管，全市设立 15 个镇及 1 个街道。2004 年调整行政区划，全市划为 6 个镇 3 个街道，即把荔城镇划分为荔城街道、增江街道；朱村镇改为朱村街道；永和、沙埔、宁西、仙村 4 个镇并入新塘镇；福和、镇龙 2 个镇划入中新镇；三江镇、沙庄街道并入石滩镇。2005 年 4 月广州市对增城部分区划进行调整，将镇龙镇全境 14 个行政村和永和镇其中 4 个行政村（贤江、禾丰、新庄、永岗）划入广州市萝岗区。其中划出被评定为革命老区村庄的有 49 个。调整前的 2004 年，增城境域面积为 1741.37 平方公里，人口 841780 人，调整后增城面积为 1616.47 平方公里，人口 794295 人。对比划出土地 124.90 平方公里，人口 47485 人。其中，原镇龙镇划出全境 92.3 平方公里，人口 35090 人，原永和镇划出土地 32.60 平方公里、人口 12395 人。2007 年，从石滩镇划出初溪、四丰、大埔围并入增江街道。调整后，增城市设 7 个镇 4 个街道。2012 年，增城市行政区划再次作出调整：从新塘镇划出仙村镇；划出永和、宁西地区，设立永宁街道。2014 年 2 月，经国务院批准，撤销增城市，设立增城区，直辖于广州市。2019 年 9 月，荔城街道划出西瓜岭、罗岗等 6 个行政村及部分自然村设立荔湖街道；永宁街道分设为永宁街道和宁西街道。2019 年，增城区辖新塘、石滩、中新、正果、派潭、小楼、仙村 7 个镇以及荔城、增江、朱村、荔湖、永宁、宁西 6 个街道，共 284 个行政村、57 个社区居委会，总面积 1616.47 平方公里，户籍人口 95.15 万人，常住人口 121.85 万人。

二、县、市、区治址的变迁

据 1995 年版《增城县志》载，后汉增城建县，县治设于永汉河、麻榨河汇入增江冲积而成的平原地带，即《嘉庆一统志》所说的"县东北五十里"，俗称"二龙争珠"处，大致是今正果镇浪拔、蒙花布、西湖滩一带。现河岸仍存旧码头遗址。此地沿永汉、麻榨两河可至龙门县永汉、麻榨等地，沿增江入东江至县南部以及东莞、广州、香港等地。宋初（984—1080年），县城完成两次迁移：从"二龙争珠"处迁到今增江街道东街村，今存东街古县治遗址。该遗址于2010年公布为第一批增城市（区）登记保护文物单位。稍后，因觉东街"大江西抱而无城池之守"，再迁移到九江村，即今荔城街道和平路（原中共增城县、市委驻址）地段。据史料记载，县治在此历宋、元、明、清、民国至新中国成立达千年。2008年起，增城市机关驻址迁至荔城街道荔湖之北，2019年荔城街道分出荔湖街道，区机关所在地属荔湖街道辖地。

三、气候和资源

增城地处南亚热带，北回归线经过境内北部，属海洋性季风气候，年平均气温为21.6℃，极端高温为38.2℃，极端低温为－1.9℃，炎热多雨，长夏无冬。宜农作物、树木生长。历史上常受洪水肆虐。1959年遭特大洪水，损失严重。后分别在龙门县境内修建天堂山水库，梅州境内修筑梅州水库，本县境内建成新塘大围、增博大围等20余道防洪堤围，并完善各地水利设施，洪涝灾害才得到有效整治。从20世纪90年代起，增城已无特大洪涝灾害。增城是台风多发地区，常有烈风12级到14级夹带暴雨袭击，因预报、预防在先，损失较小。增城水资源丰富，有东江、增江流经；有西福河、二龙水、派潭水、兰溪水等多条河流，为生产生活提供水源保障。据此自然条件，新中国成立后，增城修筑小（一）型水库17座，小（二）型水库89座，山塘180座，用以供蓄水、排灌。2017年增城水资源总量为18.3亿立方米，人均占有量居广东省中上水平。增城矿产资源丰富，有金、银、铜、铁、锡、钨、铌、锆、钛铁、铝土、水晶、石英、钾长石、陶土、煤、石灰石、花岗岩等矿产资源。派潭镇高滩村到龙门县永汉一带钽铌矿储量丰富。派潭高滩温泉日出水量 3400 吨，水温 27℃—73℃，含氟、硫、氯、钙、钾、锌等多种元素。增城物产丰饶，地标性农产品有：增城丝苗米、荔枝（品种 59 个）、西山乌榄、派潭凉粉草、增城迟菜心。正果腊味、新塘鱼包亦名誉一方，其制作工艺列入增城区非物质文化遗产名录。

四、经济社会发展概况

新中国成立后，尤其是改革开放以来，增城经济社会发展迅猛，综合实力不断增强。2018 年增城区综合实力跃上全国百强区第 17 位。2019 年，增城区围绕建设现代化中等规模生态之城，坚持稳中求进工作基调，落实高质量发展要求，统筹做好稳增长、促改革、调结构、惠民生、防风险各项工作，经济保持稳健发展，全力推进宜业宜居宜游优质生活圈建设。紧紧抓住"六稳"① 不放松，经济保持平稳健康发展。2019 年，增城全区生产总值增长 6.5%；规模以上工业产值 1133.75 亿元，增长 4%；固定资产投资 1213.67 亿元，增长 20.7%；社会消费品零售总额 410.4 亿元，增长 10.6%；一般公共预算收入 105.76 亿元，增长 11.1%。截至 2019 年 12 月底，本外币存款余额 1880 亿元，增长 19.68%。

民生福祉不断提升。增城城乡常住居民可支配收入持续增加，2018 年城镇常住居民人均可支配收入 46861 元，农村常住居民人均可支配收入 2372 元；2019 年，预计分别增长 8% 和 11%。同时不断完善社会保障体系。2018 年，全区社会保障财政投入为 33.11 亿元，城乡社会养老保险扩展到 30.76 万人；企业职工社

---

① "六稳"指稳投资、稳外资、稳外贸、稳金融、稳就业和稳预期。

会保险 111.34 万人次；同时，不断提高低保标准、孤儿基本生活保障金，2018 年低保标准为 530 元，孤儿基本生活保障金为 1180元。2019 年，标准均比 2018 年提高 6.3%。

教育医疗水平稳步提升。2018 年，增城教育事业财政投入37.51 亿元，公办学校 150 所，其中国家级示范高中 2 所，广东省一级普通高中 4 所，广州市一级普通高中 3 所。2019 年，新办、扩建中小学校 13 所，新增学位 2.06 万个。2018 年，医疗卫生事业财政投入 17.16 亿元，设有医疗卫生机构 534 个，医疗机构覆盖全区镇、社区及村。

交通基础设施建设取得突破性进展。继建立高标准的功能日益完善的交通网络、供电、通信体系后，增城加快融入粤港澳大湾区的建设步伐，穗莞深城际、广州地铁 21 号线、广汕高铁、新白广城际、从莞高速、花莞高速增城段、东门桥重建工程相继投入运营，这不仅进一步拉开城乡发展"骨架"，打通发展"血脉"，提升增城"颜值"，而且还有力推动公共设施和公共服务向乡村延伸，为城乡融合发展奠定坚实的基础。增城正在成为汇集高铁、地铁、城际轨道、高快速路等各种交通要素的中等生态城市，全面融入粤港澳大湾区"1 小时交通圈"。

潮平两岸阔，风正一帆悬。增城老区人民认真学习贯彻落实党的十九大精神，努力推进全面深化改革开放伟大事业，攻坚克难、多点突破、全面发力，奋进在打造城乡融合发展先行区的伟大征途上，农旅融合、文旅融合、智慧农业，捷报频传。

革命老区概况

一、革命老区分布特点

增城是广东省较早建立党组织的地区之一，具有光荣的革命传统。在新民主主义革命历程中，留下了大量的红色印记，形成了大批革命老区村庄。增城革命老区村庄集中分布于四大区域：一是分布于增城南部的广九铁路沿线；二是分布于增城东北部罗浮山余脉延伸带的增城、龙门交界处；三是分布于增城北部的南昆山余脉的增城与从化交界地带；四是分布于增城中西部诸山，增城、从化、番禺（广州白云，时称禺北）交界处。其分布状况，鲜明反映了增城新民主主义革命艰难曲折的历程。

1923 年 6 月，中国共产党第三次全国代表大会（以下简称中共三大）在广州召开，帮助孙中山改组国民党，建立统一战线。1924 年到 1927 年，中国大地上爆发了一场席卷全国的"打倒列强除军阀"的国民革命，史称"大革命"。其间，增城南部铁路沿线的工人、农民纷纷响应，新塘地区诞生了增城首个党组织。1927 年大革命失败后，中国共产党为了挽救革命，先后举行南昌起义、广州起义，中国革命进入土地革命战争时期。1928 年，中共新塘支部改组为中共增城县委，筹备铁路沿线各区（县）联合暴动，后因党的上级机关迭遭破坏，与上级失去联系而停止活动。抗日战争全面爆发后，增城作为拱卫广州的前线，为实现全面抗战路线和持久战的战略总方针，分别于南部（铁路沿线）和北部（正果）山区重建党组织，推动增城抗日救亡运动深入开展。增城沦陷后，日军占领广州，抗战进入相持阶段，中共增城地方组织得到较大的发展。然而，国民党两度掀起反共逆流，中共增城地方组织机关及领导成员和人民武装撤出国统区，深入敌后广袤山区，发动群众，开展抗日游击战争，建立和发展抗日民主根据地。抗日战争刚结束，国民党反动军队大肆进攻抗日民主根据地，中共增城地方组织及其领导的人民武装主力撤出增城西部，转移到北部派潭、正果山区，转战增龙从博山区，历经反"三征"、废债分田、抗击国民党第二期"清剿"、迎军支前建立中国人民解放军解放广州之前进基地的战斗历程，取得了解放增城、解放广州的伟大胜利。据统计，在新民主主义革命斗争中，为国家独立、人民解放而献出生命的烈士有240多名。活动于增城的中共地方组织、人民武装的领导成员阮峙垣、伍来成、阮海天、郭大同、徐可生、王新民、魏友相、卢伟良、谢鹤筹、杨德元、袁鉴文、钟育民、黄庄平、钟达明、陈李中、王达宏、王国祥、罗声等，以忠诚于党、忠诚于人民，"敢教日月换新天"的英雄品格，践行中国共产党的"初心"和"使命"，赢得了增城人民的爱戴。

新中国成立后，党和政府对革命老区给予一定的政策支持，扶助老区人民发展生产，改善生活，革命老区的发展掀开了历史新的一页。

二、革命老区形成条件

增城得风气之先，成为广东省和广州地区党组织领导人民开展革命斗争的重要活动区域，与增城的地缘生态条件不无关系。

（一）广九铁路沿线

广九铁路横贯增城南部，拉近了增城与广州、香港等中心城市的距离，再加上"三江汇会"，"汪洋巨浸，帆樯云集"的"舟楫之利"，既培育了增城的物流产业和工人阶级，又为革命思潮的传播提供了条件。清宣统三年（1911 年）年秋，广九铁路通车，增城地区，尤其是其南部地区前往广州、香港谋生求学的人员日渐增多。中国共产党成立后，王新史、阮峙垣、熊耀培等一批在广州求学的青年参加进步学生组织，配合革命形势，利用寒暑假回乡宣传联俄、联共、扶助农工三大政策，声讨帝国主义的暴行，为增城的工人运动、农民运动呐喊助威。增城的工人从农民中来，与农民有着密不可分的关系。20 世纪 20 年代初，随着广九铁路和粤港澳水运事业的发展，1924 年，铁路沿线的石滩、仙村、新塘率先成立农会。1925 年，增城以火车站、水运码头工人为主体的工人阶级登上政治舞台。1926 年初，新塘火车站的搬运工人和当地农民伍来成、伍钟泉等 6 人经中共广东区委批准加入中国共产党，并在阮峙垣、李沛群的组织下，成立中共新塘支部，拉开了中国共产党领导增城人民进行新民主主义革命的序幕。1928 年 2 月，中共增城县委成立，下辖中共新塘区委，党组织得到较大的发展，新塘区委辖 5 个支部，即同德工会党支部、沙贝农会党支部、艇民党支部、猪屎地（农村地名）党支部、瞰吓（农村地名）党支部。由于广东省委和广州市委机关迭遭破坏，交通线中断，1928 年冬，中共增城地方组织暂停活动。中共增城地方组织的成立，是增城人民的历史选择，虽然登上政治舞台时间不长，但党组织以自身品质，使增城人民清楚地认识到，只有中国共产党才是人民可信赖和可依靠的政党。正因如此，抗日战争全面爆发后，阮海天和广东青年抗日先锋队（简称抗先，是党的全省性外围组织）率先在仙村竹园涌村、雅瑶村建立党的地方组织，发动和组织民众建立抗日武装，在铁路沿线发动一系列破袭战。直至解放战争时期，广九铁路沿线的群星、塘美、岗尾、塘边、官道、长巷、巷口、上岭、圯紫、蓝山、竹元、岳湖、谢屋、塘头、子洋、田桥等村庄的村民积极支持和配合中共增城地方组织和人民武装的革命活动，谱写了革命老区村庄的壮丽华章。

（二）罗浮山西缘之增龙博边区

增城境内增江以东诸山为罗浮山的西缘，其余脉以四方山为交点，向北一支为增城、龙门界山，向东一支为博罗、增城界山，余脉群山连绵，层峦叠嶂。最高峰为四方山，山之南属博罗县，山之北属龙门县，山之西为增城。在数十座海拔在 200 多米至 700 多米不等的山峦中，耸立着鸡冠关、大磜顶、南坑顶，这是增城正果与龙门永汉麻榨的界山。群峰起伏的西南麓，坐落着正果镇正果洋、银场、水围、麻冚、亮星、白面石等一批村庄。

1938 年，中共党员王新民背负着创造条件、发展党组织，进而建立抗日根据地的崇高使命，回到家乡正果洋（时称夛步乡）竹林村重建党组织。1938 年 10 月，增城沦陷前夕，在中共东莞中心县委的支持下，中共竹林支部成立，共有党员 8 名。支部成立后，党员王若冰、王振明、王世模、王新史、王丽霞（女）、王彪，以增城青年战地服务团团员的身份，深入正果银场、水围、亮星、麻冚等村，通过开办民众夜校，团结爱国青年，把宣传党的抗日主张融入识字教育之中，为党组织的发展壮大创造了条件。增城沦陷后，日军分兵深入增城南部和中部广大地区，中国守军正面抗敌局面基本结束，国民党增城县政府迁址增城北部派潭东洞，抗日斗争进入相持阶段。增城地区形成沦陷区、国统区和中共武装力量游击区三大板块。罗浮山余脉的增城与龙门永汉麻榨交界的广大地区虽说是国统区，但也是国民党控制力量较为薄弱的地区。1939 年 4 月后，中共东江特委为了统一增城地方党组织的领导，进一步推动增城乃至博罗、龙门全民抗战的深入发展，先后在正果镇科甲堂和白面石成立中共特别支部、东江华侨回乡服务团（下称"东团"）增城分团（后称增龙队）、中共增城县临时工作委员会、中共增城县委和中共增龙博中心县委。这一时期，党的地方组织通过"东团"增龙队进入正果、派潭、中新及龙门永汉乡村散播抗日火种。到 1940 年间，先后成立派潭、正果、福和、永汉 4 个分队，各分队建有党支部及抗日武装，开创出增龙地区团结抗战的新局面。从 1939 年 4 月中共增城特别支部建立起，到 1942 年 5 月中共增龙博中心县委撤销止，罗浮山西缘的正果与麻榨交界的东部地区是中共增城地方组织领导机关所在地，是党发动、组织民众开展抗日斗争的中心区域。这些地区的白面石、科甲堂、竹林、乱石坑、杏布、马排、河口、灯芯岲、河背、大围、中间围、老中围、大田尾、禾里磜、马鼻岭、高排等村庄分别建立农会、妇救会；中共增城地方组织通过统战关系，取得了这一地区乡政府的领导权，在团结各阶层进步人士、发动和组织民众投身抗日斗争、建立人民抗日武装、抗击反共逆流、掩护党组织领导成员开展工作等方面发挥了积极的作用。

抗日战争胜利后，东江纵队北撤前夕，江北特委安排副特派员欧初带领 48 名机关及武装人员隐蔽于以白面石为中心的增龙博交界的深山密林，"积蓄力量，以待时机"。1946 年冬，恢复武装斗争，先后成立东江复员人员自卫队、增龙从博人民自卫队、王国祥中队、王意中队、王颂亨中队、叶燊中队等。1948 年，统一整编为广东人民解放军江北支队二团，1949 年统编为中国人民解放军粤赣湘边纵队东江第三支队二团、五团、六团。其间，正果这一地区的庙尾、乌头石、合水店、坪田、船坑、大塅、高排、洋江、长夫麻、郭屋、新屋、布洞、向阳、庙下、甲乙堂、新屋、合面屋、黎头围、新松元、上松元、担水坑、欧岲、石壁、南寮下、白岲、马料、坡窝、新坪岭、老坪岭、大磜、新村、银场、榕树下、上基坑、秋风坳等村庄成为人民武装打击国民党军队和地方反动势力的重要据点，成为人民武装解放正果及中国人民解放军一三一师解放增城的前进基地。

（三）南昆山余脉之覆船岗一线

南岭山系九连山脉的延长部分为南昆山，是增城、龙门、从化三地的界山。南昆山西南的分支构成增城与从化的界山，也是东江流域与北江流域的分水岭，由正在顶向西折向西南，高峰迭起，延伸到广州市白云区交界处，山势趋缓接广州白云山、越秀山。南昆山余脉的增城北部诸山中有座覆船岗，海拔505米，位于梳脑山之西，形似一艘翻覆的船，故名。该山迂回于派潭北部盆地南缘，与大坪顶等山构成派北盆地。派潭至南昆山由盆地峡谷通过。覆船岗西麓坐落着小迳、鹅兜、大埔等村圩。

1938年8月，小迳村爱国青年宋晋到增城县军训班学习，返村后组织成立广东民众抗日自卫团增城独立十一中队。中共增城特支成立后，宋晋等积极靠拢党组织，成为"东团"的重要成员，其领导的武装也逐渐改编为人民武装。增城沦陷后，国民党增城县政府迁址派潭东洞，原布防于增城前线的国民党军队退往从化、花县等地，仅留下六十三军驻扎在派潭东洞一线。在中共广东省委发出"广泛发动敌后游击战争"的指示后，中共增城地方组织"东团"增龙队福和分队开赴增城西部，与当地敌后武装会合，在增西地区开辟游击区。为了打通后方与人民武装抗日游击区的联系，1939年秋，"东团"增龙队派潭分队邓刚屏、陈李中、宋晋、宋佛清、潘仲山、王新带、王丽霞开赴派潭。他们依托鹅兜（陈李中的故乡）和小迳，以大埔育英为基地，通过各种关系取得派潭西平乡及相关学校的领导权，利用乡长、校长、教员的公开身份掩护开展工作，先后成立西平乡中心小学党支部、车洞村党支部、车洞学校党支部、坳头小学女子特别支部，活动范围至鹧鸪山东麓的佳松岭、斗岗等地。鹧鸪山为增城与从化的界山，西麓为从化，东麓为派潭，南麓为增城小楼、福和。其中福和地区正是魏友相杀敌大队、何洪川中队、增从番独立大队的游击区。为此，中共增城地方组织建立起由小迳经佳松岭至从化、增城福和的地下交通线。坐落于这条东西走向狭长山道上的村庄小迳、鹅兜、大埔（温大埔）、车洞、围屯、佳松岭、斗岗就是这一时期建立的革命据点。

增城是最早爆发内战的地区之一。1945年8月，抗日战争刚结束，国民党军队轮番向增城永和抗日民主政府展开疯狂进攻，中共增城县委机关及东江纵队第四支队撤出永和地区，挺进派潭山区，依托南昆山余脉和罗浮山余脉山高林密的战略纵深开展游击战争。东江纵队北撤山东后，上级党组织派黄干、徐文回到小迳，同丘松学带领的隐蔽于覆船岗一线的武装人员会合，建立以丘松学为队长的东江复员人员自卫队。1947年，中共增龙博特派员钟育民进驻派潭小迳，组织建立以蓝德为队长的派潭突击大队，拉开了派潭地区恢复武装斗争的序幕。1948年3月，中共增龙县委成立，机关驻地设于派潭小迳村，隶属于中共江北地委，下辖麻正工委、永汉工委、增北办事处党组，派潭、正果、福和以及平原地区的特派员。增龙地区的人民武装统一编为江北支队二团，后整编为中国人民解放军粤赣湘边纵队东江第三支队（简称东三支）二团、五团。1949年8月，增龙县委按区划分为增城县委和龙门县委，在人民武装建制上保留二团建制，撤销五团番号，成立东三支六团。在增龙地区活动的原二团、五团统一编入六团。这标志着增城地区的解放战争进入历史性的决胜阶段。这一时期形成的革命老区村庄有密石、万能、大田围、樟洞坑、高滩、双头、水口冚、玉枕、黄沙㘃、刘家、上九陂。

（四）中西部诸山区域

增城中西部诸山主要有南香山、油麻山、花山、黄旗山、海拔都在 400 米以上，构成了一组西北—东南走向、连绵不断、地形险要、拱卫广州的天然屏障。其山麓分布有福和、镇龙、中新、永和 4 镇，人口约 7 万人，面积达 400 平方公里。广州沦陷后，日军在该地区的北部与国统区交界地带构筑了一道长 20 多公里、宽 2 公里的封锁线，沿线拉起铁丝网，修筑碉堡，设置岗哨，派出巡逻队日夜巡逻。此外，日军还在该地区北部的福和官塘村、南部的陂头村设立旅团指挥机关，建造兵营，在各圩镇、车站、桥梁和交通要冲均设立据点、关卡；同时纠集一批民族败类，建立伪绥靖军和伪联防队，在乡村设立维持会，以断绝沦陷区和国统区的往来，阻止抗日部队活动，企图维系日军在华南大本营广州的侵略活动。

广州沦陷前的 1938 年 1 月，八路军驻广州办事处成立，以公开合法的名义推动抗日救亡运动。早在 1937 年 8 月，时任职于第四战区司令部抗战教育实践社的中共党员徐可生就指示在海南县任教的增城福和籍爱国青年郭冠雄，联络中新镇归侨、时任增城县第七区统率委员会主任的李东林及爱国青年魏友相、李旭初等，以七一小学为基地，联合官塘、永兴、凤池、合口、濠迳、塘尾、池岭等村学校的老师，组织成立福和民众抗日御侮救亡团，推动当地抗日救亡运动的深入开展。1938 年初，八路军驻广州办事处派遣徐可生奔赴福和地区组织成立农民抗敌同志会、北区民众抗敌后援会。1938 年 5 月，官塘、永兴、大安、简塘 4 个村庄联合成立抗日自卫队。同年 10 月，改组为福和民众抗日自卫游击队。增城沦陷后，该武装发展成中共地方组织指挥的人民武装——魏友相杀敌大队。为了打通从正果经小楼到福和的抗日通道，1939 年 9 月，中共增城特支领导的"东团"增龙队福和分队钟若潮、王丽、李南、李自强、钟李林在小楼竹坑村成立中共福和区委之后，在花山、牛眠窝、黄岭、大磨、佛子庄、旺村等地培养了一批抗日骨干。1940 年 2 月，"东团"被迫解散，部分成员参加魏友相杀敌大队，其余进入沦陷区佛子庄、旺村活动。1940 年 3 月，何洪川、萧光星率领武装队伍，到达福和花山游击区，同钟若潮率领的原"东团"增龙队福和分队会合，组建增城人民抗日游击基干队。1940 年 4 月，挺进油麻山地区，开辟油麻山抗日根据地。在中共东江特委的支持下，这支武装队伍发展成广东人民抗日游击总队增从番独立大队，受广东人民抗日游击总队和中共增龙博中心县委双重领导。再加上 1944 年，东纵独立第二大队进入永和地区作战，人民武装驰骋于增从番边的华峰山、油麻山、黄旗山广大乡村，发起一系列战斗，有力地打击了日伪军的嚣张气焰。开辟的革命老区村庄有官塘、鸭㘰潭、西河、龟岭、凤池、太和、赤岭、黄屋、油埔、杨屋、南向、汤村、花山、李屋、牛眠窝、三角塘、香车下、六油迳、腰笏、塘尾、五担田、大塘、山塘、缸瓦窑、黄岭、大磨、江南、关屋、朱屋、合口、沙岩、乌洞、叶岭、窝园、宋家庄、罗㘵、张山下、坝子、榄园、堂元、新屋、何屋、枝山、迳㘵、禾塱、石迳、田心、上围、下屋、斗塘、木古、九岭、布岭、新东、杨屋、东围岭、枫木园、木杓㘵、黄羌地、云峰、大旺岗、余屋、木棉、罗屋、黄屋、油麻山、十排、泗水氹、旺村、黄昏坳、佛子庄、钟屋、朱屋、卓屋、楼新、楼下、新村、黄屋（镇龙）。

1949 年，东三支直属先遣队挺进增从番边开辟解放广州的前进基地，以帽峰山、油麻山、黄旗山、天山、水山为依托，在增城西部成立三山（黄旗山、油麻山、南香山）工委，依靠抗日战争时期建立的老区村庄，迅速向广州外围发展。永和、镇龙、福和乡村普遍建立农会、民兵、妇女会群众组织，又开辟了一批革命老区村庄，有简村、陂头、长岗、新庄、横迳、井头、田心、吓围、黄瓦瑶、官山、湾尾、鸭麻㘵、江尾、河田、其㘵、水浪、下排、车子浪、鱼迳、新桥、袁岭、宝石、谷洞、银岭、上堂、上新、龙山、邓屋、龙田、黄埔、鹅冚、新围、心岭、坳头、联安、上白洞、甘元、木头塘。

三、革命老区评划与分布

中华人民共和国成立后，根据中央、广东省的有关政策，增城共进行过三次革命老区评划工作。首次于1957年11月，增城县革命老根据地建设委员会成立后，按广东省人民委员会有关文件规定，对全县革命老区进行全面评审与划定，评划第二次国内革命战争时期的红色根据地、红色游击区和抗日战争时期的抗日根据地、抗日游击区；第二次是1989年至1990年，对原来漏评划的土地革命战争时期和抗日战争时期的革命老区进行补评划；第三次是1991年至1993年评划解放战争时期的游击根据地，至1993年，经广东省先后批准的革命老区村庄共152个。评划老区基本是以自然村为单位，老区村庄或人口达到半数以上的镇（街）为老区镇（街）。到1999年，增城经广东省批准的老区村庄由原有的152个增至225个，大部分分布在北部山区。增城区（市）永和镇（今为永宁街道）、派潭镇、沙埔镇（今属新塘镇）、福和镇（今属中新镇）4个镇评为革命老区镇。1999年增城老区村庄人口达131427人，占其总人口的18%。其中，抗日战争时期老区村庄131个，人口72086人；解放战争时期的老区村庄94个，人口59341人，分布在15个镇（街）89个行政村。

2005年，增城镇龙镇全境，以及新塘镇内原永和镇属地的贤江、新庄、禾丰、永岗4个行政村划入广州市萝岗区，两者共划出老区村庄49个。其中，镇龙镇划出油麻山、旺村、佛子庄、钟屋、鹅冚等32个老区村庄。原永和镇划出17个老区村庄。

至2019年，增城区7个镇6个街道的老区村庄分布如下：正果镇有白面石、庙尾、乌头石、合水店、科甲堂、竹林、乱石坑、秋风坳等 52 个老区村。中新镇有钟岭、集丰、官塘、新围、心岭、坳头、联安、山美、三星、简塘、南池、永兴、新安、大安、合益、山口、蛟湖、凤池、花山等 47 个老区村。派潭镇有小迳、大埔、车洞、佳松岭等 19 个老区村，小楼镇有竹坑、青迳和新农 3 个老区村。石滩镇有谢屋、塘头、子洋、山村 4 个老区村。仙村镇有蓝山、竹园、岳湖 3 个老区村。新塘镇有群星、塘美、坭紫、岗尾、塘边、官道、长巷、巷口、上岭 9 个老区村。荔城街道原有老区村均已划出。增江街道有陆村、大埔围、四丰 3 个老区村。荔湖街有西瓜岭老区村。朱村街道有凤岗、秀山、罗群 3 个老区村。永宁街道前身是永和老区镇，现有叶岭、窝园、简村、陂头、长岗、翟洞、公安、张山下、枫木园、大旺岗、鸭麻㘵等 25 个老区村。宁西街道有新东、杨屋、东布岭 3 个老区村。

全区累计有 174 个老区村，分布于 7 个镇 6 个街道 81 个行政村（详见附录二）。

四、革命老区镇概况

（一）永和镇（今永宁街道）

永和镇作为镇（公社、区公所）级建制始于 1976 年 2 月。永和镇位于增城区西南部，明清及民国时期为清湖都辖地。新中国成立后，行政区划几经反复调整。1949 年 10 月 13 日，增城全境解放，永和分属新七区（仙村）和新二区（新塘）；1976 年 2 月，新塘公社划出永和人民公社，仙村公社划出宁西人民公社；1983 年 11 月撤销人民公社，改为区公所；1987 年 1 月撤区改镇，分别成立永和镇和宁西镇；2005 年，永和、宁西两镇并入新塘镇；2012 年，从新塘划出永和、宁西成立永宁街道；2019 年，永宁街道分出宁西街道。永宁街道地处增城经济技术开发区核心区，位于广州市东部、增城区西南部，东接仙村镇，南接新塘镇，西连广州经济技术开发区，北接中新镇、朱村街道，交通区位优势突出。2019 年永宁街道总面积约 104.14 平方公里（其中约 25.8 平方公里位于增城经济技术开发区范围），辖 9 个行政村、7 个社区、201 个合作社，2017 年底，常住人口 30 万人。

相传永和镇内古木村唐代即已成村，居民通用粤语。清初，河源、梅州等地的客家人陆续迁入该地。清康熙五十八年（1719年），客家人开始建设新圩，取名永和，取大家永远和睦相处之意。

永和地区东北部有黄旗山、南香山，海拔高度都在 400 米以上。山势自北向南伸展，中间形成一条长约 20 公里、宽 6 至 7 公里的狭长地带，村庄大多错落分布在这一地带上。南面有广九铁路穿过。铁路之南约 3 公里，是增城南部重镇新塘镇，新塘水路可以通往东莞、广州、惠州和香港等地。北面到广汕公路只有 10 公里，沿广汕公路东行 30 公里可抵达增城县城，西行 30 多公里可达沙河、广州市区。这样重要的地理位置，加上地区内山势连绵不断，有制高点，有隐蔽区，有回旋余地，因此，历史上永和地区一直是广州东部的屏障和军事要地。

永宁、宁西人民具有光荣的革命传统。

1938 年 10 月，日军在惠阳的大亚湾登陆。随着县城沦陷，增城南部地区也相继沦陷。有侵略就有反抗。在中国共产党的领导下，永和人民积极投身武装反抗日本侵略者、打击国民党顽固派的艰苦卓绝的革命斗争之中。

1940 年 3 月，禾塱、石迳村青年卢章容、卢显华（卢棠）毅然奔赴福和花山与增城人民抗日游击基干队队长何洪川接头，投身革命，经过教育和考察，党组织安排他俩返回永和地区开辟新区。同年 8 月，在永和地区活动的中共党员张宇寰培养发展卢章容、卢安平、卢庚淼、卢波等人加入中国共产党，并成立黄旗山地区党支部，由卢显华任支部书记。随后又相继成立叶岭、樟山吓党支部。其间，中共增城沦陷区工委在油麻山和永和一带建立南区委，统一领导这一地区的党组织和人民抗日斗争。

1944 年 12 月，东江纵队第四支队在永和翟洞乌榄园宣布成立。1945 年 1 月，江北地区第一个区级政权——永和区抗日民主政府在永和圩正式宣布成立。永和区抗日民主政府，像一把锋利的尖刀插在日伪军背上。从 1945 年 2 月起至 8 月，日伪军集中优势兵力先后 3 次向永和根据地进行疯狂"扫荡"。在中共增城县委和东纵四支队的坚强领导下，永和军民经过 6 个多月的浴血奋战，保卫了永和抗日根据地，保卫了人民政权，保障了东纵四支队主力部队的战略转移。

永和人民为增城抗日战争的胜利作出了重要贡献，1994 年永和镇被广东省民政厅评为老区镇，现有革命老区村有 30 个。

永宁、宁西地区（原永和地区）抓住融入粤港澳大湾区的机遇，依托国家级经济技术开发区和宁西工业基地，建设以汽车（摩托车）及其零部件、光电子、光伏、新材料、新能源、大健康等产业为主导的生态工业区；以广州东部交通枢纽为中心和碧桂园凤凰城为核心，通过对旧城区、旧村庄的改造，大力培育和发展生态型、低密度总部经济；利用南香山生态优势，全力推进 16 平方公里的南香山风景名胜区的规划建设，大力发展文化、康体、休闲、生态旅游业，重建白花古寺、莲花书院，把南香山打造成名山、名寺、名人胜地。努力把永宁、宁西地区建设成幸福指数高、宜业、宜居、宜游的现代化生态城市。

（二）派潭镇

派潭镇地处增城北部，与荔城街道相距 28 公里，东与正果镇接壤，南与小楼镇相邻，西与从化区江埔街道毗邻，西北临七星墩山脉（白水寨），北临牛牯嶂山和龙门县南昆山脉，北回归线穿镇而过，2019 年总面积 289.5 平方公里，辖 36 个行政村和 1 个社区，415 个合作社，常住人口约 8.9 万人。早在北宋太平兴国元年（976 年），即于南昆山麓建圩。由于山涧杨梅树繁多，故称杨梅都。几经演变，明朝定名为派潭，沿用至今。古往今来，派潭一直是广州北部的农业与商贸中心，是融汇广府文化与客家文化的重镇。

派潭人民具有光荣的革命传统。早在抗日战争时期，为抵御日本侵略者，1940 年 2 月初，小迳村成立小迳党支部，随后，党员人数不断发展，到 1940 年底，小迳村党员人数发展到 18 人，在革命斗争中，小迳党支部锻炼成为一个坚强的战斗堡垒。1945 年 8 月，抗日战争胜利，1946 年，国民党发动了全面内战，东纵四支队被迫撤出永和根据地，转移到增北派潭，从此，小迳村便成为革命队伍武装斗争的中心区域，东纵四支队队部设在小迳村宋晋家中。1948 年 3 月，在增龙游击区成立增龙县委，机关驻在小迳村。

增城解放前夕，派潭人民积极响应号召，踊跃开展迎军支前工作，为解放广州的中国人民解放军筹集大量粮食和物资，并配合中国人民解放军解放增城县城。1994 年，派潭镇被广东省民政厅评为革命老区镇，有 19 个村被评为老区村。

2019 年，派潭镇依托丰富的自然资源，以创建生命健康小镇为重心，以建设乡村振兴示范镇为目标，引入中国（广州）白水寨创意山水文旅小镇项目，围绕"一核、一镇、两带、三园、多星"的总体布局，整合资源，带动小迳、车洞、高滩、樟洞坑、上九陂等革命老区村庄连片发展。2019 年，重点建设项目累计完成投资 24.5 亿元。碧桂园金叶子二、三期项目，森林海欢乐水城项目，万科皇马小镇项目，万科疗养度假酒店项目，合汇巴塞罗酒店项目成为推动经济发展的新引擎，展示出老区派潭奋力打造城乡融合、产业融合示范镇的美好前景。

（三）福和镇（今属中新镇）

2004 年 2 月，根据广东省民政厅的批复，增城对行政区划进行调整，撤销福和镇，将其行政区域并入中新镇。中新镇，位于增城中西部，东连朱村街道，西邻黄埔区，北接从化区，南依永宁街道，是广东省中心镇、广州市示范中心镇。明清时期称绥福都，取其平安幸福之意。2019 年全镇共辖 35 个行政村和 2 个社区，镇域面积为 227.28 平方公里，人口约 10 万人，其中户籍人口 8.7 万人，农村户籍人口 6.9 万人。

抗日战争全面爆发后，1937 年 8 月，任教于南海县的福和爱国青年郭冠雄，接受当时以第四战区司令部抗战教育实践社名义进行抗日活动的中共党员徐可生指示，返回增城开展抗日活动。他联络下福乡（今中新镇）归侨、增城县第七区统率委员会主任李东林，以及当地爱国青年魏友相、李旭初、魏武、骆宏波等人，以七一小学为基地，联合官塘、永兴、凤池、合口等村学校教师，成立福和民众抗日御侮救亡团（后来改称救亡会），进行抗日救亡活动。1938 年初，救亡会改组为七区民众抗敌后援会，徐可生为顾问，后援会成立后，在继梅小学先后举办知识青年抗日专修班和抗日救亡干部研究班，培养抗日救亡青年干部，同时组建抗日武装，掀起轰轰烈烈的抗日救亡运动。增城人民抗日游击基干队、增从番独立大队、魏友相杀敌大队在中新地区建立抗日根据地。1994 年，经广东省民政厅批准，福和镇评为革命老区镇，有 43 个革命老区村。

改革开放以来，福和镇（后为中新镇）乡镇企业走的是横向联营、扩大内涵发展工业的路子。中新镇横向联营，形成了以"金菱""川南"为骨干的化工、摩托车零部件生产基地，办起化工厂 10 家、摩托车零部件生产企业 7 家。该镇的金菱化工起步于 20 世纪 80 年代，通过横向联合，引入先进技术设备，生产洗涤、汽车化学用品、纺织黏合剂、压敏胶和胶带 5 个系列化工产品。产品畅销内地，出口香港，是原国家科委"星火计划"和"火炬计划"项目示范点。直至 2019 年，中新镇的化工、汽车、摩托车零配件生产企业依然保持强劲的发展势头，成为增城汽车、摩托车产业链中极其重要的一环。

2019 年，中新镇三大产业比例约为 1∶6∶3。以汽车、摩托车零部件、精密五金等为代表的现代制造业和高端精细化工产业蓬勃发展，农业呈现集约化、高端化发展的良好态势，房地产、酒店等现代生活性产业发展均衡。在广汕公路以北规划 3 平方公里的中新科技园，引进信息技术、人工智能、生物医药、先进制造业等现代产业，与国内部分顶尖的信息产业公司合作，前景广阔。与此同时，该镇大力开展旧村改造，把中新区域打造成高端社区、金融商业、总部经济及科技创新型产业等汇集的智能综合服务体，打造成广州东部宜业宜居新区和增城西部生产服务集聚区。

（四）沙埔镇（今属新塘镇）

沙埔镇原为雅瑶村，是一个上万人口规模的自然村，属仙村镇管辖。1990 年 8 月，从仙村镇划出成立沙埔镇，主体为雅瑶村。2004 年并入新塘镇。沙埔地区位于增城南部，面积约 19.18 平方公里，有 8 个行政村、1 个社区，广惠高速公路和广园东快速路交通大动脉贯通沙埔。其中广园东快速路在沙埔设有出入口，到广州仅 25 分钟车程，到东莞约 10 分钟车程。广惠高速公路出入口离沙埔镇约 2 公里。沙埔地区产业以牛仔休闲服装制造业为主。

1938 年 8 月，广东青年抗日先锋队增城工作队进入雅瑶村成立雅瑶党支部及广东民众抗日自卫团增城第三区雅瑶大队，与阮海天在仙村建立的党组织及其第三区仙村大队联合组成第三区常备队、雅瑶常备队，积极开展抗日救亡运动。第三区常备队队长单容沛、雅瑶常备队队长吴淦澄，两队分别有 70 多人枪和 50 多人枪，队中配备机枪。1938 年 10 月 28 日，第三常备队、雅瑶常备队及仙村、雅瑶自卫大队与群众数百人在仙村竹园涌袭击日军，首战告捷。随后，在广九铁路一线发动一系列破袭战，均取得胜利。1994 年，经广东省民政厅批准，沙埔镇被评为老区镇。

2012 年后，沙埔地区，制造业、商贸服务业蓬勃发展，新兴产业集聚效应逐步增强。设有银沙工业园，2017 年作为增城区的重点项目，华电广州增城燃气冷热电三联供工程落户银沙工业园。该园将持续在产业新城规划及产业园区招商引资等方面，推动沙埔地区产业发展，促进产城融合。

第二章

大革命时期及土地革命战争时期

1923 年 6 月，中共三大在广州召开，帮助孙中山改组国民党，建立统一战线。在中共三大和中国四大精神的指引下，1924 年增城农会成立，1925 年县总工会成立，增城工农运动蓬勃发展。中共广东区委派遣阮啸垣、李沛群、何学燊到新塘指导工人运动，吸收 5 名工会骨干加入中国共产党，推动马克思主义与增城工农运动相结合。1926 年春，增城县的第一个地方党组织——中共新塘支部成立，掀开了增城新民主主义革命斗争的新一页。1927 年 4 月 12 日，蒋介石背叛革命，大肆捕杀共产党人和革命群众，中国共产党为挽救革命，先后举行南昌起义、秋收起义、广州起义。中国革命由大革命时期进入土地革命战争时期。

广州起义失败后，为筹备广九铁路沿线地区联合起义，1928 年 2 月成立中共增城县委。因上级机关迭遭破坏，起义未遂。中共增城地方组织与上级党组织失去联系而暂停活动。1937 年，抗日战争全面爆发，增城重建地方党组织。

第一节 五四运动和马克思主义在增城的传播

一、青年学生运动的兴起

1919 年 5 月 4 日，北京爆发反帝爱国学生运动，广州学生、工人和群众纷纷通电支持，举行声势浩大的集会游行示威。五四运动促使增城青年学生进一步觉醒，推动以革命知识分子为前导的国民革命运动蓬勃发展。1921 年 7 月 1 日，中国共产党成立。1923 年 6 月，中共三大在广州召开，帮助孙中山改组国民党。1924 年 1 月，国民党第一次全国代表大会在广州召开，确立了联俄、联共、扶助农工的三大政策。在这个背景下，一批在广州读书的增城青年，于 1924 年成立增城留省同学会，创办革命刊物《增江潮》，宣传联俄、联共、扶助农工三大政策。增城青年学生熊耀培在《国民日报》发表《青年痛苦与革命》，揭露帝国主义、军阀、封建主义压迫青年的种种行径，号召青年投身国民革命，在广大青年和知识界人士中引起共鸣。同时，大部分于广州读书的青年，毕业后纷纷回到增城应聘任教，他们当中大多数接受过国民革命的洗礼，在教学中积极向学生灌输反帝反封建的爱国主义思想，有力地冲击了半殖民地半封建社会的文化教育。当中的主要代表人物是王新史。

王新史，家住广州，原籍正果镇竹林村，是追随孙中山先生革命的同盟会会员王弼宸的长子。王新史读书时，与为中共党员的同学何友逖交往密切，在其启发下，阅读了一批进步书籍，接触马克思主义，思想认识有很大的提高。1923 年，他回增城任教，经常邀请进步师生相叙，一起学习《共产主义初阶》，共同讨论俄国十月革命的经验。他还常到群众之中做社会调查，改编反映群众疾苦并在群众中流行的歌谣，以鞭挞军阀统治社会的黑暗现状，启发学生参加国民革命运动，学生深受影响。

熊耀培在回忆录中曾这样写道："增城高等小学有一位教师名字叫王新史，是国民党'一大'后成立的增城县党部委员，他对学生的思想影响很大，又是当年农民运动的领导者。"

二、马克思主义在增城的传播

1924 年至 1927 年，一场以推翻帝国主义和北洋军阀在中国的统治为目标的大革命运动席卷全国。在这场大革命运动中，广州成了第一次国共合作和国民革命运动的中心。一批在广州读书和工作的增城籍青年，纷纷投身革命洪流之中，有的加入进步团体，有的加入中国共产党，传播马克思主义，组织民众参加国民革命运动。当中主要代表人物有阮峙垣、伍来成、刘庆培。

阮峙垣（1904—1983），又名阮大文，别名焯荣，增城仙村瞰吓村人。1922 年在广州就读于广东高等师范学堂，接触马克思主义，参加马克思主义研究会。1924 年，参加进步组织新学生社，不久，加入中国社会主义青年团。1925 年转为中共党员。省港大罢工期间，他在沙埔、新塘和广九铁路沿线一带，向工农群众传播马克思主义，发动和组织群众参加国民革命运动，支援省港大罢工，为增城地方党组织的建立奠定思想基础。

伍来成（1899—1943），增城新塘沙贝村（今新何村）人，广九铁路新塘火车站的搬运工人。大革命时期积极参加中共广东区委领导的工人运动。他组织工人，带领工人抵制封建把头的剥削，赢得了新塘工人的爱戴。1926 年，他加入中国共产党。在上级党组织的支持下，建立增城第一个中共地方组织——中共新塘支部，并担任支部书记。省港大罢工期间，组织成立粤港澳同德工会新塘分会，带领会员深入到群众中宣传马克思主义，开展工人运动，同国民党右派控制的工会进行针锋相对的斗争。

刘庆培（1905—?），增城石滩麻车村人。1925 年前往广州，投考广州农民运动讲习所，被录取为农讲所第五期学员，不久被吸收为共产主义青年团团员，1926 年初结业，转为中共党员。随即被委派为国民党中央农民部特派员，返回增城农民协会工作，从事农民运动，对推动增城农民运动的发展做了大量的工作。

在增城传播马克思主义方面起重大作用的还有被上级党组织派遣到增城开展工作的特派员李沛群、李民智、何学燊等。他们不辱使命，深入增城地区传播马克思主义，点燃革命火种，指导增城工农革命运动。

第二节

大革命运动蓬勃发展

一、增城工会及工人运动的发展

20 世纪初，随着广九铁路的开通和粤港澳水运事业的发展，增城工人阶级也不断发展壮大。据中共广东区委职工运动委员会调查资料统计，1926 年新塘拥有工人约 1400 人，县城、正果、石滩等圩镇也拥有相当数量的工人。由于深受帝国主义、资本主义和封建主义的三重压迫、剥削，工人工作时间长，劳动条件差，政治地位低，经济生活苦。为求生存，增城工人在同行业间互相串联，建立几个类似行业性工会的团体。

1925 年 5 月，第二次全国劳动大会在广州召开，成立中华全国总工会。在革命形势的推动下，增城各地工会进行重新组织与联合，成立增城县总工会，下设各行业工会，佩戴总工会下发的铜质红底金边长方形的"增城县工会"襟章。县总工会会址设于县城万寿寺前（今仍存县总工会遗址）。据刘尔嵩在 1926 年的《一年来广东工人运动之概况》的报告中统计，1925 年底，增城县建有搬运、革履、油业、建筑等 7 个行业工会，会员 837 人，约占全县工人总数的 25%。

随着工会组织建立，增城工人运动蓬勃发展。县城及新塘等地工会相继成立"工人夜校""劳动童子团"，利用这些阵地和队伍宣传马列主义和反帝、反殖民、反封建、反军阀的革命思想。

同时工会深入工人较为密集的场所，通过演讲、游行、演剧、歌舞表演和举办各类训练班等形式扩大宣传，传播广东省和广州市工会组织创办的革命报刊中的革命思想。与此同时，省、市工人宣传队亦经常深入增城各地揭露帝国主义、封建把头的丑恶行径，号召工人团结一致争取合法权益，组织群众、宣传群众的革命活动，在省港大罢工期间显得尤为活跃。

1925年6月，爆发震撼中外的省港大罢工。增城毗邻广州，又因广九铁路穿县而过，所以罢工不出几天，就波及增城县内。广九铁路沿线的新塘、仙村、石滩、三江等地各界群众在工会的组织下，广泛捐钱捐粮捐物，送茶送水，送粮送菜，热情接待由香港返回广州的罢工工人。为了更好地支持这次大罢工，增城工会还组织工人纠察队，参加查缉走私、封锁香港，支援香港工人的斗争。

1925年10月，国民政府挥师东征，讨伐军阀陈炯明。东征军途经增城时，增城工会组织工人配合各界人民团体，给予全力支持。

二、增城农会及农民运动的发展

在国民革命运动的影响和中共广东区委的指导帮助下，增城农民运动发展迅猛。石滩、新塘、仙村等广九铁路沿线地区率先建立区、乡农会组织，与广州市郊农会遥相呼应，开展反抗土豪劣绅压迫和反抗苛捐杂税的斗争。1924年冬，增江三联人、县税务局职员张鉴初，到海陆丰学习农民运动的经验，返回增城后，参加区农会领导工作，在县城地区组织农民协会，农民运动从广九铁路沿线地区扩展到中部地区。

1925年初，增城县第九区（石滩区）农民协会选派麻车村青年农民刘镛铠、刘有余两人到广州农民运动讲习所第四期学员培训班受训，结业后返回增城从事农运工作。与此同时，农会又指派张鉴初带领 30 多名青年农民前往广州农民运动讲习所，参加短期军事训练，回来后将他们分派到各地区乡农会，指导组建农民自卫军，反抗土豪劣绅和地方民团的侵犯，维护农民利益。同年 5 月，广东省第一次农民代表大会在广州召开，县农会刘仕林代表增城农民参加大会。这表明增城农民在党的领导下，已从觉醒时期进入斗争时期。1926 年春，中共广东区委派遣中共党员李民智以农民部特派员的身份到增城指导县农会工作。李民智在巩固广九铁路沿线农会组织的同时，积极推进增城北部正果、派潭农会组织的建立。同年 8 月间，李民智到正果发动农民组织农会，遭到地方恶势力的阻挠，在掌握影响该地农会建立的第一手资料后，启程回广州向省农会汇报之际，在正果圩被盘踞于正果一带勒收"行水"的恶霸杀害。李民智为了党的事业，为了广大农民的利益，血洒正果圩的英雄事迹，进一步激发广大农民的革命热情，尤其是增城北部正果、派潭两地的农民纷纷行动起来，强烈声讨封建恶势力的暴行，组织农会和农民自卫军，把反抗地主豪绅的压迫和剥削推向深入。

在省港大罢工期间，广九铁路沿线等地农民群众协助工会热情接待由香港返回广州的罢工工人。其间，农民自卫军积极配合工人纠察队，参加查缉走私、封锁香港，支援香港工人的斗争。

东征军途经增城时，石滩农会组织数千名农民组成了东征后援队伍，日夜为东征军运送物资，在沿途村庄设立茶水供应站，为东征军送茶送水，充当向导。

在国民革命运动的影响下，增城农会组织快速发展，到 1925 年底，全县共建立区农民协会 2 个，乡农民协会 30 个，共有会员 3367 人。为中共增城地方组织的创立奠定很好的社会阶级基础。

三、增城学生运动的发展

除创办刊物宣传革命思想外，为揭露帝国主义在广州沙基残暴杀害工人群众的罪行，1925 年 6 月，在广州读书的增城籍大、中学生纷纷回乡，会同在增城任教的教师和县立高等小学的学生，举行反帝示威大游行。随后，他们分组到街头演讲，唤醒群众；张贴漫画，揭露帝国主义的暴行，号召民众参加反帝爱国运动。1926 年新学年，增城县学生联合会公开成立，全县各区都派代表参加。这次大会，产生学联负责人，确定学生运动的中心是开展反帝反封建斗争。在学联的统一领导下，增城的学生运动，在推动国民革命运动深入发展方面，发挥了很大的作用。

据熊耀培回忆录称，当时的学联领导成员除熊耀培外，还有张赞高、李文榘等，他们在抗日战争时期曾掩护中共地下组织开展工作，李文榘还参加过抗日杀敌队。

中共增城地方组织的建立及早期活动

一、中共新塘支部的建立

1925 年 10 月，中共广东区委吸取在工农革命高涨时期没有大量发展党组织和吸收党员的教训，决定根据中共中央执委扩大会议提出的"努力发展党员的数量及严整党的组织"的要求，逐步放手吸收党员，发展党的基层组织。为此，中共广东区委派遣了阮峙垣、李沛群前往增城工人数量比较多、工农革命活动比较活跃的新塘镇活动，从中培养和考察建党对象，建立党的地方基层组织。经过考察和培养，经中共广东区委批准，1926 年初，新塘火车站搬运工人和当地工人伍来成、伍钟泉等 6 人，被吸收为中共党员。并由李沛群主持，在沙堤乡沙贝村（今新何村朝市）伍氏祠堂（原著存小学旧址）召开支部大会，正式成立中共新塘支部，伍来成任支部书记，隶属中共广东区委领导。这是增城县第一个中共地方组织，也是广东省建党时间比较早的一个地方基层党支部。它的成立，标志着增城近代历史进入了一段新的里程。新塘党支部成立后，党员深入搬运工人中开展宣传工作，并开办工人夜校，传播革命思想，发动工人们联合起来组织工会，同封建把头和资本家作斗争。

1926 年 4 月，在党支部的直接领导下，新塘地区的搬运工人成立粤港澳劳动同德工会新塘分会。粤港澳劳动同德工会新塘分会是中共新塘支部直接领导的工会组织。为进一步加强党的领导，中共广东区委从广州市委抽调何学燊到粤港澳劳动同德工会新塘分会工作。他到新塘以后，对外公开职务是粤港澳劳动同德工会新塘分会文书，其主要任务是指导新塘党支部开展工人运动。同年 9 月，粤港澳劳动同德工会新塘分会会员人数增至 600 多人，成为新塘地区乃至全县一个举足轻重的工会组织。其间，党支部通过考察和培养，先后吸收钟欢等 5 名工会骨干为中共党员，壮大党组织的力量，为后来建立劳动同德工会党支部打下基础。

1927 年四一二反革命政变发生后，国民党增城当局，下令解散工会、农会和农民自卫军组织，逮捕共产党人和革命群众组织负责人。中共新塘支部针对急剧变化的形势，立即部署中共党员和工会、农会的骨干分子暂时隐蔽起来，停止公开活动，转为地下斗争。

二、中共增城县委的建立

继南昌起义和秋收起义后，中国共产党于 1927 年 12 月发动广州起义。由于敌我力量对比悬殊，起义失败，革命处于低潮。1928 年 1 月，中共广东省委在香港举行全体会议，决定改组党的各级组织，把组织工农群众开展革命暴动作为党的中心任务，派遣一批因参加过广州起义而被通缉、已经撤至香港的党员干部返回广州，建立和发展党组织，筹划革命暴动。阮啸垣被省委委任为中区巡视员，奉命从香港返回广州，负责改组宝安、东莞、增城等县的地方党组织，筹划广九铁路沿线联合暴动。1928 年 2 月，阮啸垣秘密到达新塘，与隐蔽起来的新塘党支部书记伍来成接上关系，在沙贝村伍氏祠堂建立秘密联络站，把新塘地区的党员秘密组织起来，商议改组地方党组织。阮啸垣指导新塘地方党组织进行改组，并主持中共增城县委员会的成立大会，伍来成为书记，钟欢、伍钟泉、阮树熙、阮客亮为委员，伍苏南为候补委员。常委会由伍来成、钟欢、伍钟泉 3 人组成。增城县委直属于广东省委。增城县委辖新塘市（镇）委。根据日益严峻的形势，中共增城县委确定组织生活制度和会议制度。为了广泛宣传革命形势和党的方针政策，动员工农群众反抗国民党反动派的屠杀政策，县委编辑出版《工农兵》期刊，每期油印 1000 多份广为散发。

中共增城县委按照省委的指示，侧重在新塘地区及广九铁路沿线发展党组织，建立工会、农会和赤卫队，积蓄军事力量策划革命暴动。大革命时期，新塘党支部有党员 12 人。到 1928 年上半年，县委在新塘地区先后成立同德工会党支部、沙贝农会支部、艇民支部、猪屎地党支部和瞰吓党支部，地方党员的人数增加到 42 人。伍来成、罗耀辉、张全业等县、市（镇）委领导，把主要精力放在职工运动上，在省委职委伯岳的具体指导下，他们先把新塘的工人党员发动和组织起来，建立同德工会党支部。该支部由 10 名工人党员组成，其中同德工会 6 人，其他行业工会 4 人。同德工会重新把工人秘密组织起来，为筹备革命暴动集聚力量。县委还把农村工作重点放在新塘镇附近的 13 个自然村（新塘十三坊）内，在沙贝村秘密成立沙贝农会党支部，设立秘密联络点。随后在农民党员较多的猪屎地、瞰吓两地分别成立党支部，秘密联络曾参加过农会的农民，动员他们参加农会组织，筹建农民赤卫队。在党的领导下，增城广九铁路沿线的广大工人和农民积极投身反帝反封建的土地革命战争洪流，决心拿起武器，等待时机，反击国民党反动派的残酷镇压。

三、中共增城县委的撤销

1928 年 7 月，国民党反动派加强对工农革命运动的残酷镇压，白色恐怖笼罩广州地区，党的机关屡遭破坏。广东省委依据党的工作情况，把广州市委划分为东区、西区、南区、东郊区、南郊区、西郊区、北郊区和新塘区等 8 个区，正式把番禺、增城两个县委纳入广州市委管理。接着，广东省委撤销增城县委，改为新塘区委，正式划归广州市委管理，原下属的党支部归新塘区委领导。1928 年 8 月 17 日，担任广州市委书记的阮啸垣出发到增城开展工作时，在石滩被国民党驻军逮捕。之后，由于广州市委领导迭遭逮捕，市委机关遭受严重破坏，党的交通联络中断，致使新塘区委同上级党组织失去了联系，无法取得上级的支持。这一时期国民党新塘当局加紧缉捕中共党员和革命人士。由于党组织刚转入地下斗争时间不长，多数同志还缺乏秘密工作的经验，在白色恐怖的恶劣环境下，只好被迫潜伏，或走避香港，或远走他乡。自此，增城地方党组织基本停止活动，增城革命转入低潮时期，中共增城地方组织被迫中断活动长达 9 年。

第三章

全民族抗日战争时期

　　1937 年至 1945 年的全民族抗日战争，总体上是在以中国共产党同中国国民党再次合作为基础的抗日民族统一战线的条件下进行的。但国民党顽固派拒绝承认中共华南地方组织和人民武装的合法地位，自 1939 年冬起，掀起反共逆流：加紧打击进步团体、迫害进步人士，取缔东江华侨回乡服务团、广东青年抗日先锋队，搜捕及通缉中共党员，解除中共增城地方组织的外围武装。中共增城地方组织以及人民武装孤悬敌后，处于日伪顽疯狂夹击的恶劣环境中。面对国民党顽固派的政治迫害、军事"围剿"，中共增城地方组织始终坚持全面抗战路线和持久战的战略方针，深入敌后发动群众，开展游击战争，建立和发展抗日民主根据地，发展进步势力，争取中间势力，大力推进党的建设，成为领导增城人民实行全民抗战的中流砥柱，对粉碎日伪顽的轮番"围剿"，取得抗日战争的伟大胜利发挥了重要作用。

第一节 抗日救亡运动高涨

一、同仇敌忾，抗日救亡

九一八事变后，中共中央号召全国人民进行革命的民族战争，打击日本侵略者。中共广东省委也发出通告和宣言，号召全民行动起来，投身抗日洪流。1937年卢沟桥事变发生后第二天，中共中央发出通电，向全国人民呼吁："平津危急！华北危急！中华民族危急！只有全民族实行抗战，才是我们的出路！"1937年7月15日，中共中央代表周恩来等将《中共中央为公布国共合作宣言》交给蒋介石。国共合作宣言和蒋介石谈话的发表，标志着国共两党第二次合作正式形成。

在全国抗日形势蓬勃发展的推动下，国民党广东当局也表现出一定的抗战姿态：1937年8月，广东当局发布《广东省开放民众运动的决议案》和《广东省民众武装五项措施》，允许人民拥有枪支实行自卫。增城随即成立增城抗日民族自卫团统率委员会、增城抗日御侮救亡委员会、增城县抗日自卫总队3个民众抗日救亡组织，各区（乡）也相应成立自卫队和统率委员会。

在国家民族生死存亡的紧要关头，中国共产党反对日本帝国主义侵略的坚定立场和鲜明态度，极大地鼓舞了增城民众的抗战决心。1937年11月，增城进步青年徐辛雷、徐亮到朱村，发动和组织民众抗日救亡，朱村民众和学生纷纷响应：大街小巷或张贴抗日救亡标语；或大唱抗日救亡歌曲；或办民众夜校，宣传抗日救亡主张。一时间，抗战歌曲《全国总动员》和《民众起来打倒日本仔》在朱村广为流行。

1938年1月24日，日军空袭增城县城凤凰山，致数十人死亡，场面惨不忍睹，激起人们的抗日怒火。徐辛雷、张成美、徐亮、廖朝钧、黄丽棠、曾映华等组织抗日宣传队，走上街头揭露日本帝国主义的丑恶本质。随后团结增城中学校友，用增城抗日御侮救亡会名义开展宣传活动。增城中学学生冲破重重阻挠，勇敢地投身抗日救亡运动：上街下乡控诉日本帝国主义的滔天罪行，表演《放下你的鞭子》等抗日救亡作品，高唱《义勇军进行曲》和《救亡进行曲》，喊出了增城人民的心声。抗日救亡宣传队还深入派潭、腊布等地演出，点燃抗日救亡烈火。

1938年1月，八路军驻广州办事处成立，以公开合法名义推动抗日救亡运动。办事处负责人云广英派徐可生到增城福和地区开展活动，培养李东林、魏友相、郭冠雄、李旭初等一批抗日骨干，将福和民众抗日御侮救亡团改组为福和区民众抗敌后援会，不久发展成福和民众抗日武装队伍。1938年2月，阮海天在仙村成立中共仙村支部，并通过统战关系，建立广东民众抗日自卫团增城县仙村大队。同年7月，广东青年抗日先锋队增城工作队赴仙村、雅瑶两地，在中共东莞中心县委的指示下，成立广东民众抗日自卫团增城县雅瑶大队。同年9月，中共东莞中心县委派遣党员廖明和王新民一道在东山小学发起纪念九一八事变的活动，教育大家毋忘国耻，誓死抗日。同年10月，成立中共竹林支部。与此同时，爱国乡绅朱简明组织派潭民众，在派潭圩举行抗日示威游行，声讨日军侵华罪行。

二、正义担当，奔赴延安

增城进步青年吴介民、徐亮、徐辛雷、王彦鸿（女）、甘霖以增城抗日御侮救亡会的名义，串联增城中学校友和爱国青年，积极投身抗日救亡运动，点燃民众抗日烈火，引起国民党增城县党部的不满，遭到诸多限制和刁难。1938 年 6 月，国民党增城县党部发现徐亮、徐辛雷等人发动同学捐赠书籍而开办的阅览室有进步书刊，就借口经济困难，停拨宣传经费。更有甚者，县党部顽固派还纠集一帮纨绔子弟成立一个所谓的"抗日救亡活动团体"，大唱其"毛毛雨"、大跳其不雅舞蹈。这个团伙还霸占学生宣传演出的舞台，硬拉一些学生当演员。不久县城爱国青年的抗日救亡团体被迫停止活动。国民党顽固派这一行径，使广大进步青年认识到，国民党绝不是真心领导中国人民抗日救亡的政党，决不能把民族的前途和希望寄托在国民党身上。为了追求抗日救国真理，1938 年 8 月，徐辛雷、徐亮、吴介民、王彦鸿（女）、甘霖 5 名爱国青年在八路军驻广州办事处的介绍下，历尽千辛万苦奔赴革命圣地延安。他们当中，年龄最大的徐辛雷才 22 岁，年龄最小的王彦鸿（女），那时年仅 14 岁。

在爱国救亡运动中，一批在广州或外地学习和工作的增城籍青年，围绕抗日救国这一主题，在民众中积极宣传马列主义和中国共产党的抗日主张，毅然走上革命道路。其中影响较大的有：

朱荣（1918—1990），增城朱村人。少年时在家乡读小学，后考入广州市立第一中学。在学期间，他积极参加中共领导的广州学生抗日救国运动，1937 年加入中国共产党。同年 3 月，广州学生抗敌救亡会成立，他受广州市委派遣，负责抗敌救亡会宣传、组织工作。同年，任广州市一中党支部书记；后任中共广州市青年委员会委员，市委组织干事。抗日战争全面爆发后，参加组建广东青年抗日先锋队工作，任总队部党总支书记，率队开赴西江地区开展抗日斗争。1939 年 11 月当选为中共第七次全国代表大会代表。翌年历尽艰险，抵达延安，并进入中共党校学习。1945年 4 月，出席中共七大。

吴介民（1922—2008），1940 年毕业于延安马列学院，历任西北局宣传部秘书、延安中央研究院文艺理论研究室研究员、陕甘宁边区政府研究室研究员等职务。1959 年到北京工作，先后任《红旗》杂志社编委会委员、党委书记、副秘书长，交通部办公厅主任。1975 年恢复工作，主持交通部办公厅工作，后到中国社会科学院，历任外国文学研究所党委副书记兼副所长，中国社会科学院党组成员、副秘书长、秘书长。是全国政协第七、第八届委员。

徐亮（1919—2009），1938 年，肄业于延安陕北公学和马列学院。1979 年后，历任广州市文教办副主任，中共广州市委统战部副部长，广州市政协秘书长，第五、第六届副主席、党组副书记。

徐辛雷（1915—1987），原名徐诚贵，一二·九运动时，担任增城中学学生会主席。1937 年冬，参加县城抗日救亡宣传队，深入城乡宣传抗日。1938 年 8 月，奔赴延安陕北公学读书，同年10 月加入中国共产党，先后担任连队指导员、游击区区长、《冀晋时报》记者。新中国成立后，任中国铁路工会宣传部副部长。1955 年，国家建设武汉长江大桥，被任命为副总指挥兼工程局工会主席，后留任桥梁学院党委书记兼院长。1956 年出版短篇小说集《长江上的战斗》，1958 年出版长篇小说《万古长青》，1963年成为湖北省专业作家，兼任湖北省作家协会理事。

甘霖（1914—1997），少年时就读于朱村培基小学，后考入增城高级学校。在校期间参加革命宣传活动。1938 年 10 月加入中国共产党，历任川西军区后勤部政治处主任、重庆军校政治部组织科科长、成都军区后勤部卫生学校政治委员、四川军区公安总队政工科科长。参加过百团大战、仓头战役，荣膺"三级独立自由勋章"和"三级解放勋章"。

丁鸿（1918—2003），又名湛邓鋆，增城新塘镇新何人。1938年在中共中央青委安吴青训班学习并加入中国共产党。1939年任山西安泽县青委宣传部部长、中央青委巡视团团员。1940年赴延安泽东青年干部学校高级班学习。1942年任延安文化俱乐部秘书、中央党校三部俱乐部主任。1944年随第三五九旅南下任司令部二科参谋、中原军区湖北枣阳中心县委秘书、鄂北地委秘书、中原军区民主建国大学指导员。1946—1948年赴东北任干部队队长、五常县委宣传部部长、松江省委工作团团委书记。1952年后历任重工业部建工局计划处处长、建材总局水泥局负责人、建材部水泥局局长等职。

第二节

中共地方组织的重建

一、中共仙村支部、竹林支部和雅瑶支部的建立

中国抗日民族统一战线形成后，全民抗日救亡运动成为整个社会活动的主流。随着抗日救亡运动的深入发展，中国共产党的政治影响日益增强，全国抗日形势蓬勃发展，为中共增城地方组织的重建与发展创造了客观条件。

1937 年 11 月，阮海天、阮文两人接受上级党组织的派遣，回到家乡竹园涌村，与中共东莞中心支部接上关系后，着手建党工作和开展抗日活动。阮海天在仙村神山小学担任教师，以此为职业作掩护。1938 年 2 月，阮海天在仙村神山小学秘密成立中共仙村支部，成立时仅有党员 3 人，阮海天任支部书记，隶属中共东莞中心支部。这是抗战时期党在增城地区重建的第一个地方党支部。

1938 年 3 月，广州党组织派遣王新民回增城开展工作，主要任务是创造条件建立党组织，并在广州一旦沦陷后，创造条件在增城建立游击根据地。王新民回到家乡正果，发动青年开展抗日宣传活动。同年 8 月，王新民在进步人士和当地上层人士的支持下，就任东山小学校长，建立开辟工作的桥头堡。其间，在东莞中心县委书记姚永光的指导下，王新民、廖明在正果竹林村发展王世模、王新史、王振明、王丽霞（女）、王彪加入中国共产党，

并于 1938 年 10 月，在王新民的家中（竹林村四角楼）建立中共竹林支部，由在东山小学任教的地下党员何添荣担任支部书记，共有党员 8 人，隶属中共东莞中心县委。

1938 年 7 月，中共广东省委派出的广东青年抗日先锋队增城工作队十五六人，在队长张学臻的率领下到达增城。队员多数是在广州读书的学生，其中杨步尧、卓扬、萧汉、莫惠行是中共党员。工作队开赴雅瑶，并以雅瑶为基地开展抗日活动。工作队秘密建立党支部，卓扬任支部书记，10 月，改由杨步尧接任支部书记。共有党员 5 名，除一人是中共东莞中心县委调来雅瑶小学任教的以外，其余都是抗先工作队队员。后来中共东莞中心县委陆续派来党员参加这个支部。随后，中共抗先支部改称中共雅瑶支部，隶属中共东莞中心县委。他们的重要任务是贯彻广东省委在日军入侵广州时于东江罗浮山建立游击根据地的战略部署，而建立党的基层组织是建立罗浮山根据地的第一步。围绕这一中心，中共雅瑶支部建立各种抗日群众组织，团结和争取各社会阶层参加抗日，发展抗日民族统一战线。

在增城沦陷前夕，中国共产党在增城地区重建仙村、竹林、雅瑶三个地方党支部，引领民众抗日救亡，充分显示共产党人坚决抗日的决心和信心。但由于国民党广东当局不承认中共广东地方组织的合法存在，因而，增城的党组织是秘密的地下党组织，主要通过各种活动向群众宣传贯彻中共的抗日主张和方针政策，战斗任务非常艰巨。中共仙村支部、竹林支部、雅瑶支部都先后建立了自己的抗日武装。

二、建立地方党组织的统一领导机关

增城沦陷后的 1939 年春夏之交，增城地区敌我双方转入相持阶段。当时阮海天率部驻防正果大冚，王新民在正果白面石开办东山小学。两人虽然认识，但在组织上没有横向联系。为了统一中共增城地方组织的领导，进一步推动增城地区的抗战，1939年3月，中共博罗县委负责人胡展光在博罗县城约见阮海天、王新民两人，商量筹建统一的增城党组织和开展抗日斗争事宜。会谈后，东江特委安排阮海天率领部队到东莞与王作尧部会合，开展敌后游击战争；王新民在正果开展党建工作和抗日活动。同年4月，东江特委派麦刚（麦任）到增城正果一带视察，接着派郭大同到增城领导全面工作。稍后，在中共博罗县委李健行的主持下，在增龙博边国统区正果三平约科甲堂成立中共增城特别支部，郭大同（郭洪）任书记，章唯真（李果）、王新民任委员。特支隶属于东江特委，负责领导增城县、龙门县永汉地区的地方党组织。接着，中共增城特支在科甲堂成立东江华侨回乡服务团增城分团，使特支的活动能够在"东团"的公开旗帜下进行。自此，增龙地区党组织终于有统一的领导机关带领增龙人民开展抗日斗争，推动全面抗战的开展。

中共增城特支成立后，不断加强地方党建工作，相继在"东团"、广东民众抗日自卫团增城独立十一中队以及派潭大埔村、正果科甲堂等武装队伍和乡村成立党支部，党员人数增加到70多人。1939年11月，随着地方党组织和党员队伍的不断发展壮大，经东江特委批准，在科甲堂成立中共增城县临时工作委员会，书记郭大同，组织委员章唯真，宣传委员王新民，武装部部长何洪川。1940年1月，在中共增城县临工委的基础上，正式成立中共增城县委员会，郭大同任书记，章唯真任组织部部长，梁永思任宣传部部长。县委机关迁往正果白面石村，隶属于中共东江特委。

1940年1月，国民党东江当局非法逮捕"东团"博罗队全部队员。2月，采取军事手段围攻曾生、王作尧领导的抗日队伍。为了适应"东团"博罗队全员被捕事件发生以后的形势变化，

1940 年 3 月，中共东江特委在增城县委的基础上，成立中共增龙博中心县委，统一领导增城、龙门、博罗三个县的党组织。增龙博中心县委设在增城正果白面石村，郭大同任书记，袁鉴文任组织部部长，李光中任宣传部部长，黄秀芳任妇委书记，下辖博罗县工委（同年 12 月成立博罗县委）、龙门县工委和增城县的派潭、福和、正果三个区委。博罗县工委书记为吴伯仲，龙门县工委书记由袁鉴文兼任，宣传委员梁永思，驻永汉。派潭区委书记张国强，委员陈李中、温潮伯。5 月，张国强进入沦陷区工作，由陈李中代理书记。福和区委书记为钟若潮。6 月，成立正果区委，邓刚屏任书记，夏冰、张健民为委员。

从此，增城广大老区人民在中共组织的领导下，在黑暗中看到了光明和希望，在增城大地上开展轰轰烈烈的抗日救亡运动。

党领导的民族统一战线旗帜下的全民抗战

一、朱村阻击战

朱村村位于增城中部，广汕公路贯穿全境，是由东向西进入广州的必经之路。

1938 年 10 月 12 日，日本海军舰艇云集大亚湾登陆。数日内攻陷惠州、博罗地区，然后兵分三路进攻增城，直指广州。15 日傍晚，国民党军队第十二集团军在广州总部召集一五四师、一八六师师长，独立二十旅旅长等召开紧急会议，指出日军在澳头登陆后，向增城急进，兵锋指向广州，会议作出阻敌于增城、正果、大仙岭一带的部署。10 月 20 日拂晓，中路日军经博罗县福田、联和沿广惠公路猛攻增城。国民党军队一八六师在日军飞机大炮的轰击下，装甲车队损失惨重，溃败退往从化吕田，增城县城陷入敌手。日军沿广汕公路、广虎公路向广州进攻，国民党守军一五四师匆忙退往从化良口，一五八师退往花县。

此前，由中共党员担任领导、由进步青年和爱国华侨组成的第四路军看护干部训练班（简称护干班）第一中队 80 余人在日军从大亚湾登陆、进攻惠州之际，马上奔赴前线展开救护工作。10 月 20 日，第一中队到达增城。增城失守后，中队长梁国权率领队员在朱村拾起守军丢弃的武器，英勇阻击日军，毙敌 30 余人。护干班 50 多位学员壮烈牺牲。中队长梁国权和区队长黄金龙血洒疆场。

二、白面石阻击战

1938 年 10 月 20 日，日军在沿广汕公路正面攻击增城之际，侧翼一路由博罗横河经龙门麻榨到正果作迂回攻击；另一路由博罗经龙门、龙岗、龙华、沙迳、永汉到正果迂回至增城。此前，中国军队为保卫广州，以增城外围为重点防御阵地。10 月 17 日，中国军队独立二十旅奉命驰援正果。19 日抢占阵地。右翼一团在正果马鼻岭布防；左翼二团在麻榨圩附近布防；正面三团居中布防于正果白面石、黄沙岽坳、老虎石山一线。三团二营营长黄植虞、副营长韦贯虹率部作为团部左右翼，营部指挥所设在黄沙岽坳，重机枪连主守制高点老虎石山。20 日凌晨，日军主力向二团正面阵地发起进攻，敌机及炮火向三团左翼二营阵地狂轰滥炸并发起攻击。二营官兵奋勇还击，激战整日，毙敌 164 人，该营牺牲 200 多人，重机枪连连长、排长、班长及重机枪手均遭伤亡，四连、五连连长身负重伤。终因众寡悬殊，其他守备部队早已撤出战斗，孤军无援，而撤出阵地。战后，白面石村爱国人士王雁门收殓抗敌阵亡官兵尸体，并建碑亭纪念。王雁门亲自撰联"黄种图存，群英抗日；沙场战死，烈士流芳"，讴歌抗日英雄为国家争国格，为民族争生存的英雄气概。碑亭包括黄沙岽坳烈士纪念堂、白面石抗日烈士墓，均为增城区文物保护单位。二营的指挥部，即老虎石山顶抗日战场指挥所旧址也为增城区登记保护文物单位。

白面石阻击战期间，中共竹林支部领导的增城青年战地服务团奔赴前线，或帮助疏散群众，或抢救伤员。服务团的"三枪队"还抓获 4 个为日军通风报信的汉奸，经审讯后就地正法。其间，战地服务团在白面石附近深谷中发现和抢救了 20 多名中国军队伤员。

三、竹园涌袭击战

增城沦陷后，1938 年 10 月 28 日，日军数十人沿东江经西福河口到白鹤洲一带抢掠。阮海天、单容沛（开明士绅）、杨步尧、萧汉等率领第三区常备队、雅瑶常备队和仙村、雅瑶抗日自卫大队以及竹园涌村、蓝山村群众数百人，在竹园涌袭击敌人，毙敌 20 余名，击沉敌艇一艘，缴获军用物资一批。这是中共增城地方组织领导的敌后首战。骄横的日军凭着汽艇掩护还击，战斗异常激烈。11 月间，仙村、雅瑶常备队先后在沙头、塘美火车站等地袭击日军，均有斩获。日军不得不在铁路沿线上加派兵力。

四、组建三支挂国民党军队番号的杀敌武装

1938 年 12 月，由侨居海外的爱国青年组成的东江华侨回乡服务团（简称"东团"）在惠州成立。1939 年 4 月，中共东江特委在批准建立中共增城特支的同时，决定成立"东团"增城分团，归属增城特支直接领导，特支的成员同时也是分团的团员，使增城特支活动得到"东团"公开旗帜的掩护。东江特委和"东团"总部陆续从博罗、惠阳、紫金分团抽调干部到增城工作。特支通过"东团"凝聚力量，吸收了陈李中、张冠雄、王达宏、宋晋、宋佛清等加入中国共产党，并在派潭、正果、福和、永汉成立 4 个分队，各分队均建立中共支部。特支通过李东林的关系，选派王新民等进入国民党县党部机关工作。在地方党组织的推动下，组建三支挂国民党军队番号的中共外围武装：六十三军随军杀敌魏友相大队；六十三军王时雨杀敌大队一中队，又称王达宏中队；六十三军随军杀敌第十九中队，又称宋晋杀敌中队。

五、福和乌石尾坳截击战

1938年10月23日，日本侵略军占领福和。圩内学校、商铺、民房大部分被烧毁，数以百计无辜百姓惨遭杀害，人民群众遭受空前浩劫。福和沦陷后，徐可生带领李东林、魏友相、郭冠雄等后援会干部，以福和青年抗日专修班、抗日救亡研究班的党员为基础，吸收了简官乡民众抗日自卫队的部分队员参加，组成福和民众抗日自卫游击队，魏友相、李东林任正、副队长，徐可生、郭冠雄任正、副指导员，李旭初任文书。全队有200多人，下设3个小队，由钟钧衡、郑贵章、魏策新任小队长。游击队主要是开展锄汉奸、烧桥毁路和保护群众疏散等工作。队伍在游击根据地花山村进行整训时，在腰屈截击进军广州的日军骑兵，砍死敌军战马一匹，队员刘寿在作战中牺牲。接着在六油迳处决了2个汉奸。为防范日军抢粮，徐可生等亲自率领基干队员，巡视各个乡村，保护秋收。

1938年11月间，日军大举"扫荡"增北地区，一路日军由福和经二龙攻击腊圃、派潭。徐可生率领常备中队及赤岭、凤池、合口、三星等村抗日后备队骨干近千人，在乌石尾坳设伏截击敌人。某日天亮以后，千余日军气势汹汹地朝乌石尾坳奔来，徐可生指挥大家沉着应战。日军大部队过去后，殿后的日军徐徐而至，进入伏击圈。指挥员一声令下，枪声、锣声四面响起，把敌人弄得晕头转向。常备中队集中火力同殿后日军展开激战，毙伤敌人10多人。是役，常备中队分队长魏必亮在战斗中牺牲。

六、大鱼头山截击敌人

1939年6月8日，日军出动千余人向福和联安"扫荡"，国民党一五一师派出一个营在郑新村扼守，被日军打垮。李东林、魏友相、郭冠雄率领六十六军随军杀敌十一中队常备队人员60多人，从洋岗岽登上大鱼头山，占领制高点进行阻击。日军前进线路受阻，立即调集部队猛攻大鱼头山。郑贵章手执短枪，佩戴望远镜于山头阵地上沉着指挥，用猛烈火力击退日军的多次冲击。两军激战至午后，天气突然变化，大雨滂沱，整个山头笼罩在雨水之中，据守阵地的指战员全身湿透，视线受阻，作战难度增大。这时候，日军主力部队急回增援，用迫击炮轰击常备队阵地，接着集中兵力再次发起冲击。在敌我众寡悬殊的形势下，为避免部队付出重大伤亡，郑贵章当机立断，下令撤退，并隐蔽于树下掩护部队撤离，战斗中不幸被迫击炮弹片击中，壮烈牺牲，年仅28岁。牺牲时仍背靠大树，紧握手枪面对来敌方向，神色凛然。人们为纪念这位抗日烈士，将其遗体葬于大鱼头山，并在青迳村建成贵章小学予以纪念。

七、魏友相大队夜袭官塘日军兵营

官塘村位于中新镇西北部，辖老屋、官山、新屋、竹山下、黄村、大窝、水背等自然村。增城沦陷后，日军为扼守广汕公路通向从化路段，在官塘设立军事基地，驻旅团指挥机关。1939年日军将附近的白苏塘、官塘18个自然村烧毁，构建碉堡、水牢、监狱，在此大肆烧杀抢掠。1939年冬，中共增城县临工委派组织部部长章唯真前往朱涵，同魏友相研究组建抗日武装，开展敌后游击战争事宜。魏友相按照指示，以六十六军随军杀敌十一中队为基础，吸收福和地区各阶层人士参加抗日武装，组成一个大队，挂名六十三军随军杀敌队第一大队，魏友相任大队长，民主人士钟冠英为副大队长，下辖三个中队：第一中队队长钟钧衡，第二中队队长郭务豪，第三中队队长魏策新。中共增城县委派钟若潮负责这个大队的政治工作，全大队有300人。与此同时，在这个地区活动的还有国民党军队一五三师四五九团刘进麟营和黄谦、莫雄带领的翁源大刀队，这三支队伍相互联系紧密，经常联合起来驰骋于增城、从化、番禺三县交界处，纵横百里，共同对日作战。

1940年4月间，日军倾巢进犯粤北。官塘的日军，在旅团长井野率领下抽调了六七成的兵力北上，仅留下五六百人，由代理旅团长冈田负责指挥，留守的部队除300人有战斗力外，其余都是义务人员、文职官佐和炊事员等非战斗人员。其中比较有战斗力的部队，则驻在林柏坊据点，其余则分散于黄村、竹山下、下新屋、官山、大书房、柏木等营地，官塘日军兵力空虚。

中共增城县委指示魏友相、李东林、钟若潮联合守军一五三师主动出击，伺机歼敌。魏友相大队、刘进麟营和翁源大刀队三方负责人召开会议，决定共同组成战斗队，统一指挥和行动，夜袭官塘日军兵营。

1940年9月16日，三支抗日部队集结在双塘村魏友相大队部进行战斗部署，在魏友相、刘进麟、钟若潮的统一指挥下，兵分三路向官塘日军据点接近。随后，魏友相大队第三中队队长魏策新按大队的指令，挑选出第三中队的精悍人员40人，由魏策新带领到达二龙，会同刘进麟营和翁源大刀队80人（其中女队员25人），途经大坑、青迳、联安、坳头到双塘魏友相大队总部待命。三支战斗队伍集合在一个打谷场上，听魏友相大队长下达作战命令：第三中队由魏策新带领40名战士，配合刘进麟部一个连，埋伏在福和日军据点外围；由魏光富、魏增添、魏海泉等带领大刀队战士25人，待零时战斗信号枪打响后，立即剪断敌营铁丝网直插观音庙、下排和婴堂三个据点，把守敌斩死；魏友相大队的第一、第二中队配合刘进麟部两个连，由魏友相、刘进麟指挥，在林柏坊敌驻地外围担任警戒防卫；第二中队郭球、郭运钦带领大刀队 50 多人，主攻官塘日军巢穴，指挥机关设在濠迳庙后山，命令下达后即兵分几路出发。

入夜，队伍沿着羊肠小道前进，官塘的日军正在酣睡之中。担任主攻的部队，在接近日军据点之前，又作了具体的部署：魏友相、钟钧衡、黄谦、张锦旺的指挥所设在官塘东北角水背山；入营杀敌的部队由莫雄任队长，郭南、钟章友为副队长，为了便于指挥，全队又分成 3 个小队，其中尖兵队人数 20 人，均持有大刀、手榴弹和手枪，摸索前进，扫清障碍。其他 2 个小队，男女混合编成，各队人数均为 50 人，内分 3 个小组，以利指挥和行动。

由于是突然袭击行动，且 3 支战斗队伍的战士，个个英勇顽强，敢于拼搏，这次战斗不足 1 小时便结束。此役，共歼日军联队队长岗石以下官兵 200 多人。夜袭官塘之战是增城军民联合抗战、全面抗战的成功战例，也是增城地区对日作战取得的重大胜利。大大激发了增城人民对日作战的信心。此后，日军设在福和圩、官塘村、塘尾村的 3 个据点被迫缩减，全部集中龟缩在官塘一个据点中。

独立自主，开展敌后游击战争

一、抗击反共逆流

在抗战进入相持阶段后，侵占增城的日军将主要兵力用于"扫荡"敌后战场的人民武装，以保持和巩固其占领地。由此，敌后游击战争成为主要的抗日作战方式。而龟缩在派潭东洞的国民党增城当局暴露其假抗战、真反共的反动面目。

从 1940 年到 1942 年，国民党顽固派掀起两次反共高潮。1940 年 1 月，国民党东江当局下令解散广东青年抗日先锋队和东江华侨回乡服务团，非法逮捕"东团"博罗队全部队员。"东团"博罗队全员被捕事件发生后，中共增城县委立即在正果三平约学校召开紧急会议，决定疏散"东团"增龙队队员。人员或疏散到附近学校；或安排其离开国统区，进入沦陷区工作。总部仅有潘祖岳、陈志奋和何云留守。1940 年 2 月 7 日，国民党增城当局派出军队突然包围"东团"增龙队总部，所幸在派潭区公所任职的中共党员截获消息，并急忙赶到总部汇报，总部留守人员在烧毁文件后立即转移。国民党增城当局搜捕扑空，随即下令解散"东团"增龙队。

为了应对国民党顽固派掀起的第一波反共高潮，中共东江特委在增城县委的基础上，成立增龙博中心县委。1940 年 6 月，广东省委在南雄召开扩大会议，确定广东党组织的工作重点放在敌后，之后广东省委分为粤北和粤南两个省委，不久东江特委调整为前东特委和后东特委。增龙博中心县委隶属于前东特委。同年8月，为了加强对敌后抗日武装的领导，中共增城沦陷区工作委员会成立，工委机关驻福和地区，随后发展成沦陷区北委和南委。北委领导人员活动于大磨、黄岭一带，在此开辟游击队从国统区到福和的秘密通道；南委领导人民武装活动于华山肚、佛子庄、油麻山、黄旗山以及永和广大沦陷区。为了增强党员干部及军事人员开展武装斗争的军事素养，1940年12月，沦陷区工委在佛子庄举办党员骨干培训班。工委领导郭大同、刘志远、钟若潮、丘继英担任教员，重点学习开展敌后游击战争，建立抗日根据地和统战工作政策等方面的内容。沦陷区工委下辖的各个党支部的党员骨干、游击队小队长以上共二三十人参加了培训，这为开辟油麻山、黄旗山、永和抗日游击区提供了坚实的思想基础。

驻于国统区正果白面石的增龙博中心县委，通过地方党员和进步人士作掩护，1940年到1941年，以举办"升中补习班"的名义，先后在白面石村的东山学校、亮星村乱石坑深山祠堂举办为期一个月的党员干部训练班。训练班由中心县委宣传部部长李光中担任班主任，班临时党支部书记分别由黄秀芳、钟若潮担任。中心县委领导郭大同、袁鉴文、钟靖寰担任教员。学习班课程主要有《形势与任务》《中国革命与中国共产党》《敌后游击战争》《妇女运动》等。面对国民党顽固派制造的反共浪潮冲击，两期党训班对稳定增龙博地区的政治局势，发挥了很大的作用。

在增从番独立大队深入镇龙、中新、永和、禺北敌占区打击日伪军，取得节节胜利，建立油麻山、黄旗山抗日根据地的同时，国民党顽固派在国统区再度掀起反共高潮。为防范国民党顽固派突然袭击，增龙博中心县委指令在国民党增城县党部任职的共产党员李东林、王新民、何君侠、莫惠行、张冠雄等撤离。1942年

3月，国民党六十三军张永卿部逮捕增龙博中心县委书记钟靖寰和组织部部长李志坚。4月上旬，沦陷区中区委书记李明被国民党军队杀害。5月间，宋晋、宋刚、宋岳被国民党以莫须有的罪名诬陷入狱，并解散宋晋抗日中队；同月中旬，国民党当局在叶径背以开会名义，诱捕魏友相、钟钧衡、魏策新，下令解散魏友相大队的钟钧衡中队、魏策新中队，收缴这两个中队的枪支。在反共逆流甚嚣尘上的危难时刻，原与增从番独立大队有联系的蒋统杀敌大队也投敌变节，在大塘吓蒋屋暗杀地方党组织派往该村的交通员陈志奋等3人，致使中心县委与前东特委保持联系的交通线一度中断，一批地方党组织领导人陈李中、潘仲山、宋佛清、丘继英、黄秀芳、王新民被列入通缉名单。形势急转直下。

鉴于增城地区出现的反共逆流，前东特委决定撤销中共增龙博中心县委，要求国统区的党组织一律停止活动，各级委员会解散，改设联络员，陈李中、丘继英、潘仲山、宋佛清奉调到抗日游击区工作。

李光中在《中共增龙博中心县委的成立、扩大和撤销》一文中说，1940年春到1942年夏这段时间，国民党顽固派在全国范围内发动两次反共高潮。总的来说，形势是逆转的。就在这段时间里，中共增龙博中心县委正式成立。中心县委执行了党的正确路线、方针、政策，增龙博地区的党的工作，在党的建设、统一战线、群众运动和武装斗争方面，取得很大的成绩，积累了很好的经验。整个地区的局势，赢得了两年多的稳定，为以后的大发展打下了坚实的基础。

二、黄旗山突围战

中共增城地方组织，认真贯彻中共广东省委提出的"要在沦陷区组建党的武装队伍，开展敌后游击战争"战略要求。1939年

9 月，"东团"增龙队福和分队开赴增城西部油麻山地区，建立抗日武装。1940 年 2、3 月间，中共党员萧光星率领的原"东团"博罗队武装人员突破重围到达正果白面石，与正果豸步乡抗日武装合编成党的武装队伍，冲破国民党把守的青迳防线后，越过日军封锁线，到达花山，与福和分队会合，组成增城人民抗日游击基干队（又称何洪川中队）。全队 40 多人，由何洪川任中队长，钟若潮为指导员，萧光星任副中队长。该队开赴油麻山地区，在钟屋、刘屋、硬饭堂、温屋、廖屋、范屋、拾排建立抗日活动据点，与福和地区的魏友相大队互为掎角。在沦陷区工委的支持下，萧光星率领短枪队进入黄旗山，游击区扩展到黄旗山下的永和地区。增城抗日武装挺进油麻山、黄旗山开展游击战争，引起广东人民抗日游击总队领导曾生、王作尧的重视。总队抽调一批军事骨干卢伟良、鲁锋、黄金水、李南、郭云翔等到增城游击区工作。1941 年 4 月，中共增城沦陷区工委整合游击区各乡村自卫武装骨干 100 多人开赴游击区，与增城人民抗日游击基干队会合，合编成广东人民抗日游击总队增（城）从（化）番（禺）独立大队（又称卢伟良大队）。两三个月后，增从番独立大队扩展到 200 余人，以油麻山为基地，转战于镇龙、中新、永和，禺北的长平、萝岗，从化的太平场等敌占区。

中共增城地方组织和增从番独立大队的抗日斗争，在社会上引起很大反响，令驻增城日军大为震惊。从 1941 年 4 月起，日伪军不断进攻华峰山、油麻山、黄旗山抗日根据地；国民党顽固派以皖南事变为信号，再次掀起反共高潮。中共增城地方组织和人民武装面临日伪顽的疯狂夹击。

1941 年 4 月，日军出动 200 余人，包围华峰山下的花山村，纵火焚烧房屋 190 多间，抓走 8 名村民严刑逼供，要村民供出中共党员和游击队的下落。8 名村民视死如归，经受住日军的百般摧残，保守党的秘密。村民李焕玉被活活打死。与此同时，国民党顽军反共别动队黄水金勾结日军，带领600多人"围剿"油麻山。幸好增从番独立大队早获情报，转移至黄旗山，使敌"围剿"扑空。但是根据地的温屋、廖屋、刘屋被敌人洗劫一空。日军广布眼线，四处侦查游击队的下落。6月底，任教于油麻山小学的中共党员温云卿到镇龙为游击队购买药品，不幸被黄水金抓获，在大桥头日军兵营英勇就义。1941年12月，国民党六十三军反共别动队张永卿部500多人包围旺村、山口村，扣押群众60多人，抢走耕牛36头，威逼群众供出地下党和游击队的下落，同时洗劫和焚烧旺村和山口村。1942年3月10日，魏友相大队突击中队李南、李利华、钟李林等20多人在佛子庄开会。日军收到密报后，当即出动200多人包围佛子庄。游击队抢占制高点，掩护群众撤离。佛子庄党支部书记李利华率领几名战士保护群众，双方展开激战。李利华和战士李光珠、李民、李光达英勇牺牲。日军攻入村庄，掠走全村耕牛和牲畜，纵火烧毁房屋26间，来不及撤离的群众被押到村中晒谷场进行逼供，10多名妇女惨遭蹂躏。

中共增城地方组织带领共产党员和人民武装，为了国家的独立、人民的解放，抛头颅，洒热血，群众看在眼里，暖在心上。在危难时刻，人民群众以实际行动支持党组织，保护革命力量，任凭敌人如何严刑拷打，就是撬不出半点声息。为严守党的秘密，大义凛然，舍生取义。可见地方党组织和人民武装人员在群众的心中是何等的神圣！

日军在油麻山多次"围剿"扑空，便转移到黄旗山"扫荡"。1942年4月6日清晨，细雨蒙蒙，日伪军400多人从永和陂头、新塘、李伯坳三面合围黄旗山，以图消灭增从番独立大队。当天中午，广州、增城、永和三地日军又赶来增援，投入兵力近千人，封锁所有道路，并占领全部制高点。当时增从番独立大队的主要指挥员卢伟良、鲁锋、萧光星等在东莞开会。留在黄旗山的作战人员只有中队长黄金水、指导员钟若潮率领的主力中队及徐荣光部等70余人。黄金水把作战人员编为4个班，奋起抗击。中共增城沦陷区工委副书记刘志远随队活动。指战员进入山谷、岩洞密林隐蔽。日军一面开炮轰击，用机枪扫射；一面以军犬带路，入树林搜索，不断向树林投掷手榴弹。在日军步步进逼下，指战员坚持近战，坚持"我在暗处，敌在明处，敌不进来，我不理他；敌人进来，见一个打一个"。黄金水率领长枪班并携机枪一挺，扼守正面山崖，阻击敌人正面进攻；徐荣光率领一个班和非武装人员隐蔽于岩洞中，严密监视从山顶下来偷袭的敌人，钟若潮和刘德各带一个班，分散隐蔽在悬崖两侧的丛林中，打击从侧面进攻之敌。指战员充分利用地形与敌周旋。敌人从山脊冲上山顶，再向下搜索，但所见的全是悬崖峭壁，无法搜索，加上雨雾低沉，看不见谷底，敌人只好乱枪扫射。徐荣光率领的机枪手隐蔽于岩洞中，有效地杀伤敌人。日军死伤数十人后，更加疯狂进攻，并出动飞机助战。幸好雨越下越大，雨雾、硝烟阻碍日军进攻视线，陡峭的山崖限制日军进攻行动。指战员坚持到夜晚，借天黑撤往禺北萝岗整训。战斗中，增从番独立大队付出重大代价。沦陷区工委委员刘德中弹，因失血过多牺牲，刘志远、黄金水和6名战士负伤，黄金水因伤口感染破伤风而牺牲。黄旗山突围战后，增从番独立大队奉命撤出增城油麻山地区，开赴东莞，编入曾生、王作尧部，仅留下沦陷区工委10多名党员在油麻山地区坚持斗争。

三、重整旗鼓，坚持斗争

中共增龙博中心县委撤销和增从番独立大队撤离增城后，抗日斗争环境日益恶化。孤悬敌后的中共增城组织领导人谢鹤筹、莫福生、邓云英、陈李中、杨步尧、袁鉴文认真贯彻广东省临委的部署，扎实做好巩固地方党组织，发动群众重新组织抗日武装，为迎接东江人民抗日武装重回增城开展军事反攻打基础。

面对日益复杂的斗争环境，中共增城地方组织重整在沦陷区坚持斗争的力量。黄旗山突围战后，留下10多名武装骨干练铁、钟锦涛、张国强、李云等人在增从番边的禺北萝岗、黄旗山地区的禾塱、石迳以及中新、福和坚持斗争。魏友相大队被解散后，李南整合原第一、三中队的10多名武装人员组成武工队，亦留在增从番边坚持斗争。两支武装时分时合在敌后扰袭日伪军。

1943年1月，中共广东省临时委员会成立。2月，省临委决定东江、西江、北江等地区党组织仍然停止活动，坚持个别联系。4月，根据省临委的决定，中共增城敌后县委改为县特派员制，谢鹤筹为县特派员，驻新塘坭紫；县特派干事分别是杨步尧、莫福生、袁鉴文。下辖6个区的特派员。县特派干事杨步尧兼任中区特派员，驻旺村（后由邓云英接任）；陈李中为南区特派员，驻永和；李云为北区特派员，驻福和；杨德元为广州郊区特派员，驻长涝；袁鉴文兼广九铁路沿线特派员，驻田心；莫福生兼新塘地区特派员，驻新塘圩。中共增城地方组织把工作重心转移到广九铁路沿线的田心、塘美、石厦、新塘、仙村一带。1943年12月，为迎接东江人民武装重返增城西部地区，中共增番工委成立，驻新塘，由县特派员谢鹤筹领导。

新塘坭紫村是县特派员谢鹤筹的驻地。为开辟新塘地区的抗日局面，早在1942年春，中共东莞水乡组织就派苏爱庭返回坭紫工作。7月，谢鹤筹夫人陈秀来到坭紫村，会同苏爱庭一起开辟新区。谢鹤筹夫妇在此活动3年之久，以教师职业作掩护，领导增城沦陷区党组织和人民开展抗日斗争。苏爱庭是当地人，在该村发展了苏棠、苏锡培、叶映桃等七八名党员。他们团结一批进步群众负责保卫谢鹤筹及到此碰头开会的增城各级党组织领导人员安全。虽然人员来往频繁，但由于地方党员及群众的巧妙掩护，敌人毫无察觉。

1942 年到 1944 年间，地方党员陈李中、莫福生、杨步尧、袁鉴文、叶鉴明、吴桂荣、陈振民、廖安、陈昶、李章、王永祥、赵学光、李南、李克、李英平、卢章容等牢记使命，先后在新塘的塘美、简屋边、田心，石滩的石厦、萧塘头、金兰寺，仙村的竹园涌、下基、蓝山，永和的禾塱、叶岭、石迳，中新的旺村、佛子庄、老虎㘵、花山、牛眠窝、大磨、凤池、官塘、大安、油麻山等地新建或重建党的组织、交通站和抗日自卫武装，以隐蔽的方式进行斗争，打通了增城通往东江南北两岸的地下交通线，巩固和发展了一批新区，为迎接抗日反攻积蓄力量。

第五节 东江纵队在增城

一、东江纵队的成立

1943年，广东人民抗日游击总队决定在东江北岸、罗浮山和广州东郊地区建立抗日根据地，以巩固和发展自1942年以来，先后粉碎日伪军对惠、东、宝沿海地区的"围剿"、"扫荡"和"清乡"所取得的重大胜利。同年9月，广东人民抗日游击总队指派宝安大队副大队长阮海天率徐荣光中队开赴增城、博罗边界地区开展游击战争。10月，在增城、博罗地方党组织的积极配合下，这支小分队扩编为广东人民抗日游击总队独立第二大队，由阮海天任大队长，卢克敏任政治委员，杨步尧任政训室主任。

增博边的大埔围村地处日占区和国统区的缓冲区域：西郊初溪村设有日军据点；南面是三江圩和博罗石湾镇，驻有日伪绥靖军联防队；东面的博罗福田圩和北面山区均为国统区。开辟以大埔围为中心的增博边抗日根据地，进兵可袭击广九铁路的三江、石滩的日伪据点，退守可倚仗罗浮山西缘的叠峦重岭、丛林地带作为纵深，与东莞、博罗的抗日游击队呼应，形成掎角之势。

独立第二大队在增博边大埔围取得战略支撑后，向罗浮山以南挺进，奉命打通从博罗联和、增城大埔围到东莞企石的交通线。为此发动了突袭博罗石湾、东江河畔的马嘶、龙叫和上下南地区日伪据点的一系列战斗，扫清前进通道的障碍，为开辟东江北岸地区敌后抗日根据地打下基础。

中国共产党领导的东江人民抗日武装坚持敌后抗战，由于受客观条件限制，一直没有公开宣布自己的真实面目。随着抗日战争形势的发展，1943 年 8 月，新华社在延安《解放日报》发表的《国共两党抗战成绩的比较》和《中国共产党抗击的全部伪军概况》中，第一次向全世界公开宣布广九铁路地区有中国共产党领导的抗日游击队在抗击日伪军。随后，中共中央发出指示，将广东人民抗日游击总队的番号改称为广东人民抗日游击队东江纵队（简称东纵），并指示可以发表成立宣言和领导人就职通电，正式公开宣布接受中国共产党领导。

根据中共中央的指示，1943 年 12 月 2 日，广东人民抗日游击队东江纵队在惠阳县土洋村（今属深圳）正式宣告成立。司令员曾生、政治委员尹林平、副司令员兼参谋长王作尧、政治部主任杨康华联合发表《东江纵队成立宣言》。东纵下辖 7 个大队。活动于增城的独立第二大队便是其中之一。

二、建立增博边抗日根据地

东纵独立第二大队（以下简称"独二大"）建立后，派出民运工作组深入增博边的联和、大埔围、四升平（四丰）、南蛇洞、牛利岭、白石岭、金兰寺各村开展群众工作，在各村建立抗日游击队小队、民兵中队、农抗会和妇救会。同时加强与博罗、增城地方党组织联系，在四丰村成立地下交通总站，分设三条地下交通线：一是由四丰经博罗铁场、源头、上下南到东莞游击区企石；二是由四丰经增城三江圩、石滩到仙村竹园涌再到东莞水乡中堂；三是从四丰经石滩萧塘头到增城西部永和地区与增城沦陷区党组织以及游击队保持联系。

为巩固和发展抗日根据地，"独二大"发起夜袭石滩圩、歼灭博罗铁场伪县警中队、进兵博罗源头茹屋等战斗，建立起一个又一个的抗日根据地，使江北、江南游击区连片发展。

（一）夜袭石滩圩

石滩圩是广九铁路的重要节点，战略地位显要。日军除在石滩圩内设置伪警察所和伪联防队外，还在石滩站内驻扎一个小队。石滩圩的伪联防队狗仗人势，横行乡里，欺凌百姓，强抢强占。"独二大"决定歼灭石滩圩伪联防队，以开辟西进仙村、永和根据地，南入东莞与东江南岸游击队遥相呼应的通道。1944 年 2 月，阮海天经周密的侦察后，率领三个中队突袭石滩圩。某日下午，队伍从南岗峀出发，在狗鸣岭隐蔽集结。傍晚时分，"独二大"指战员兵分两路袭击石滩圩：一路由宋刚、周应芬、李南领队攻打伪警察所和伪联防队；一路由陆仲亨率领掩护策应。敌人疏于防范，"独二大"很快便全歼伪警察所和伪联防队，俘伪警察所所长以下官兵 50 多人，缴获长短枪 50 余支，弹药一批；"独二大"指战员无一伤亡。突如其来的枪声，惊动火车站的日军，但日军不敢贸然出兵增援，只盲目开枪扫射。战斗结束后，"独二大"一部开赴仙村竹园涌，向增城西部山区挺进。

（二）歼灭铁场伪县警，激战上下南

1944 年 3 月，"独二大"为实现占领上下南，打通东江河一线，与江南的铁东大队所开辟的抗日根据地相连成片的战略构想，派陆仲亨、李冲中队和周应芬短枪队袭击铁场伪县警中队。此役俘敌中队长李中贤以下官兵 70 多人，缴获长短枪 60 多支，弹药一批。之后，"独二大"奔赴东江河畔的马嘶、龙叫、上下南一带活动，控制了这一地区。

铁场战斗刚结束，"独二大"配合江南的铁东大队，争取驻下南村的伪军刘辉部起义。刘辉口是心非，乘夜拉走队伍。陆仲亨奉命进驻下南村。第二天，日军乘船逆流而上进犯下南村，企图消灭陆仲亨部。陆仲亨率部向江岸进发，占据有利地形，迎击来犯之敌。陆仲亨所部居高临下，集中火力阻击日军，五六个日军士兵应声倒下，日军凭借河堤的大树作掩体，开枪还击，双方形成对峙。驻石龙的日军火速前来增援，"独二大"指战员且战且退，退回下南村。日军不敢贸然进村，只能撤兵，退回石龙。此役共击毙日军 20 多人。之后，"独二大"在上下南设立活动据点，打通了与江南铁东大队的联系。"独二大"在上下南设立交通站和税站，宋晋任税站站长，并派出 10 多名武装人员保护收税。税站的设立，不仅保障了"独二大"部队的供给，而且还有相当数量的税款上缴给东纵司令部。

（三）源头茹屋保卫战

建立上下南敌后根据地之后，"独二大"政委李筱峰率领民运工作队进驻源头茹屋。看着"独二大"做强做大，国民党顽军心有不甘。1944 年 3 月，顽军数百人来势汹汹，包围了源头茹屋，扬言要进村搜查。茹屋村民兵予以拒绝。双方僵持之际，有消息传来，说日军乘船沿东江河进犯茹屋。顽军闻讯撤兵。李筱峰率部迎击，毙敌多人，日军撤退。当天下午，宋晋率领手枪队和税站步枪队返回茹屋，充实保卫茹屋的军事力量。

茹屋村处于东江河畔，有鱼米之乡的美誉，堪称富庶之地，因而常有土匪骚扰。为了防范土匪，村中筑建七八个炮楼，并建有一支百多人的自卫队。自卫队经"独二大"整训后，成长为一支不可小觑的抗日武装力量。1944 年 4 月 4 日拂晓，日军出动 200 多人再次进犯茹屋。宋晋率领手枪队、长枪队和茹屋村的武装民兵凭借炮楼工事奋起抗击，打退日军的多次进攻。日军以挖坑道的方式进攻茹屋，一度从村东南面突入村内，但茹屋军民英勇顽强，重创日军。敌军伤亡惨重，撤出战斗。傍晚，日军包围了茹屋，封锁了所有通道。阮海天率部驰援，被国民党顽军挡于村外。

4月5日，日军驻石龙部再次出动200多人前来增援，用掷弹筒攻击炮楼，机智勇敢的抗日军民依仗掩体和熟悉地形等优势，集中火力，摧毁了日军的炮击阵地。日军依然无法突入村内。4月6日，日军急调伪军李潮部200多人，从西面发起攻击，企图东西夹击，一举拿下茹屋，但还是毫无进展。日军又调来山炮部队，对茹屋军民阵地进行炮火覆盖，炮楼虽遭损毁，但军民同仇敌忾，依然坚守在阵地上。为免遭重大伤亡，当晚，"独二大"组织军民突围。茹屋保卫战，激战四昼三夜，击毙日军少佐以下官兵70多人，但茹屋村群众财产也遭受重大损失。

茹屋村战斗政治影响甚大：日军虽然攻下了茹屋，但慑于"独二大"的军威，不敢贸然在茹屋设下据点。日军在茹屋疯狂烧掠后，撤出茹屋。

1944年2月，"独二大"夜袭石滩伪警察所后，分兵西进增城西部；5月，主力挺进广州外围。根据广东省临委关于创立罗浮山以北，翁源以南，东江、北江之间根据地的战略部署，东江纵队全面实施以建立罗浮山为中心的抗日根据地的战略行动。1944年7月，在增博边组建独立第三大队（简称"独三大"），与西进广州外围的"独二大"形成掎角之势。新组建的"独三大"由阮海天任大队长（8月到任），韩继元任政委，赖祥任副大队长，陈江天任政治处主任，辖3个中队和1个手枪队。

"独三大"围绕增城三江地区的控制权，与日伪展开激烈的系列战斗。

（四）拔除三江田吓日伪据点，进而控制三江地区

"独三大"在三江地区岗尾、子洋、田桥、山村、金兰寺建立农会、妇救会和民兵组织后，1944年7月，日军为了夺回三江地区的控制权，确保广九铁路不受袭扰，出动一个中队，配合、

策应一个伪军中队占领三江田吓村，并利用村中的炮楼设置据点。为了拔除这个据点，"独三大"指战员进行爆破训练。8 月下旬，"独三大"发动拔除田吓据点的战斗。爆破突击队在火力掩护下迅速接近炮楼，用地雷炸毁炮楼，全歼伪军一个中队，毙敌 16人、伤敌 8 人、俘敌 20 多人、缴获长短枪 40 多支。之后，"独三大"派曹养排驻守田吓村，控制了三江地区。

（五）"反李潮，保家乡"系列战

日军为了夺回三江地区的控制权，强令走狗李潮率部夺回三江地区。李潮又名李剑琴，石龙匪首，恶贯满盈，为铁杆反共分子。抗战时期，搜罗地方恶势力和笼络各地土匪，组建"抗红义勇军"，投靠日本侵略者，被改编为伪国民革命军第八军四十师，辖 3 个团。第一团团长李流民，为石龙土匪；第二团团长吴东权，土匪出身，是李潮的心腹；第三团团长周培，为博罗土匪。伪四十师司令部设于石龙。1944 年 8 月至 10 月，李潮率部向三江地区抗日军民进行疯狂的反扑。

1944 年 8 月，李潮兵分三路合围三江地区田吓抗日根据地。吴东权领兵 200 多人，配机枪 5 挺，占领沙头村，李潮率部 500多人，一路进占山吓村；一路迂回至岗尾村与黎桥头村之间地带，封锁从岗尾到三江圩的通道，企图一举消灭驻守于田吓村的"独三大"部队和武装民兵及从日伪阵营中举义过来的冯崧部。根据敌兵进军的态势，"独三大"司令部命令副大队长赖祥率部急进岗尾村截敌，以解田吓之围。赖祥带领"独三大"指战员在黎桥头村堤围上与敌军相遇。"独三大"吹响冲锋号，指战员个个如猛虎下山，冲向敌阵，英勇拼杀。李潮部一触即溃，狼狈逃窜。赖祥领军一口气追敌 10 多里。此战，粉碎了敌人的合围计划。其余两路敌军闻风撤退。初战告捷，极大地增强了三江地区抗日军民"反李潮，保家乡"的信心。在地方党组织的组织下，增城三江地区的山吓、岗尾、田吓、四升平、大埔围和博西地区的源头、茹屋、西埔、西头等村联合组成了"反李潮，保家乡"的联防武装。武装民兵达1000多人。

李潮不甘心失败，同年10月再次率部进犯三江地区田吓村和坐吓村。这一次，李潮采取晚上隐蔽出动，清晨合围的进攻策略。他先派遣特务，潜入山吓村，勾结山吓村的地方恶霸。在地方恶势力的引导协助下，李潮率600多人星夜隐蔽进入山吓村和墩头村，拂晓时分到达预定位置，包围了田吓村和坐吓村，企图出奇制胜。驻守于田吓村中的曹养排还是警觉地发现了敌情，曹养率领全排战士和村中的武装民兵马上占据有利地形，进入阵地迎击来犯之敌。战斗持续了两天两夜。阮海天率队前来增援。李潮一无所获，狼狈地撤回石龙。这次战斗，田吓军民仅以一个排加上数十名武装民兵，击退了伪军600多人的连日冲锋，毙敌数十人，以少胜多，狠狠地打击了李潮的嚣张气焰。

增博边的鸾岗村，是李潮出兵进犯敌后抗日根据地的桥头堡，夺取鸾岗，意义重大。但打掉这个桥头堡也非易事。该村驻有李潮部李球大队的一个连，兵力虽然不是很多，但是防御工事却修筑得非常坚固。村中有六个炮楼，均匀地分布在用三合土建筑的厚60多厘米，高3米多的围墙中。此外，该村的地形也较为险要，整个村庄只有一条小路进出，而炮楼则形成交叉火力网，封锁着唯一的通道。1944年10月，"独三大"主动出击，集中主力和三江地区武装民兵300多人发起争夺鸾岗战斗。一天傍晚，"独三大"指战员在大队长阮海天、政委韩继元、副大队长丘特的率领下，隐蔽进入预定地点。深夜，"独三大"中队长陈延禹带领突击队隐蔽靠近炮楼。当接近炮楼时，被敌人发现，在探照灯的照射下，子弹雨一般地向"独三大"阵地扫射。"独三大"集中火力，掩护突击队强攻。突击队架梯登墙爆破，炸毁了敌人的几个炮楼，向纵深发起攻击，控制了村中的制高点。残敌龟缩在最后一个炮楼里负隅顽抗，以待援兵。"独三大"一鼓作气，用地雷炸掉了敌人的炮楼，全歼残敌。"独三大"进驻鸢岗村。

第二天下午，日军和李潮部出动1000多人在中岗集结，分两路渡河进攻鸢岗，企图夺回鸢岗。"独三大"指挥员沿江布防，予以反击，打退了敌人多次冲锋，并发动两次反冲锋，毙敌100多人。敌军久攻不下，被迫撤回石龙。这次战斗"独三大"付出了较大的代价，中队长陈延禹壮烈牺牲，年仅21岁。战斗期间，党组织发动岗尾、田吓、四升平、大埔围民兵和群众数百人支援作战，为夺取战斗胜利提供保障。

在此期间，"独三大"分别击溃了福田、长宁等地的反共联防队和国民党梁桂平部的陈祥中队，控制了增博边的大部分圩镇及广大乡村，敌后抗日根据地相连成片，开创出敌后抗日斗争的新局面。

1944年12月，日军兵犯惠州、博罗，国民党守军一触即溃。"独三大"主力奉命东进博罗，开辟新的敌后抗日根据地。

东纵"独二大""独三大"控制的广阔地区，东起博罗联和，西至广州沙河，南至东江河，北至增城县城和从化太平场。中心区域东起增江，西至李伯㘵，南至东江，北至广汕线。

1945年1月，中共广东省临委和东纵领导机关迁往罗浮山，并以罗浮山为基地，开辟增龙博根据地。其间，成立增龙博独立大队，直属东纵司令部。以王达宏为大队长，陈江天为政委，李绍宗为参谋长的增龙博独立大队挥师北上，攻占龙门永汉地区。3月，原在增博地区活动的"独三大""独四大"，合编为东江纵队第五支队，队伍在增博边以及增城正果、龙门麻榨等地活动。1945年春，东江纵队副司令员王作尧率队进入增城正果白面石建立交通情报站。为确保交通站的安全，白面石村成立以王国祥为队长、王彪为指导员的罗浮山人民抗日独立中队（又称铁石中队）。3 月，东纵第五支队黄秀中队开进白面石。两个中队配合第五支队作战，主要活动于增城正果，龙门永汉、鳌溪、大陂和博罗横河及博罗以东地区。至此，游击区扩展到罗浮山纵横数十公里。在东纵控制的联和、三江等圩镇，商贸繁荣，农民安心生产。1945 年 7 月，博罗县抗日民主政府成立。增博边地区的大埔围、四升平、张岗尾、欧阳洞成立四联乡抗日民主政府，范围达数十个村庄，人口 1 万多人。梁元培任乡长，魏凌枫任乡指导员，叶彭年任乡农会会长兼民兵队长。乡政府成立后，发动群众开展减租减息运动，大力发展生产，并组织武装民兵，保卫家乡，保卫新生的抗日民主政权。

三、建立永和区抗日民主政府

1944 年 2 月，东纵"独二大"夜袭石滩伪警察所后，政训室主任杨步尧率领李南短枪队作先遣队开赴增城西部。5 月，"独二大"主力奉命挺进永和地区，重建黄旗山、油麻山根据地。仙村竹园村党支部及交通站动员武装民兵，出动 10 多艘农家船艇，连夜送部队渡过增江，开进石滩石湖、岳湖、萧沈园，接着经雅瑶，驻扎于仙村沙头村休整。

5 月 14 日，"独二大"夜袭新塘白石圩，拉开了攻势作战的序幕。

（一）夜袭白石村伪绥靖军

白石村位于新塘镇东面，坐落于广九铁路仙村站与新塘站之间。为了确保广九铁路的安全，日军在白石圩上驻扎伪绥靖军三十九师九十团一营二连，兵营设于白石黄氏大宗祠（1986 年 6 月公布为增城县文物保护单位）。该祠位于白石村新村北街，五间三进，占地面积 1481.7 平方米。五岳山墙，灰塑龙船脊，穿斗与抬梁混合梁架结构，青砖石脚，墙体高大坚固。1944 年 5 月 14 日夜，杨步尧率两个主力中队趁天黑事先占领黄氏大宗祠侧面的小山丘。战斗由陆仲亨指挥，周应芬和李南的短枪队打突击。突击队员潜入祠堂门外，用炸药炸开大门，指战员迅速冲入敌营，全歼守敌一个整连。时值荔枝成熟季节，白石村群众挑着三月红荔枝，抬着烧猪慰劳"独二大"指战员。

（二）全歼龙眼洞伪军

1944 年 7 月，"独二大"夜袭广州郊区龙眼洞伪军。发动这次战斗的是陆仲亨中队、周应芬短枪队和刚从东纵司令部调来的卓觉民中队。参战部队从罗布洞出发，抄小路经渔沙坦到达龙眼洞，袭击在此驻防的伪军三十师某连。游击队于当晚 10 时到达，陆仲亨中队和周应芬短枪队担任主攻，卓觉民中队担任警戒。游击队来到敌营时，伪军正在营前聚赌，游击队抓获敌哨兵后，立即包围敌人，伪连长开枪抵抗，被当场击毙，余敌慌忙举手投降。此次战斗俘获敌军 60 多人，缴长短枪 60 多支，被俘伪军经教育后全部释放。龙眼洞离广州沙河约 10 公里，属广州近郊，"独二大"指战员在华南大本营的日军眼皮底下，以迅雷不及掩耳之势，一举全歼伪军一整个连，这是敌人所料不及的，其政治影响很大，延安广播电台播发了这次战斗胜利的消息，《解放日报》以"东江纵队挺进广州城郊"为题作了报道，表扬增城地区的人民抗日游击队。

（三）奇袭新塘火车站

1944 年 11 月，"独二大"奇袭日伪军重要据点新塘火车站。战斗之前，郑伟灵率吴晃、许沸腾、王闰等化装成商人，机智地进入火车站内侦察，回来后进行战斗部署：吴晃和周应芬率突击队担任主攻，消灭新塘火车站之敌；陆仲亨中队负责阻击新塘增援敌兵；宋刚中队负责阻击永和增援敌兵；卓觉民率领地方自卫队负责后勤工作;整个战斗由郑伟灵、杨步尧指挥。指战员乘夜出发。突击队由卢章容当向导,到达火车站的南侧,剪开铁丝网,拉开突破口,迅速突入敌人驻地。周应芬带领9名突击队员冲进日军站长办公室,一枪未发,生俘日军站长阿南中佐和其翻译、女佣。吴晃率队冲入伪军营房,生俘副连长以下伪军30余人,缴枪30多支。在山坡上守卫的伪军闻讯,凭借工事用机枪向突击队射击。突击队机枪手予以还击,击毙伪军10多人,焚毁了敌人物资仓库和伪军营房。被俘伪军经教育后释放,游击队撤出战斗时带走日军站长和其翻译、女佣。战斗仅用了半个多小时,游击队无一伤亡。第二天中午,日军举兵报复,出动700多人进犯黄旗山,游击队只派小分队阻击,大部队转移到油麻山。日军毫无所获,悻悻而退。

"独二大"奇袭新塘火车站的胜利,极大地震撼了增城和广九铁路沿线的日军。广九铁路运输被迫停顿了一个星期。同时,迫使日军放弃永和据点,回收防线龟缩于新塘。至此,永和地区已无日军踪影。"独二大"在攻打永和伪乡公所,活捉伪联防队长后,进驻永和圩。

(四) 东纵第四支队成立

随着抗日根据地的不断发展,东纵司令部决定把在东江以北地区活动的3个大队整编为东纵第四支队。1944年12月8日,东纵第四支队在黄旗山东麓的乌榄园成立。

东纵第四支队辖3个大队,4个直属中队。时值日军进兵韶关,企图打通粤汉线,国民党第七战区第十二集团军败退,整个粤北沦陷。中共广东省临委和军政委员会决定派东纵两个支队挺进韶关开展武装斗争。第四支队队长蔡国梁调任西北支队队长,与邬强率领的北江支队并肩从增城罗浮山出发向粤北推进。与此同时,东纵政治部主任杨康华到第四支队驻地乌榄园,传达东纵司令部关于调整第四支队领导的决定：蔡国梁、练铁调任；阮海天提任第四支队支队长，黄业接任政委，谢阳光任副支队长，陈坤接任政治处主任。支队辖下的 3 个大队和 4 个直属中队也作了调整：第一、三两个大队人员归属在博罗新建的第五支队，但保留第一大队番号，重新组建，陆仲亨为大队长，李冲为教导员。第二大队人员由郑伟灵带领，归属北江支队。陈石甫、曹洪中队随蔡国梁一起调走。第二大队政委杨步尧留在增城重组队伍。

（五）永和区抗日民主政府成立

"独二大"奇袭新塘火车站后，日军撤出永和地区。永和区163 个自然村已为东纵第四支队控制。1945 年 1 月，增城永和区抗日民主政府在永和圩公开宣告成立，方觉魂为区长，石熊为副区长，区政府设在永和圩，下辖永和、来安两个乡。当天，2000多名群众拉着横幅，举着红旗，敲锣打鼓，舞着醒狮从各村赶来，齐集永和圩参加庆祝大会。

永和区抗日民主政府成立后，地方党组织进一步发动群众，成立农会、民兵、妇女会和儿童团等组织。经过动员，全区 80%的农民都加入了农民协会，90% 的自然村都建立了民兵组织。为调动广大农民的积极性，区抗日民主政府在全区开展减租减息运动。第四支队派杨步尧为军方代表，区政府派卢章容为农民代表，又推荐贤江村一名秀才作为乡绅代表，在来安乡召开群众大会，宣布全区实行"二五减租"。为了适应当时的严峻形势，同年 4月，党组织在永和区自卫大队的基础上，又组建黄旗山中队和区中队，这两个中队都是常备队，各有 100 多人枪。黄旗山中队由钟卓宏、卢尧耀分别任正、副中队长，卢章容为指导员，驻禾塱、石迳村，负责警卫县委、区委领导机关。区中队由卢赓燊任中队长，第四支队派李克担任指导员，驻永和圩，负责维持地方治安和警卫区政府。

1945 年 2 月，增城沦陷区党组织恢复县委领导机构，杨德元任沦陷区县委书记，莫福生为县委委员，机关设于永和地区的禾丰村。

为了进一步加强党的队伍建设，1945 年 3 月 10 日，中共增城县委在永和翟洞何屋村举办青年干部培训班，参加培训的人员共 40 人，其中有广州郊区长平等村 10 多名党员和积极分子。培训班结束时发展了一批新党员。4 月 5 日，县委又在禾塱梅子坑村举办新党员培训班，培训永和区的新党员。县委和第四支队的领导杨德元、陈坤等都亲自讲课。两期培训班结束后，永和区地方党员已增加到 50 多人。这批新党员多数返回原所在地工作，充实地方武装队伍以及农会、妇女会领导力量，少数参加第四支队和担任地下交通情报员。

在增城西部地区，除永和外，配合东纵第四支队活动的地方武装有：福和抗日中队、牛眠窝抗日小队、油麻山抗日自卫常备队、旺村抗日中队、沙堤乡联防后备队简屋分队等。中部地区有县城城郊的太平村抗日自卫队。

四、捍卫成果，抗击"围剿"

（一）鸡九地之战

油麻山地区层峦叠岭，山高林密。其中鸡九地、黄登山至今还诉说着东江纵队指战员奋勇杀敌的英勇故事。1944 年 9 月间，国民党周炳南别动队联合温伯良"杀敌队"1000 多人进犯"独二大"驻守的鸡九地。时值东江纵队组建的粤北先遣大队挺进粤北开辟抗日新区而遭到国民党六十五军夹击受阻，随后发现日军进军粤北只是佯攻，粤汉铁路南段并无日军，先遣大队撤回油麻山地区，伺机再进，扎营于油麻山西侧的黄登山。进犯鸡九地之敌对东纵先遣大队扎营于黄登山并不知情。来犯之敌来势汹汹，以由国民党兵痞为骨干组成、全副美式装备的别动队打头阵，"杀敌队"随后跟进。"独二大"队长萧光星部署陆仲亨和卓觉民中队抢先占领鸡九地后山高地，利用地形阻击进犯之敌。先遣大队队长邬强指挥郑伟灵率领吴晃、黄彪两个中队从两侧向别动队猛烈冲击。别动队阵脚大乱，慌忙撤退；跟进的"杀敌队"见状争先逃窜。"独二大"和先遣大队发起反攻，敌人溃不成军，仓皇逃向帽峰山。此战毙伤敌人60余人，缴获枪支弹药一批。

（二）罗布洞之战

罗布洞位于增城原镇龙镇与广州白云区交界处，今属广州市白云区太和镇，抗日战争时期属广州城郊禺北地区，是永和区抗日民主政府的外围地区。1945年1月，东纵第四支队集中主力300多人，再加上相关乡村的武装民兵共500多人，进驻罗布洞水围村樊屋及邻近各村。进驻罗布洞的第二天清晨6时，全副美式装备的国民党军周炳南别动队会同地方上的温伯良"杀敌队"近千人，奔袭支队驻地。温伯良"杀敌队"从正面佯攻，担任主攻的周炳南别动队则从樊屋后山坑底登山偷袭。第四支队警戒班发现来袭之敌，立即开枪射击，蔡国梁率领支队干部和陈石甫中队登山后，被别动队发现并开枪扫射，指战员数人中弹牺牲，陈石甫中队抢占山头后，向敌人展开还击。郑伟灵大队也从樊屋侧面抢占后山制高点，向偷袭之敌猛烈射击，战斗激烈展开。国民党别动队周炳南在指挥进攻时，被第四支队指战员击毙。别动队失去指挥，队形大乱，在第四支队猛烈火力阻击下，纷纷沿着山坑溃退，第四支队集中火力射杀逃敌，毙敌10多人。支队作战参谋萧光星率队抢占有利地形，在指挥战斗时，不幸头部中弹，壮烈牺牲。陆仲亨、宋刚、李南中队闻讯亦随即赶到，展开队形向正面佯攻的"杀敌队"进攻，在村前开阔地击毙伤10多个敌人，"杀敌队"溃退，战斗至中午结束。此次战斗，击毙国民党别动队头目周炳南以下官兵 30 余人，游击队牺牲 8 人。战斗结束后，第四支队撤返油麻山根据地休整，将烈士遗体葬于鸡九地村山坡上。新中国成立后，人民政府在油麻山地区的均和圩后山修建萧光星烈士纪念碑，以资纪念。

（三）捍卫永和区抗日民主政府

1945 年 2—3 月间，日军纠集日伪绥靖军和国民党地方反共武装蒋统"杀敌队"1000 多人，向永和区抗日民主政府发动疯狂进攻。当时第四支队仅有一个东纵干部队（代号武当山）以及永和的民兵常备队在乌榄园、朱罗㘵一线的石头山与来犯之敌进行战斗，情况危急。副支队长谢阳光命令宋刚中队从萝岗刘村迅速赶回永和石迳村接受任务。宋刚带领 18 名勇士一口气跑了 10 多公里，刚歇下脚步，敌人正向石头山南面猛烈进攻。支队参谋周应芬和宋刚中队立即登山接防阵地，迎击进犯的敌军。在以寡敌众、弹药缺乏的情况下，连续战斗 4 天，打退敌伪多次进攻，毙伤伪绥靖军二三十人。第四天中午，中队的"小鬼"班班长杨炳年和小战士杨海泉，击毙伪绥靖军指挥官。敌人久攻不下，只好退回永和圩。为了捍卫根据地，第四支队司令部把陆仲亨大队等主力从"四方格"地区调回来，集中兵力进行反攻。支队长阮海天、政委黄业指挥第四支队、永和地区抗日自卫队、武装民兵围攻永和圩。大旺岗、乌榄园、禾塱、石迳、叶岭、坝仔、朱罗㘵、樟山吓、黄猄㘵等地民兵，齐登山头，形成漫山遍野红旗猎猎的战斗场景。战斗打响后，陆仲亨大队从正面向敌人展开攻击，占领了东侧高地，跟着冲进永和圩内；宋刚中队则从敌人背面进攻，南北夹击，把敌人赶出永和圩。敌人向新塘溃退，途中又遭到游击队的伏击，如丧家之犬般逃回新塘。永和根据地保卫战，历时一个多月，日伪军损失惨重，游击队却无一伤亡。但是，永和圩及其附近村庄群众财产损失很大。在日伪军进犯期间，国民党蒋统"杀敌队"在中新九和配合日伪军，企图从背后夹击东纵第四支队，第四支队和地方抗日自卫队予以回击，俘杀敌军5人，缴枪5支，"杀敌队"被迫撤退。东莞恶匪黎庆部和国民党顽军张永卿"杀敌队"、罗卓东"杀敌队"、镇龙的范广权"杀敌队"趁机洗劫油麻山地区。在3个月时间里，油麻山地区常备队在党组织的带领下，打退顽军10多次进犯。顽军每到一地都大肆劫掠，连群众的被铺、铁锅、鞋袜都抢光，群众深受其害。

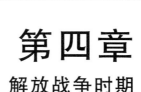

第四章

解放战争时期

1946 年 6 月，蒋介石背信弃义撕毁停战协定，全面发动"反共、反人民"内战。从 1946 年 6 月到 1949 年 10 月，在长达 3 年多的内战中，中共增城地方组织及武装力量历经"隐蔽精干、积蓄力量"，恢复和开展游击战争，巩固老区、开辟新区，开展战略反攻，迎军支前、解放增城等几个阶段。3 年间中共增城组织从东纵北撤时的特派员制发展成增龙工委、增龙县委、增城县委，到 1949 年 10 月全县建立支部 35 个，中共党员 438 人。人民武装也从东纵北撤时的 40 多人，发展成为人民解放军团级建制的地方部队，除这支主力部队外，还组建各乡村的人民常备队、武工队及民兵组织，带领增城人民浴血奋战，克服重重艰难险阻，迎来国家独立、人民解放的伟大胜利，翻开了增城历史新的一页。

第一节　白色恐怖，东江纵队北撤

　　增城是内战最早爆发的地区之一。

　　1945 年 8 月 15 日，日本宣布无条件投降。9 月 16 日，侵粤日军签字投降，广东抗战胜利结束。其间，国民党蒋介石集团为了控制广州外围，抢占广州，独占抗战胜利果实，迅速调集重兵进驻增城。在原驻守增城的六十三军一五三师大举围攻永和抗日根据地的同时，又急调全副美式装备的新一军、五十四军抢占新塘、县城和广九铁路沿线，阻挠东纵第四支队接收增城。派潭东洞的国民党增城县党政机关迁回县城。从 1945 年 7 月起，国民党正规军纠集地方反共武装，大举进犯增博边和永和抗日根据地。根据地处境艰难。1945 年 8 月，中共增城县委和东纵第四支队撤出永和，转战增城北部山区。为应对时局的变化，中共广东区党委于 9 月 16 日作出坚持斗争、保存武装、保存干部的部署，统一增城、龙门、博罗的军政领导，成立中共江北特委和江北指挥部。1945 年 10 月，中共增城县委和增龙县委合并为新的中共增龙县委，机关设在派潭，辖派潭区委、新塘地区、龙门县党组织。县委书记为袁鉴文，杨德元任副书记兼组织部部长，阮海天任军事部部长，陈李中任宣传部部长，杨步尧任委员。江北指挥部辖东纵第四支队、增龙博独立大队、解放大队等。1946 年 1 月 10 日，国共双方达成停战协定。经过中共中央一系列的谈判和斗争，迫使国民党当局承认中共广东武装力量的存在，并签订东江纵队北撤山东的协定。1946 年 6 月 30 日，东江纵队奉命北撤，7 月 15 日抵达山东烟台。此前，中共增龙县委和东纵第四支队在派潭开会研究北撤及部署北撤后的地方工作：凡已暴露身份的地方干部和武装人员参加北撤；同时安排一批游击队员复员；未曾暴露身份的按照中央提出的"隐蔽精干，长期埋伏，积蓄力量，等待时机"的方针，留在增龙博边山区分散隐蔽，坚持斗争。

一、国民党军队大举进攻油麻山及永和根据地

战斗从旺村打响。旺村位于原增城镇龙至九佛公路旁，今属黄埔九龙镇，是增从番独立大队开辟的油麻山抗日根据地的一个重要据点。东纵第四支队钟煜明中队驻守旺村。1945 年 8 月 15 日，国民党六十三军一五三师某营纠集别动队、"杀敌队"等地方反动武装共 1200 多人进犯旺村。第四支队司令部命令钟西容、李南率福和中队驰援，并发动佛子庄、牛眠窝、花山等村的武装民兵联合作战，抵御国民党军队进攻。钟西容、钟煜明两个中队在旺村华斗山构筑战壕，严阵以待。清晨，国民党军队以猛烈的炮火轰击阵地，接着发起冲锋。钟煜明、钟西容中队打退了敌人的多次进攻，激战至中午。由于阵地防御工事被击毁，在众寡悬殊的形势下，部队撤出阵地，退到村里继续战斗。在掩护撤退的战斗中，钟西容腿部不幸中弹负伤。敌人循血迹发现钟西容。钟西容宁死不屈，拉响手榴弹，与敌人同归于尽，壮烈牺牲。战斗中，战士钟九如、李光发、彭记全、林水长、李宗甫、汤庇祥等英勇牺牲。游击队在村中战斗至晚上 9 时，直到全村群众安全撤离，才撤出战斗。

同月中旬，国民党六十三军一五三师 1 个团，连同蒋统、张金先、罗卓东的反共"杀敌队"共 4000 多人，再次向永和根据地发动进攻。支队长阮海天、副支队长谢阳光、政委谢鹤筹等率

领第四支队、永和中队和黄旗中队，在根据地群众的大力支持下，英勇抗击来犯之敌，打退了敌人的四五次大规模进攻，敌人始终未能占领永和根据地。但游击队弹药消耗很大，机枪每挺仅余几十发，步枪每支也仅剩几发，在敌人四面包围的封锁之下，一时得不到补充。根据地的处境十分困难，形势严峻。

22日，增城县委、第四支队领导人在乌榄园后山召开紧急会议。会议由谢鹤筹主持，阮海天、杨德元、陈坤、杨步尧等人参加。会议分析了当时的形势，决定主动撤出永和根据地，东移罗浮山。在福和地区留下李南中队坚持斗争；在永和地区留下一部分地方干部和民兵常备队坚持活动。身份暴露人员随支队撤离。当天晚上，第四支队和县委机关开始转移。队伍从禾塱出发，经永和，越过国民党军队的包围，于第二天拂晓到达蓝山村，晚上渡过增江到达三江地区，然后到罗浮山冲虚观向纵队司令部报到。

24日，国民党军队占据永和，"杀敌队"和民团对根据地村庄进行大肆劫掠。禾塱、石迳等村被烧毁房屋300多间，被抓走群众100多人。叶岭村被烧毁房屋过半，黄旗中队副班长卢丁仁遭杀害。

二、国民党军队大举进攻增北地区

1945年11—12月间，国民党一五三师某团2000多人向增龙边永汉地区的莲塘、低冚发动进攻。第四支队当时驻莲塘，增龙博独立大队驻低冚。第四支队避敌锋芒，主力向增博边的江北指挥部转移，奉命保卫江北指挥部。增龙博独立大队留下队部及李敬生中队与敌周旋，以拖住一五三师，阻挠其向罗浮山进攻。留守队伍穿梭于永汉地区的黄牛冚、莲塘、低冚、釜冚、山猪坪、三斗米等几条纵横不过10公里的山谷狭长地带，运用游击战术，敌来我走，敌走我来，敌疲我扰，披星戴月，露宿风餐，有时一夜转移好几次，机智灵活地与敌周旋一个多月，把敌人拖疲拖垮，完成战略牵制，跳出包围圈，赴江北指挥部与主力会师。

三、东江纵队北撤时的艰苦斗争

在东江纵队北撤时，中共江北特委统筹安排，在江北地区留下了一支40多人的武装队伍和一批未暴露身份的党员干部，长期埋伏，坚持斗争。1946年6月，地方党组织改为特派员制，江北地区特派员为谢鹤筹，隐蔽在广州地区，负责领导地方党组织的工作，副特派员为欧初，带领8名机关工作人员，隐蔽在白面石和乱石坑之间的深山密林中，负责领导武装队伍。徐文协助欧初工作。他们搭草棚居住，带有电台一部，每天收录新华社电讯，作为研究形势、教育干部的材料；并在规定的时间内接收上级的指示。武装人员分散隐蔽，杨添、黄柏带领10多人在龙门麻榨、鳌溪隐蔽。霍锡熊、曾光带领10多人在博罗小金象头山隐蔽。马达、丘松学带领叶发、李观保、林胜、林锦等10多人，隐蔽在派潭小迳村覆船岗的山林之中，配有机枪1挺，短枪4支，步枪10支。领导机关在基坑设立由郑叶昌负责的接头点，由他通过乱石坑的王国平转达欧初。白面石有位姓汪的女同志负责交通站，专门联系鳌溪和小迳。正果圩信义杂货店里，设有王俊明负责的秘密联系点，负责与香港、广州的党内同志联系。领导机关和各个隐蔽点都有通讯员，制定一套在敌人"围剿"、封锁的情况下进行秘密联络的办法。他们按照指示，在东纵部队到达山东前后约2个月的时间内，绝对隐蔽，不同地方党组织联系，不同当地群众来往，以免被国民党反动派借口制造影响北撤部队安全的事端。

留在增龙博地区坚持武装斗争的地下党员和武装人员处于远离上级领导、独立作战的艰苦条件中，斗争环境十分险恶。但是，他们得到广大人民群众的拥护、支持，在白色恐怖笼罩的增北地区，英雄的人民把地下党员和武装人员保护得很好。

1946年6月，钟育民任中共增龙地区特派员，归江北特派员领导。钟育民偕妻子杜娟于5月底到达增城。增城地方党组织领导人陈李中把他们安排在派潭水口岽村宋叶元家中。派潭地区陈、李两姓是强房大姓，钟育民便化名李振，杜娟化名陈英。钟育民在《解放战争时期中共增城党组织活动情况》一文中说："宋叶元先生50多岁，一向拥护党的方针政策。他家里人口多，土地少，有艘小木船，除耕田外还搞点柴炭到广州及其它地方出售，以维持生计，但经营不理想，经常亏本，无法经营下去。我就利用这个机会，由党组织拨出资金，以商人面目出现与宋合作经营柴炭生意。"另外，从陈李中处借来缝纫机让杜娟在宋家缝纫衣服作职业掩护。钟育民以商人身份，来往于广州、增城正果、龙门麻榨等地，联系地方党组织和地下党员。

增龙地区特派员管辖增北、龙南、博西三个地区。增北地方党组织活动地区主要在派潭和正果。派潭区特派员刘华，以小贩职业作掩护，来往于派潭、正果两地联系地方党员。后来，钟育民派干事许明到正果冷水坑小学当教师，负责联系正果地区的地方党员。为了利于地下活动的开展，增龙县委批准陈李中之兄陈冠中打入国民党增城县政府民政科任职，单线同钟育民保持联系，互通情报。钟育民通过陈冠中的关系，介绍地下党员徐瑞琼到派潭小学当教师，以了解国民党派潭军警的动静。由于地下党组织坚决执行隐蔽方针，紧紧依靠群众，顽强地克服各种困难，终于在增北地区取得了立足点，隐蔽下来坚持斗争。

第二节

恢复和发展武装斗争

一、反迫害、反"三征"

根据国共双方达成的协议，1946 年 6 月东江纵队北撤。6 月底，蒋介石悍然撕毁停战协定，发动全面内战。东纵北撤前夕，中共江北特委留下一支 40 多人的武装队伍和一批未暴露身份的党员干部，长期埋伏，坚持斗争。中共广东区党委根据时局特点和中共中央的指示精神，坚持"隐蔽精干，长期埋伏，积蓄力量，等待时机"的工作方针，地方党组织改为特派员制。江北地区特派员为谢鹤筹，隐蔽在广州地区；副特派员欧初带领 8 名机关工作人员，隐蔽在增城正果白面石和乱石坑之间的深山密林中。武装人员分散隐蔽于增（城）龙（门）边的崇山峻岭和增城派潭小迳一带。

内战爆发后，国民党反动派大肆迫害和捕杀中共党员、东纵复员人员、农会和民兵干部及其家属，推行所谓的"五家联保"和"强迫自新"政策，对广大乡村实行"绥靖"和"靖乡"。同时，为了确保其发动内战的兵员、军粮、军费，当局草菅人命，肆意征兵、征税、征粮。因此，反内战、反迫害、反"三征"，破仓分粮，减租减息，捍卫人民利益，解除人民痛苦便成为这一时期中共增城地方组织的主要工作任务。

1946 年秋，国民党增城当局勾结地方恶势力，在派潭灵山村制造抢劫、掳人勒索事件，嫁祸于中共地方武装。土匪温帮囚禁派潭灵山一名华侨，抢劫华侨财物后，称事件是"土八路"所为。中共增北武装人员袭击温帮匪巢，解救华侨，追回财物，抓捕并枪决温帮，张贴布告，回击中伤。

1947年2月，中共增北武装在派潭地方组织的配合下，袭击派北乡公所反动自卫武装，打开灵山粮仓，将20万斤粮食分给贫苦农民，解决群众春荒缺粮困难。3月，龙南、增北两支队伍联合作战，袭击永汉警察所，打开隔沥粮仓，夺回国民党当局强征的数百万斤粮食。同月，趁敌倾巢出动"清剿"龙门游击队之际，龙南、增北武装队伍一路袭击永汉，引敌回师永汉；一路设伏于低冚岭，重创回师永汉之敌。

二、分田废债，发展游击战争

1947年6月30日，刘邓大军渡过黄河挺进大别山。10月，中国人民解放军总部发表宣言，提出"打倒蒋介石，解放全中国"的伟大号召，号召人民"实行抗丁抗粮，分田废债，利用敌人空隙，发展游击战争"。此前，中共中央香港分局为了发展和扩大武装队伍，建立广州北郊游击根据地，派黄庄平、黄佳到江北地区，成立中共江北工委，黄庄平为书记，黄佳为副书记，黄柏、陈江天、王达宏为委员，统一领导江北地区党的工作和武装斗争。1947年3月，增龙地区改设中共增城县特派员，领导增城、龙门两县党组织，特派员钟育民驻派潭，下辖派潭、永和、福和及龙门县党组织，隶属中共江北工委。

为贯彻中共中央发展游击战争的精神，1947年10月，粤赣湘边区党委委员、后北特委书记黄松坚到江北检查工作，并在南昆山磨谷田召开江北工委扩大会议，制定"统一领导，分散发展"的方针。把江北地区划分为4个战略区，工委委员分散到各区，建立区工作委员会，统一各区军政领导，由工委委员兼任区工委书记。在增龙博地区，成立中共增龙博工委，下辖增龙博区特派员、派潭区特派员、正果区特派员、增城区特派员、永汉区特派员、博西区特派员。增龙博区工委书记由黄庄平兼任，王达宏、钟育民、徐文为区工委委员。年底，江北地区武装队伍有较大的发展。

派潭地区建立派潭突击大队，下辖3个中队，有150人枪；正果地区建立罗浮大队，辖4个中队，有200多人枪；福和地区建立以鹧鸪山、油麻山为根据地的飞虎队；永和、新塘也建立自己的武装队伍。各游击队着重打击国民党的乡保甲基层组织，镇压特务、恶霸、反动地主，摧毁地方反动武装。开辟游击区纵横百里：北起增从交界大径坳，南至正果，东起博罗新作塘，西到增城三江、石滩、四升平，南至东江河畔。1948年3月，根据中共中央香港分局要求各地建立主力部队和根据地的指示，成立江北地委，并将在江北地区活动的人民武装力量，统一编为广东人民解放军江北支队。江北地委书记黄庄平，副书记陈李中，黄柏、王达宏、陈江天为委员。江北支队司令员黄柏，政委黄庄平，副司令员王达宏，政治部主任陈江天。地委、支队以下，分地区成立县委和团级部队机构。增龙游击区成立增龙县委，书记钟育民，副书记钟达明，委员徐文、李绍宗、罗声，人民武装统一编为江北支队第二团，徐文任团长，钟育民兼任政委，朱骥为副团长，罗声为政治处主任，辖王镜、孔德恒大队，洪广友、王文大队，陈集中、李达松大队，王国祥、雷鸣大队和张球中队。

1948年春，派潭地区根据地委指示，在游击区开展分田废债的"大搞"运动，收缴地主武装，分浮财，以过渡到分田。运动首先在派潭大埔村取得突破，然后在全区开展。在这场运动中，共收缴地主武装机枪10挺，长短枪300多支，没收地主粮食数十万斤分给农民。农会和民兵组织迅速发展壮大。

第三节 从防御转入反攻

一、粉碎国民党第一期"清剿"

1948 年 2 月至 5 月，国民党广东当局调集广州行辕独立第二团（简称独二团）、保安总部第八团、第九旅两个团，联合增龙地方县警、交警、保安队及地方反动武装采取分进合击，寻找主力作战的策略，向江北支队控制的游击区发动疯狂的第一期"清剿"。

1948 年 2 月，广州行辕独二团两个营从增城县城沿正果向麻榨猛扑过来。时值中共麻正工委成立，工委机关设在正果白面石，工委书记、江北支队二团团长徐文率王国祥、雷鸣大队四个中队在正果白面石一线予以阻击，掩护机关人员撤退后，转移到永汉低峒地区。不料敌九旅某团一个营随尾而至，向低峒发起进攻。二团王国祥部占领制高点和有利地形奋起还击，敌人误以为钻进了伏击圈，停止进攻，改用迫击炮和机关枪轰击、扫射二团阵地。二团用掷弹筒、机关枪向敌军阵地猛烈开火。战斗从拂晓持续到黄昏。趁着夜色，徐文率王国祥、雷鸣部向南昆山转移。

面对国民党正规军的分进合击，江北地委副书记陈李中，支队副司令王达宏，增龙县委书记钟育民、委员李绍宗在小迳召开紧急会议。大家认为从进攻态势上看，敌人有意寻人民武装主力作战，企图"一举歼灭"之。会议作出了避其锋芒，利用增北地区广阔的高山丛林地带牵制敌人、消耗敌人，粉碎敌人"清剿"的决定。于是派李绍宗、罗声率领二团洪广友、陈集中两个大队进入福和地区活动，以减轻增龙游击区的压力。

洪广友、陈集中两个大队进入福和，在鸭嬲潭、梁田、坳头和腰屈村，发动群众收缴地主武装，破仓分粮，吸引原进攻低㟧地区的敌九旅某团随尾而至。李绍宗、罗声率主力转移到鹧鸪山、凤凰山一带与敌周旋。在这段时间里，李绍宗带领的部队几乎天天与敌作战，甚至一天数战。虽说战斗减员不多，但非战斗减员相当严重。为了牵制敌人兵力，李绍宗、罗声派雷鸣、许明带领小分队开赴油麻山，破坏敌人的运输线。敌军又急调兵马进攻油麻山，双方在山泽肚展开激战。打退敌人几次进攻后，雷鸣率队返回鹧鸪山。当敌人重兵压至福和地区时，县委和支队司令部命令主力部队分两路撤出福和地区，一路由凤凰山进入南昆山；一路经永汉转入龙门西溪。

牛牯嶂是江北地委机关的驻地，倚仗国民党军队向游击区的进攻，原先逃亡的反动地主纷纷回乡"秋后算账"，并充当国民党军队的耳目，一旦发现游击队踪迹，马上向国民党军队报告。1948 年 4 月，国民党"进剿"部队得知江北地委驻地在牛牯嶂，广州行辕独二团立即调集人员袭击南昆山牛牯嶂。地委副书记陈李中组织警卫部队据险抵抗，掩护机关报社、电台和参加整风学习的 100 多人安全转移。稍后，敌军得知江北支队军政训练班在南昆山雁洋陂，便纠集龙门县警队和地方反动武装 1000 多人向雁洋陂发动"进剿"，江北支队副司令员王达宏率领二团一部和训练班学员据险反击，激战两天，打退了敌人的多次进攻，保住了根据地。正在敌军喘息之时，训练班指导员刘华率队反击，敌人弃枪而逃。第三天，敌人以一个团的兵力驰援，再次举兵进犯。因众寡悬殊，主力部队转移，刘华殿后，不幸中弹壮烈牺牲，时年 27 岁。

　　七境村位于派潭东北面，坐落于牛牯嶂山西麓，民国时期隶属于灵山乡。1946 年东江纵队北撤前，第五支队增博大队曾进驻该村发动群众开展减租运动，队部就设在一座平面呈四合院布局的建筑里（该建筑 2010 年 3 月公布为第一批增城市登记保护文物单位）。1947 年夏，增城地方党组织领导的派潭突击大队打开灵山粮仓，接济群众度荒。1948 年 6 月，解除灵山乡公所反动自卫武装，中共派潭区委书记兼武工队队长李一民带领林森、卜池等四位同志进入七境村活动，不料被国民党军队包围。李一民率队反击，战斗从中午一直持续到傍晚，组织突围时，他和另一位同志担任掩护，在弹尽无援的情况下被敌围困。当敌人发现李一民掩蔽之处时，李一民临危不惧，把最后一颗手雷投向敌人，炸死几个敌人后，冲出小屋，中弹壮烈牺牲。牺牲前高呼"共产党万岁"。

　　在反"围剿"的残酷斗争中，队伍不仅没被打垮，反而越战越强，涌现出许许多多的英雄人物。江北支队二团副官王鉴春及二团税站的叶景、范金，在永汉上莲塘陈屋掩蔽，被敌人包围，冒着敌人炮火突围。叶景壮烈牺牲，王鉴春、范金受伤被俘，被敌人绑赴刑场用汽油活活烧死。行刑前，慷慨激昂地高呼"共产党万岁"，从容就义。江北支队民运队员刘祖发，是位大学生，因病掩蔽被俘。敌人威迫利诱，但刘祖发坚贞不屈，视死如归。惨无人道的敌人把他剖腹挖心，刘祖发英勇就义。江北支队临时医院掩蔽在永汉雁洋陂山林中，被敌人发现。医院负责人郑兰立即组织突围。在突围中，卫生员王瑞容与几名重伤员用手榴弹与敌人拼搏，壮烈牺牲。

二、粉碎国民党第二期"清剿"

1948 年 7 月，国民党广东当局实行"肃清平原，围困山区"的第二期"绥靖"计划。一方面，敌人集中兵力向罗浮山周围的麻榨、正果、博罗西部游击区发动"清剿"，另一方面，敌人策动"清剿"和"自新"运动，对游击区发动"驻剿"，每到一处即设立反动据点，派军队驻守，企图割断人民群众与游击队的联系，一步步蚕食游击区。在国民党当局的军事进攻和政治分化的恶劣形势下，正果、派潭地区发生了多起投敌事件：正果的光龙队中队长王光正勾结敌人，挟持该队 30 多个队员投敌，编入王同仇反动联防队；飞鹏队小队长王亚楼叛变投敌；派潭游击队的小队长温玉钳带枪私自离队。

大浪淘沙，去掉的是杂质。在激烈的斗争中，游击区军民经受住严峻的考验，逆势成长，愈战愈强，成为背负增城人民希望，不可战胜的伟大力量。

1948 年 8 月，江北地委和江北支队司令部决定由李绍宗带领洪广友、陈集中两个大队及张球中队、徐清中队集中于龙门五境整训。国民党广州行辕独二团来犯，双方在塘角埔激战整天。李绍宗部击溃敌军一个整连，毙伤敌人连长以下官兵 20 多人。李绍宗部伤亡 10 多人。随后，国民党独二团两个营再加上龙门县警及王同仇反动地主武装共 2000 多人，进驻永汉鹤湖、范屋和十字路，形成"三点一线"，封锁各村出入口及山径，隔断江北支队主力同外界的联络。江北支队二团主力被围困于雁洋陂、观音潭深山五日，断粮三日。寮田、低冚的群众冒着生命危险数次组织送粮，均未成功，充分体现了子弟兵与人民群众的鱼水相依之情。李绍宗作出决定，除留下徐清中队、张球中队牵制敌人外，主力分两路突围。指战员忍饥挨饿，翻山越岭，攀藤条、爬峭壁，突出重围，无一伤亡，返回南昆山根据地。随后向敌军力量较为薄弱的博龙地区转移。

1948 年 9 月，增北办事处党组特派员雷鸣和派潭地区特派员邓木带领宋岳、蓝伯连两支武工队在车洞、黄沙凼、大径坳、灵山、高滩活动，为了加强派潭地区的军事实力，增龙县委派张球中队从二团返回派潭。国民党保安总队张毅营部驻扎于派潭西部的斗岗村，控制着小埔、大径坳一带，给游击队活动造成一定的威胁。9 月下旬，张球中队夜袭张毅部，双方激战数小时之后，张球派出小股部队时时夜扰张毅保安营，迫使张毅保安营撤离斗岗村。接着夜袭驻扎于瑶前面村的刘炯联防队，致使敌人连夜撤走。宋岳、蓝伯连武工队依靠群众，机智灵活地穿梭于敌人的眼皮底下，经常把传单标语散发到敌军据点，并夜扰敌营，弄得敌人日夜不得安宁。白天武工队隐蔽于山林中，夜间神出鬼没袭扰敌人，致使国民党保安军撤离分散于各村的据地，龟缩于几个重要据点，不敢轻易出动"围剿"游击区。

1948 年 9 月，江北地委和支队司令部派王国祥、郑叶昌率领10 多名短枪队员，组成武工队返回麻正地区活动。武工队把根据地的党员、民兵骨干和农会干部串联发动起来，侦察分散于各村、为敌人提供情报的"眼线"，很有收获。根据各村党员、民兵骨干和农会干部提供的线报，武工队先后处决了潜伏于横岭、白石岭、基坑、大陂、社下、庙下、合水店等村的 20 多个国民党特务，切断了敌人谍报交通线。敌人失去耳目，如同瞎子，无法知道武工队的行踪。同时，武工队昼伏夜出，神出鬼没地在敌人驻地袭扰敌人，致使驻扎于基坑、磜下、社下据点的国民党军独二团两个连队被迫撤离。武工队还注重分化瓦解敌人。在游击区内，对穷苦人出身的联防队队员，武工队逐户上门做家属的工作，讲清形势和政策，动员家属劝其亲人回家。在政策的感召下，敌联防队逃跑人员日益增多。武工队还向敌人开展政治宣传攻势，经常把江北支队印发的宣传品张贴到敌人的驻地营房。有时还以武工队或个人名义向反动自卫联防队投函寄信，给他们指明出路。在强大的政治攻势下，敌人心惊胆战，不少跟随国民党军队还乡的地主害怕武工队找他们算账，纷纷逃离麻正地区。驻麻榨圩的国民党独二团主力见势不妙，不久也撤出麻正地区。正果合水店、籁竹坑、庙下、上基坑联防自卫队，害怕被歼，大部分弃械逃跑。接着，麻正地区以武工队和鳌溪武装民兵为基础，建立王意和邓全两个中队，配合王国祥大队在白面石击退前来"扫荡"的国民党独二团，从根本上扭转了麻正地区的局势。

三、上坪大捷

1948 年 12 月 27 日，中共中央批准南方三个边区成立中国人民解放军三个纵队。1949 年 1 月 1 日，中国人民解放军粤赣湘边纵队在陆丰河田宣布成立。1 月 17 日，粤赣湘边纵队命令江北支队改编为粤赣湘边纵队东江第三支队（简称东三支），并于 2 月 15 日公开宣布成立。东三支辖 4 个团、1 个先遣队、3 个独立营。增龙地区的江北支队二团改编为东三支二团。

1949 年春，东三支认真贯彻毛泽东的军事原则，在战略防御中变被动为主动，构成防御中的进攻，歼敌有生力量。司令部从各团抽调队伍，组成近千人的两个主力大队，装备 50 多挺机枪和掷弹筒，集结于何家田、红头岭、公庄、官山和龙门的鳌溪、陈禾洞、路溪、邓村一带，待机歼敌。

1949 年 3 月初，广州行辕独立第二团第二营营长申江率其营部和一个加强连、炮排以及增城、龙门、博罗地方反动武装共 1000 余人从横河、柏塘、平安分三路向增龙博游击区发动进攻。东三支政委黄庄平、司令员黄柏认为申江是三路敌军的总指挥，只要集中兵力歼灭其率领的中路敌军，其余两路将失去统一指挥而易于就歼。申江营自进占江北地区以来，从未遭到重创，气焰嚣张。如果人民武装部队向公庄进发，申江营必然会尾随而至。于是黄柏率部从红头岭退到公庄官山，诱敌深入到上坪伏击地。

经现场察看地形，东三支把指挥所设于能观察敌军来路全面情况的上坪东面的山顶上。副司令员王达宏带领一团负责指挥在西面山丘伏击区内的各部队作战；刘彪带领独立第一营，负责东面山区，正面突击部队埋伏在山脚丛林和敌军进犯的入口处，掩护部队埋伏于山腰密林内，预备部队埋伏在西面高山前线指挥所附近；洪广友带领独立第二营负责西面山区，突击部队埋伏在上坪村民房内及山脚树林中，掩护部队埋伏在山腰密林内，截击部队埋伏在出口处；江松禧带领两个小分队截击逃敌，阻击从柏塘方向增援的敌军；李汉威带领一个连负责阻击从柏塘石岗与显村方向增援的敌军；伏击圈沿路埋设地雷。

3月16日，申江营及反动地主武装从红头岭、柏塘、陈禾洞分三路向公庄进犯。申江亲率中路，从横河经黄竹坳、鹅头寨、红头岭、上坪杀向公庄官山；右路自柏塘经石岗走小路夹击公庄官山；左路由龙门路溪经平陵袭击公庄官山。申江率领的中路敌军计有1个加强连、1个炮排及地方反动武装260多人进入上坪，落入东三支的伏击圈。负责指挥战斗的黄柏信号枪响，20多个连环地雷连续爆炸，几十挺机枪密集扫射，加上手榴弹、掷弹筒联合施威，并以压倒性优势从四面八方向敌人发起冲锋，经过40多分钟的激烈战斗，全歼敌军1个营部、1个加强连、1个炮排、2个地方反动武装中队，共毙敌39人，伤敌37人，俘敌军营长申江以下官兵100多人，缴获小炮3门，重机枪14挺，长短枪200多支，电台1部，弹药一批。东三支牺牲指战员5名，伤7名。配合申江营由柏塘进犯游击区的右路敌军被阻击部队打退；左路进犯之敌则闻风丧胆，狼狈逃跑。

上坪大捷集中优势兵力歼灭敌人有生力量，彻底粉碎了敌人的"围剿"，从根本上扭转江北地区军事被动的局面，从而使江北地区的军事形势实现从防御转为进攻的战略意图。

四、东三支解放正果

正果是增城东北部的军事要冲，南可保增城县城，北可支援龙门。上坪战役后，国民党军队已无力再向增龙博游击区发动"进剿"。国民党广州行辕独二团一个营龟缩于正果佛爷寺一带，修筑坚固的防御工事。地方反动武装王同仇联防大队和叛变投敌的王光正中队，驻扎在正果外围地区，配合驻守于佛爷寺的国民党军队。东三支控制以白面石村为中心，包括正果洋、亮星、银场、水围、乌头石、麻冚、合水店在内的广阔地区。1949 年 6 月间，东三支整合各村武装力量，在增龙地区增建东三支第五团。自此，活动于增龙地区的中共武装作战主力达到两个团的兵力，解放正果时机成熟。

正果镇通往罗浮山博罗县境有条便捷的山道，称为正果坳，赤磊山位于正果坳的顶端，为拱卫佛爷寺驻军的外围防线。山上设有瞭望排哨，驻有叛变投敌的王光正中队，山下村落驻有王同仇联防大队。要解放正果必须首先拔除这些据点。东三支王国祥部决定主动出击，偷袭赤磊山据点。4 月 19 日夜，以王达琛为队长、关振明为副队长的突击队佩带大刀，潜入正果，摸上赤磊山，通过内线何燕、王福两人做内应，突入排哨和敌队部，击毙敌副中队长，砍杀企图反抗的敌班长，俘虏联防队员 47 人，被王光正挟持的游击队员重新归队，山下王同仇的联防队不战而散，致使驻守于正果圩的国民党独二团撤出正果，东三支控制正果地区。接着，东三支解放博罗横河，收复龙门麻榨。

广州行辕独二团撤出正果不足一个月，国民党鉴于增城和龙门县城均受威胁，便从广州叶肇警备总队调谭生营扼守正果，驻扎于佛爷寺。谭生营是国民党的正规军，装备精良。江北地委和东三支司令部决定集中优势兵力，歼灭驻守于佛爷寺的孤军之敌，巩固增龙博根据地。

佛爷寺防御工事坚固，尤其是佛爷寺后山顶及周边遍布坚固的碉堡、暗堡，控制着寺前的开阔地。敌人还在正果圩增江河畔的制高点上，派驻一个排把守，与佛爷寺之敌构成掎角之势，控制着整个增江河面。此外，谭生还在正果下圩的当楼里，派驻一个地方反动自卫中队，在圩内的乡公所亦派驻一个地方反动自卫中队，控制正果圩。

6月上旬，支队司令部将独三营、五团两个连和短枪队、四个武工队、二团一个连及地方武装民兵800多人集结于白面石作战前动员。支队政委黄庄平、副司令员王达宏主持军事会议，在详细听取王颂亨武工队侦察敌情的报告后，作出军事部署：黄庄平、王达宏带领预备队、通讯班九二式炮班在佛爷寺后面山头负责全面指挥；李绍宗率领独三营从后面进攻佛爷寺；徐文、王国祥率领五团先歼灭正果圩的地方反动自卫队，然后从正面进攻佛爷寺；陈集中率领二团到正果南面的石马山，负责阻击增城驰援之敌。

6月19日夜，攻击部队从白面石出发，奔袭正果。五团进入圩内，派出一个排控制下圩当楼的自卫队；主力迅速向驻守上圩制高点的敌军展开猛烈攻击，另派一部突入乡公所解除地方反动武装。进攻上圩制高点的突击队英勇冲向敌阵，敌人拼死顽抗，冲锋受阻，突击排长徐文阶负伤。副班长王秋娣英勇杀敌，腹部中弹，肠子从伤口涌出，但他把外露的肠子塞进腹内，坚持战斗，终以失血过多而壮烈牺牲。敌人向佛爷寺靠拢，徐文组织队伍截击，俘敌 10 多人。五团主力从正面向佛爷寺发起冲锋，遭到暗堡火力封锁，2 名战士负伤，进攻一度受阻。王国祥命令突击队占据接近佛爷寺的几座民房，用密集火力封锁寺内的射击点，阻隔暗堡之敌同寺内之敌的联系。李绍宗带领的独三营从后面进攻佛爷寺，遭到后山碉堡群的火力封锁；独三营突击队多次冲锋炸敌碉堡均未获得成功，战斗相持不下。天亮后攻击部队在阵前向敌人展开政治攻势，派出俘虏带信给敌营长谭生，阐明党的政策，限令敌人停止抵抗，缴械投降。

下午 3 时，黄庄平、王达宏下令总攻。李绍宗指挥独三营集中几挺重机枪向后山碉堡扫射；九二式炮班奉命投入战斗，开炮攻击碉堡、暗堡，掩护部队冲锋。在猛烈炮火前后夹击之下，敌军开始动摇，加上寺内之敌被困一天一夜，完全陷于断粮断水之境，孤立无援，只好派人出来请降。下午 5 时，攻击部队攻入佛爷寺，解除敌人武装，俘敌保安总队副队长江锡全、营长谭生及政训员以下官兵 160 多人，地方反动自卫队 20 多人，毙敌 4 人，伤敌 10 多人，缴获机关炮 1 门，重机枪 2 挺，轻机枪 6 挺，长短枪 100 多支。东三支攻击部队牺牲指战员 7 名，负伤 10 多名。此战是江北地区一次较大规模的攻坚战，标志着东三支的战斗力提高到一个新的水平。7 月，成立正果乡人民政府，王颂亨兼任乡长，正果宣布解放。

五、军事打击与分化瓦解双管齐下

东三支取得上坪大捷后，盘踞于派潭地区的国民党保安军转入固守状态，龟缩于几个据点，难以组织力量"围剿"游击队。

高滩村位于派潭北部，为增城通往从化的交通要冲。为控制增从边游击区通道，地方恶霸温石源在高滩修建了一座炮楼。东三支二团张球、宋岳部决定拔除这座炮楼。1949 年 4 月，借温石源回家奔丧之机，张球、宋岳率队闯入温石源家，生擒温石源，强迫他命令反动自卫队打开炮楼大门。解除温石源反动自卫队武装后，张球率部攻打高滩潘李良反动自卫中队，双方激战4个小时，俘敌队长以下30多人。坚持与人民为敌的反动头子潘李良、朱记伯被游击队正法。东三支二团乘胜追击，夜袭驻守瑶前面村的保安军赵文玉部，全歼该敌，解除敌人对增从边办事处的威胁。

铁卢汾村位于正果到派潭的交通要道上，东距正果镇5公里，西到派潭10公里，是扼守正果到派潭的咽喉之地。村中有一支近百人的自卫队，并修筑了几座炮楼。该村先祖原居五华县铁炉坝，故取名铁卢汾。为了开辟正果到派潭东部的游击新区，中共增龙县委书记钟达明率增从边办事处主任陈冠中、蓝伯连武工队于1949年春夏间，通过杭树村钟伟民拉线，约见铁卢汾自卫队队长，并向该村的上层人士展开统战工作，阐明政策，晓以大义。经多次商谈后，村中当权者转变了思想，同意严守中立，保证不参加国民党反动武装组织的反共活动，不阻挠武工队进村开展工作。自此以后，武工队在该村一带活动从未受到干扰。

1949年春，东三支直属先遣总队挺进增从番边开辟新区，向广州外围推进。先遣总队以朱骥为总队长、崔佳权为政委，以帽峰山、油麻山、黄旗山、天山、水山为基地，在增城西部成立以谭勉为书记的三山（黄旗山、油麻山、南香山）工委，依托油麻山、禾塱、石迳、叶岭等老区，迅速向增城南部和广州外围发展。永和、镇龙、福和等抗日战争时期建立的老区，普遍恢复和建立农会、民兵、妇女会等群众组织，建立起解放广州的前进基地。三山工委按照先遣总队的部署，在开展军事打击的同时，加强政治宣传攻势，大力开展统战和策反工作。1949年6月在镇龙、永和、新塘、仙村等圩镇颁发《我们推行的政策》《持有自卫武器的地方人士注意》《国民党大小官员，珍惜自己的前途》等文告，警告敌乡政人员、地主恶霸不得继续与人民为敌。总队长朱骥亲自到油麻山地区做原国民党某部营长吴汉猷的工作，促使吴汉猷弃暗投明，带领 35 人投奔先遣总队，任油麻山自卫中队队长。

先遣总队挺进增从番边广州外围开辟新区，工作进展富有成效。然而，这毕竟是广州外围，苟延残喘的反动势力时而进行反扑。1949 年 7 月 18 日，先遣总队在禺北冯迳吓村召开各区领导干部会议。与会人员包括总队长朱骥，政委崔佳权，各区负责人许明、谭勉、王芝、陈刚照、钟沛、李志刚等。7 月 21 日凌晨 4 时，国民党广州警备总队分几路扑向冯迳吓村。几路敌军合围冯迳吓、山背、田心、棠下各村。朱骥马上组织突围。突围中朱骥、崔佳权、陈刚照、黄超华、李新发、邱和坤、陆均然 7 人壮烈牺牲；钟沛、胡振潮、国珠仔被捕，新中国成立前夕被国民党反动派杀害于广州流花桥。

时任中共三山工委书记谭勉在《先遣总队女战士革命斗争片段》一文这样写道：

1949 年 7 月 21 日，正当总队在禺北冯迳吓村开会总结经验的时候，广州国民党警备总队分几路向我扑来，包围了冯迳吓村。当时在场的有王芝、黄超华、陈章、潘英、谭勉等姐妹，生死关头，她们都表现得十分勇敢坚强！

王芝与另一战士从村后冲到对面山脚树丛中掩蔽，敌人在附近来回搜索，喝令先遣总队战士出来投降。在这关键时刻，王芝对党表现了无限忠诚，临危不惧，坚定沉着，躲过敌人的搜捕，脱险后才发觉手中的伞柄被敌人的子弹打断了。黄超华突围到后山时中弹负伤，敌人追到跟前用刺刀向她腹部猛刺，她面对敌人，忍受疼痛没说过一句败气节的话，壮烈牺牲了。陈章在危急关头首先想到的是文件不能落在敌人手里，她镇定地把文件收拾好，给潘英挑走，当她最后一个离开住地时，敌人的子弹已打进巷内。

她冲到后山，看见敌人从左右两面包围过来，即机智地退回村旁树丛中掩蔽。潘英不顾周围子弹飞舞，始终挑着文化工具箱。谭勉在群众柴草房中掩蔽时，设法摇动墙上的泥砖，把地下民兵名单藏起来，准备被敌人抓住时，使革命减少损失。

朱骥的牺牲，对于参加革命时间不长的傅德贞来说，毫无思想准备，但她很快就从悲痛中摆脱出来，继承烈士的遗志，把工作做得更好。领导叫她利用朱骥的关系，向禺南黄登村地主朱尾推销公粮债券。她化装成客家妇女，经过均和圩乡公所，到了朱尾家。朱问她："朱骥死了，你们站得住吗？"经过她宣讲形势和党的政策，朱尾终于购买30担公粮债券。周婵和潘英擦去眼泪，拼命参加工作，用实际行动纪念牺牲的亲人。

对于一批有信仰的姐妹来说，挫折算不了什么。在严峻的日子里，没有一个姐妹害怕和动摇，没有一个要求撤回司令部。她们掩埋了亲人、战友的尸体，继续留在新区战斗。

迎军支前，解放增城

一、东三支六团成立

为配合中国人民解放军迅速解放广州，1949 年 8 月，粤赣湘边纵队集中兵力追歼敌人，东三支奉命调 1000 多名指战员编入边纵主力部队。为此，江北地委、东三支司令部决定按行政区划调整地委、支队、县委和各团建制：中共增龙县委书记钟育民任江北地委委员，东三支政治部主任钟达明任地委委员；撤销增龙县委，分别成立增城县委和龙门县委，江北地委副书记陈李中兼任增城县委书记；在部队建制上，保留二团建制，撤销五团番号，成立东三支六团，在增龙地区活动的原二团、五团统一编入六团，调一团政治处主任谢光为六团团长，陈李中兼任政委，王国祥任副团长，罗声任政治处主任。

8 月中旬，江北地委副书记陈李中召集增龙地区党组织及武装力量的领导人在雁洋陂召开会议，传达地委、东三支司令部按行政区划调整组织建制和人事任命的决定，宣布成立增城县人民政府和东三支六团，陈李中兼任增城县人民政府县长，机关设于雁洋陂。会议分析了增城县敌我双方武装力量的对比情况，确定了进一步推进党的组织、武装力量建设，做好扩军建政、迎接增城解放、有序接收政权等工作任务和具体分工。部署谢光率领六团主力在派潭地区开展武装斗争；王国祥带领队伍在正果地区开展迎军支前工作；罗声率领一部在福和、永和、油麻山一带活动。会议还明确增城平原特派员和禺北办事处划归增城县委和六团领导，继续在铁路沿线和增从番地区发动群众、武装群众。

二、扩军建政，迎军支前

1949 年 8 月，中共增城县委辖派潭、正果、福和、平原地区特派员和新塘中心区委等 5 个区级党组织，建立 30 个农村党支部，加上东三支六团的党组织，共有支部 35 个，党员 438 人。

农村党支部有派潭地区的小迳、大埔、车洞、围园、翁屋、密石、黄沙㘵、佳松岭、大田围、灯心㘵；福和地区的大磨、牛眠窝、竹山㘵、花山、八益、佛子庄、鸡心岭、旺村、燕岗、江屋排；新塘地区的简屋边、坭紫、塘美、白江；永和地区的禾塱石迳、叶岭及油麻山；铁路沿线地区的竹园涌、塘头；正果地区的正果共 30 个支部。此外还有一批与党组织单线联系的交通情报站。

增城县人民政府和东三支六团辖增从边办事处、福和办事处和禺北办事处等区级行政机构。其中增从边办事处辖派西、派东、派北和马排乡、正果乡 5 个乡政府机构。管辖区内建立农民协会 34 个，会员共 4102 人，成立 28 个民兵中队，民兵总数 1482 人。此外还有东三支六团直属武装、独三营和 6 个武工队，兵力达 2000 多人。地方党政组织和农会的建立，在迎军支前、搜集和传达情报、维持社会秩序方面发挥了重大作用。

1949 年 10 月 12 日夜，中国人民解放军第一三一师刚抵达派潭，增从边办事处动员群众送去大米 4 万斤和大批蔬菜、柴草和生猪；正果乡人民政府组织民众为大军运送 8 船粮食和军需物资，保障军需供应；派潭、正果、福和、镇龙的地方党组织动员群众沿路设置茶水供应站、慰问站和医疗站，为人民解放军磨谷舂米打饼准备干粮；各区乡组织迎军支前运输队伍、担架队伍和护路队伍，确保前线所需。

三、解放增城

1949 年 10 月 11 日，中国人民解放军四野一三一师与东三支会师。江北地委、东三支司令部在龙门县城召开军事会议，作出如下决定：东三支把队伍分成三路，中路由黄庄平、王达宏、钟育民率领配合四野一三一师解放增城；东路由黄柏率领，配合中国人民解放军两广纵队解放博罗；西路由陈李中率领，配合中国人民解放军第四十四军解放从化。东三支六团团长谢光调任花县委书记兼县长、军管会主任，负责接收花县；徐文担任增城县委书记、六团团长、政委兼军管会主任，罗声为增城县县长，王国祥为副县长，杜娟为县委委员、组织部部长，负责接收增城。10 月 12 日，一三一师抵达永汉，分两路向增城进军：一路经正果进军增城，另一路由正果浪拔折向都田直插派潭，再进军增城。

解放增城的战斗率先在派潭打响。

10 月 12 日下午，一三一师三九一团进驻围园、马村、鹅兜等派潭圩周边村庄。在听取派潭圩交通情报站汇报敌情后，增从边办事处陈月宝等 6 名武装人员做向导，对驻守派潭圩的国民党保安总队张毅部作出钳形包围。晚上 9 时，人民解放军发起进攻。起初，敌人还以为是"土八路"骚扰，负隅顽抗，后见信号弹在夜空闪亮，又有大炮轰击，知道解放军南下大军已经抵达，便无心恋战，缴械投降。但敌大队长张毅仍带一队人马在博爱堂的炮楼负隅顽抗，后遭解放军炮火猛烈轰击，敌人防御工事大部分被摧毁，走投无路，被迫投降。战斗仅进行了半个小时，敌保安大队长张毅、联防中队长温汝钦以下官兵全部被俘。13 日拂晓，人民解放军又解决了大埔村反动自卫队，派潭解放。在解放派潭的战斗中，人民解放军全歼国民党守敌 1 个保安大队和 1 个联防中队以及 1 个地方反动自卫中队。为了派潭人民的解放，17 位革命烈士献出了宝贵的生命。新中国成立后，增城县人民政府在此修建烈士纪念碑，以资纪念。

人民解放军解放增城前夕，盘踞于增城的敌军主要有三股：一是驻守于派潭圩的国民党广东省保安总队杨衍冲部张毅大队；二是驻守于增城县城的国民党正规军邓春华部，大约 2800 人；三是国民党增城当局属下的自卫总队、县警队、刑警队 1200 多人，合计总兵力 4500 人左右。国民党广州当局妄图以此构筑起一道保卫广州的外围防线。

10 月 12 日晚，一三一师师部和三九二团从龙门永汉经正果直指增城。驻守县城的国民党正规军邓春华部害怕被歼，在人民解放军抵达前便弃城东逃。为阻滞解放军追歼，邓春华下令焚烧东门桥。深夜，解放军三九二团先头部队赶到东门桥头，指战员冒着熊熊大火过桥追击，歼敌一个连后，兵锋直指石滩。国民党兵败如山倒，原沿增江河布防据点，未作任何抵抗。13 日拂晓，一三一师师部及三九二团主力抵达县城，解放增城。徐文、罗声、王国祥指挥各路人马接收国民党县政权，设署办公，维持社会治安。中华人民共和国增城县人民政府首任县长罗声。

西路进军广州的四十四军，10 月 13 日解放从化县街口后，挥师南下广州。该部派遣一个团开往增城福和，扫除逃窜到福和鹧鸪山的国民党军残敌，然后经福和、镇龙向广州挺进。在四十四军抵达福和时，钟煜明、吴佩珩、李瑞其等率领武工队配合解放军作战，一举解放福和、中新、镇龙等地。

三九二团紧追南逃之敌。国民党邓春华部逃到石滩火车站，准备乘火车逃跑，被人民解放军包围，走投无路，只好在火车上竖起白旗投降。10 月 14 日早上，国民党军何定华残部 1800 多人，由广州溃逃至新塘白江村一带，准备渡过东江向虎门逃窜，新塘地方党组织截击溃逃之敌时，发现逃敌人数众多，不宜力敌，只可智取。白江党支部书记王国洪冒险前往劝降，以拖住敌人，等待人民解放军到来。由于当时敌军已经处于四面楚歌的绝境，何定华慑于人民解放军的军威，当即向王国洪表示愿意投降，并派代表跟随王国洪到新塘火车站，向刚追歼而至的人民解放军请降。此举使新塘地区免受一场战火的破坏。同日，县委组织部部长杜娟率领苏爱庭、吴康带领的过江龙连队，伍伟能、伍焕林带领的解放先锋队，配合南下大军解放新塘。同日，钟育民带领 10 多名东三支武装人员开抵仙村，在竹园涌、蓝山自卫队和过江龙连队的配合下，收缴仙村警察队的枪支，解散警察所人员，解放仙村。至此，除小楼二龙地区仍有国民党保安军残余部队盘踞以外，增城各地均获得解放。

是年 11—12 月间，钟育民率领地方部队配合解放军三八八团，在派潭灵山包围国民党军残敌，仅半个小时便结束战斗，除敌大队长张金先及其几个随从逃脱外，包括敌"清剿"总队上校总队长杨衍冲、大队长邝肖权以下官兵 200 余人全部被俘，追剿残敌取得胜利。

第五章
英雄的老区人民

　　伟大领袖毛泽东在《论持久战》中强调："兵民是胜利之本。""战争的伟力之最深厚的根源，存在于民众之中。""新民主主义革命之所以能取得伟大胜利，就是因为中国共产党代表着人民的根本利益，在新民主主义的各个历史阶段，都是充分动员和依靠群众，组织群众，凝聚磅礴力量，实行人民战争。"

　　党员是旗帜，支部是堡垒。奉命深入广大农村发动、组织群众的每一名共产党员都具备了撬动一个地区历史冻土的品格和力量。他们通过办农民夜校启发农民觉悟，与农民促膝谈心，了解农民疾苦，全心全意解决农民生产和生活的实际困难，武装农民捍卫革命成果，与人民群众建立鱼水相依的革命情谊。广大农民从共产党员以人民为中心的高尚品质和勇于献身的伟大精神中，看到了民族独立、人民解放的胜利曙光，义无反顾地团结于党的周围，把优秀的儿女送上革命征程；在白色恐怖中，严守党的秘密，为了革命大局，勇于牺牲！

增龙博边革命老区

一、六度遭受"围剿"的白面石村

位于增龙博边的正果镇有革命老区村庄 52 个，而白面石村就是这些老区村庄的缩影。白面石村位于增城正果镇东北部，村域面积 2 平方公里，辖中心围社、高斗墙社、禾塘光社、对门光社 4 个自然村。东与龙门县麻榨镇交界，北与正果镇合水店相邻，南与亮星村接壤，四面环山，形成沟壑交错、树高林密、山岭连绵起伏的地貌特征。村民以王姓为主，客家民系。王氏有两支，一支于清康熙三十六年（1697 年）从福建武平县迁至广东梅县松源镇，清康熙六十年（1721 年）从梅县松源镇迁入龙门永清，随后再迁入白面石村。另一支于清康熙三十六年（1697 年）从福建武平县迁到广东梅县松源径口，清康熙五十五年（1716 年）从松源径口迁入增城正果马鼻岭村，清乾隆三十一年（1766 年）从马鼻岭村迁入白面石村。两支王氏均属福建武平世系，与周边的亮星村、正果洋村、银场村王氏同宗同源。

抗日战争时期，该村是中共增龙博中心县委机关所在地，是引领增城人民抗击日本侵略者的坚强战斗堡垒。解放战争时期，该村既是恢复武装斗争的策源地，又是发展和壮大武装斗争的重要根据地。

1939 年起，国民党广东当局加紧反共。1939 年 11 月下令限制"东团"活动；1940 年 1 月解散"抗先"和"东团"，非法逮捕"东团"博罗成员，反共逆流袭击东江波及增城。原先作为县委机关所在地的科甲堂村，由于距离正果圩太近，易受日伪军突然袭击，县委迁址势在必行。几经选择，最后选址于增城、博罗、龙门三县交界的白面石村。在白面石乡绅王雁门、王中桥的帮助下，1940 年 1 月，中共增城县委迁址白面石村，机关设在王雁门家中。从此，白面石村把自己的命运与中华民族的解放事业紧紧地联系在一起，责无旁贷地履行历史赋予的伟大使命。

白面石村群众基础好，尤其是参加增龙博中心县委举办的夜校和识字班后，群众思想觉悟有了很大的提高，涌现一批积极分子。在白面石村发展的首个党员是何润娣。她为了掩护好设在家中的中心县委机关付出了很多心血。为了中心县委的安全，该村群众从不向外泄露党组织的情况。1940 年，日军进犯白面石村，全村群众在中心县委的领导下，实行"坚壁清野"。全体村民挑着草席，赶着牲畜，携老带少走往高山密林的"鬼叫窝"隐藏起来，让日本侵略者一无所获。1942 年 3 月，增龙博中心县委书记钟靖寰和组织部部长李志坚在增城二龙圩被捕，形势急转直下。由于未得到转移的指示，中心县委机关工作人员仍留在白面石村坚持工作。为了掩护中心县委的同志，白面石党支部党员王连新、何润娣负责监视外来人员的行动，积极分子杨长、夏秋婵、李王友、何莲英等大力协助。他们还发动家人帮助照顾革命同志，如王连新的母亲常为病号买药、煲茶送水，还亲自上山采药给患疟疾的同志治疗。夏秋婵利用地形监视国民党顽固派的动静，来了陌生人立即报告。

自 1945 年 2 月到 1948 年 5 月，国民党反动军队 6 次"围剿"白面石村。1945 年 2 月，王达宏率增龙博独立大队在增江河拦截国民党惠淡守备区袁华照（增城人，绰号"袁虾九"）部用船运载的稻谷、生油等一批物资，随即发动白面石村民把物资运回村里储藏。袁华照侦悉后，立即派兵并纠集龙田围地主反动武装"围剿"白面石村。增龙博独立大队在白面石铁石中队的配合下，痛击来犯之敌，袁部损失惨重。袁部败退时报复性地放火烧去白面石民房 10 多间，洗劫村中财物。袁华照不甘心失败，4 月间，又纠集正果、麻榨的国民党军警、地方反共自卫队共 1000 多人，再次进犯白面石村。敌军来势汹汹，三面合拢包围白面石村，铁石中队和黄秀中队奋起抵抗，各据守一面山头痛击来犯之敌。击毙敌军排级文书 1 人，班长 1 人，伤敌多人，狠狠地打击了袁华照的嚣张气焰，袁部被迫撤退。这次战斗，铁石中队的王房林小队长英勇牺牲。1945 年 8 月，国民党保安总队袁华照得知黄秀中队、铁石中队奉调到博罗西部作战，便派数百人前往白面石村进行报复，大肆劫掠民财，火烧民房 100 多间。1946 年 2 月，国民党驻军一五三师进村"清剿"抗日爱国人士，幸好撤退及时，敌军一无所获。敌人撤退时把村中财物抢劫一空。次月，国民党五十四军再次进村围攻，全村又一次遭受浩劫。

1948 年 4 月，国民党反动派对派潭、正果游击区发动空前残酷的"围剿"，设立区乡联防委员会，建立反共自卫队，纠集 4000 余人向黄洞、灵山、七境村、小迳、横岭、白面石游击区猛扑过来，包围了游击队驻地七境村和麻正工委驻地白面石村。江北支队避敌锋芒，作出战略撤退，游击区蒙受重大损失，敌军烧毁民房 126 间、抢走耕牛 100 多头。不少游击队干部家属被残害。王国祥的堂兄被分尸挂在树上；徐文的父亲遭受严刑拷打，死于狱中；李达松的母亲被迫害致死……敌人制造的惨案，骇人听闻，罄竹难书。派潭区委书记兼武工队队长李一民、二团军政训练班指导员刘华率武工队在七境村抗击来犯之敌，在突围中壮烈牺牲。

5 月，国民党独二团再次进犯白面石。江北支队王国祥部和白面石武装民兵据险还击，重创敌人，保卫白面石根据地。

二、正果信义交通情报站

根据中共增城特支的部署，竹林村村民王赖深在正果圩开设信义杂货店（主要由其子王榕伟打理）作为东江华侨回乡服务团增城分团成员和中共地下组织领导人的通讯地址。1941 年春，增龙博中心县委为了更好地做好党的信息传递、联络、收集敌情等工作，指示时任正果区委书记的陈君平，利用信义杂货店建立正果交通情报站。该站由王俊明任站长，刘敬英、王榕伟为成员，主要任务是搜集、传递情报，散发传单，张贴标语，并负责联络广州及香港两地的党组织。王俊明经常以办货为名，到广州、香港，将党的重要情报传出去和带进来。同时，该站的成员常常利用商业活动的机会，收集正果一带的敌情并及时把情报传送给在附近活动的游击队，使部队始终占据先机，减少损失。游击队几次成功袭击正果反动武装，都是由这个交通站提供准确情报而取得的。1942 年春夏之交，国民党顽固派大肆捕杀共产党员，中共增龙博中心县委通过这一交通站把暴露身份的党员及领导骨干及时安全转移出去。在历史紧急关头，信义杂货店的交通员不顾个人安危，与其他交通站相配合，确保中共增城地方组织的信息传达和人员输送。

1945 年 2 月，阮海天部决定狠狠教训不思抗日、一心"剿共"的驻正果反动武装。阮海天派王彪、卓觉民找到王俊明，要求信义交通情报站摸清敌情，向部队报告。王俊明秘密侦察摸查，了解到：驻扎在正果圩的反动武装有一个中队，中队长带一个小队布防佛爷寺，有坚固防御工事，武器装备一般；一个小队驻扎在泰安、均安两间商铺，无险可守；另一个小队驻扎在下圩当楼，当楼建筑坚固，易守难攻。部队得到情报后，决定重点围攻驻泰安、均安商铺之敌。深夜，阮部近百人来到与王俊明等人预定的会合地点，商定由王彪带一支队伍潜伏到佛爷寺塘坐下，任务是用强大火力封锁寺内敌人，不让敌人走出寺门；由王俊明引领另一支队伍潜入圩内三角市王锦源铺一带，阻击敌人前来增援；王榕伟则引领一支队伍直插泰安、均安，围歼商铺守敌。部队猛攻商铺后门，敌军无险可守，想由前门夺路而走，又被阮部火力封锁。驻扎佛爷寺守敌闻声欲来支援，被预先埋伏部队的强大火力封锁，只好龟缩在寺前围墙内向外胡乱射击。驻扎当楼的守敌，睡梦中闻到密集枪声，吓得人人自危，紧闭大门，自保平安。此战毙伤敌 10 多人，缴获步枪 30 多支，弹药一批，阮部无一伤亡。

东江纵队北撤期间，正果圩信义杂货店负责与香港、广州党内同志联系，传递党的机要文件；护送干部和工作人员，尤其是从香港、广州等地到游击区的首长，或从游击区前往广州及外地联系工作和治病的人员；购买部队所需的物资、药品；侦察敌情，传递情报；安排来往人员的住宿；联络其他交通情报站。

由于频繁搜集和传达情报，在国民党军队实施第二期"清剿"期间，王俊明的活动引起国民党反动派的猜疑。1948 年 6 月，国民党独二团搜查信义杂货店。由于防范工作做得好，敌人没有找到证据，只好以涉嫌通共"罪名"扣押王俊明兄弟二人。王俊明兄弟二人遭受敌人各种毒刑，被拷打得遍体鳞伤，生不如死，但他们始终坚守党的机密，大义凛然，宁死不屈。中共地方组织通过多种关系实施营救，最后敌人借机敲诈王俊明兄弟二人200 担稻谷方肯放人。

三、经受血与火考验的派潭小迳

小迳村位于派潭东北部，三面环山，西有覆船岗，北靠牛牯嶂，东北有梳脑山，是一个进可攻、退可守的战略要地。早在1938年8月，小迳村爱国青年宋晋到增城县军训班学成回村后，把村中的民众抗日自卫中队整编为增城民众抗日自卫团独立十一中队，宋晋任中队长。为了提高军事素养，该队派遣骨干宋岳、蓝瑞钊、蓝德到东江师管区培训；派遣宋刚、宋永华、温木水、宋罗新到县城参加军训，打出地方抗日武装旗号，公开开展抗日活动。中共增城特支和"东团"增龙队成立后，宋晋被吸收为中国共产党党员，成为"东团"增龙队的重要成员。1940年2月，在陈李中的组织下，发展宋刚、潘仲山等一批党员，成立中共派潭小迳支部。同年底，支部吸收宋岳、宋力行、蓝白、蓝德等18名党员。宋晋率领的增城民众抗日自卫总队独立十一中队成为中共增龙博中心县委领导的重要武装力量，编入增从番独立大队。黄旗山战斗结束后，随大队撤出增城，编入曾生、王作尧部，转战东江南北两岸，成为东江纵队独立第二大队的重要组成部分。

1947年春，马达、丘松学以东江复员人员自卫队的名义，组织派潭人民进行反"三征"，破仓分粮斗争，小迳村民80多人在党组织的领导下，加入增龙从博人民自卫队，随后编入派潭突击大队。蓝德为大队长，蓝白为副大队长，黄文担任指导员，下辖3个中队。其中第一中队由张球担任中队长，黄文兼任指导员，该中队由县特派员钟育民直接指挥。1948年3月，成立中共增龙县委，书记钟育民，副书记钟达明，委员徐文、李绍宗、罗声。小迳村为县委机关驻地。在增龙地区活动的人民武装统一编为江北支队二团。原派潭突击大队统编为二团张球中队，蓝白为军政特派员。全队70多人枪，辖2支武工队，即宋岳为队长的飞鹰队、蓝伯连为队长的飞燕队。

作为革命老区村庄，小迳村多次遭受"围剿"。1945年8月，东江纵队第四支队曾进驻小迳村。同年冬，国民党正规军1000多人"围剿"小迳村。上迳村东坑和大岭脚村的民房全部被国民党军队烧毁。1948 年 4 月，国民党当局两次"围剿"小迳村，抢走全村 100 多头耕牛，致使春耕无法进行。

1948 年 6 月，国民党军纠集地方反动武装共 1000 多人再次进犯增龙县委驻地小迳村，妄图消灭增龙县委机关。增龙县委书记钟育民一方面疏散村民，一方面带领二团一部和小迳村民兵武装占据有利地形阻击来犯之敌。战斗打响后，民兵在制高点山塘坳顶架设两门土炮，向敌军猛轰，声震山谷，火光冲天，击倒大片敌人，国民党的军旗也被击倒。敌人占据村庄屋后的水沟和竹林作抵抗。战斗从清晨直打到下午，敌军撤出小迳。

四、东江纵队根据地大埔围村

增江街大埔围村位于增城东部的丘陵地带，处于罗浮山脉西缘。东是博罗县的界山，西是增江。起伏连绵的山峦环绕着增江和东江。这里层峦叠嶂，林木丰茂。1943 年 9 月，广东人民抗日游击总队宝安大队副大队长阮海天率领徐荣光中队奉命重回增城，开辟增博边抗日根据地。1943 年 12 月，该部整编为东江纵队独立第二大队。

在东纵独立第二大队民运工作队队员的发动和组织下，大埔围村建立了农抗会、妇救会、大埔围村抗日自卫中队。这些抗日民众团体在中共地方组织和东江纵队独立第二大队、独立第三大队的领导下开展抗日救国活动。大埔围村农抗会会长为叶彭年。农抗会的主要职责是团结广大农民群众、发动青壮年农民参军参战、支持和帮助东纵民运工作队开展社会调查、办好农民夜校、张贴标语宣传抗日主张、团结地方开明士绅等。1944 年 10 月，在东纵独立第三大队与日伪军争夺鸾岗的战斗中，大埔围村农抗会与增城岗尾村、田吓村、四升平村农抗会共同发动 300 多名民兵和群众支援作战，为夺取胜利提供了保障。大埔围村妇救会会长为肖好彩。妇救会的主要职责是：动员与组织妇女参加抗日活动，提高妇女地位，保障妇女自身利益，协助民运工作队开展妇女识字运动，动员妇女鼓励丈夫、儿子上前线；开展拥军优抗工作，帮助抗属生产，解决妇女生产、生活困难。大埔围村抗日自卫中队队长为叶均隆。抗日战争时期，增博边抗日根据地广泛组织自卫武装。自然村有自卫小队，乡有自卫中队，区有自卫大队。其重要职责是负责维护地方社会秩序，打击反动分子的破坏活动，保护群众利益，配合部队作战，向部队输送人员，为扩大部队创造条件。1945 年 3 月，为进一步扩大根据地，东纵把增城大埔围、岗尾、田吓、四丰及博罗县联和地区的自卫中队整编为增博大队，直属东纵第五支队。

随着民众团体建立，大埔围根据地日益巩固，村民觉悟不断提高。在东纵民运工作队的组织下，1945 年春，大埔围村开始开展减租减息运动。之前，东纵独立第二大队、第三大队民运工作队执行东纵政治机关向全军发出的"部队所到之处，立即宣布废除国民党统治时期的一切不合理的制度和苛捐杂税"的指示，发动群众，建立民主政权。1945 年 3 月 9 日，东纵政治机关颁布《减租减息条例》。4 月 29 日，又颁布《土地租佃条例》，对减租减息、交租交息、地权与佃权等政策作了明确的规定：减租的原则是"二五减租"，即对原有的租额减少 25%。减息的原则是月息不得超过 4 分，若 3 年所付利息超过原本一倍者，停息还本；超过两倍者，本息停付。二五减租减息是中国共产党在抗日战争时期处理土地问题的基本政策。这一政策既满足了贫困农民的民主民生要求，同时兼顾了地主的利益，以争取其参加抗日活动。事实上，大埔围村的富绅大多较为开明，相比其他村而言，大埔围村开展二五减租减息运动较为顺利。与此同时，大埔围村在东纵民运工作队的组织下，还开展"献粮""献金""献枪"竞赛，以实际行动支援部队作战。

由于群众基础好，东纵部队的交通站、税站和宣传印刷站先后在该村设立。大埔围青年对根据地建设的各项工作都表现出极大的热情。他们主动承担交通站、税站及宣传印刷站的相关工作，有的帮助传送情报；有的帮助民运队员深入乡村进行社会调查；有的帮助散发传单和张贴标语；有的帮助民运队员做好村中士绅相关工作，动员村中族长、开明士绅捐出用以村中防匪的枪支；有的积极参加农会、民兵组织，并成为农会和民兵组织的领导及骨干。在地方党组织的培养下，一批青年成为出色的东纵战士。他们之中有叶日新、叶有云、叶应、叶英、叶举、叶长青、林观妹（女）等。他们英姿飒爽，壮怀激烈，驰骋疆场，为抗日斗争事业挥洒青春，甚至不惜生命。

民众的支持和参与，是夺取抗日战争胜利的根本。大埔围村民与东纵部队同心同德，个个都是侦察员，人人都是交通员。他们眼观六路，耳听八方，只要日伪顽有所行动，情报很快就会传到游击队决策者耳中。游击队或伏击、或诱敌，伺机歼之。

（一）叶彭年带路惩汉奸

1943 年 10 月，正值抗日游击队立足大埔围村开展抗日斗争之际。一天，村民叶彭年向游击队报告：有一伙来自东莞日伪联防队的武装人员在联和圩为非作歹，强征民税。前不久，也是这一伙汉奸强闯大埔围村民宅，大肆掠夺村民财物，还打伤了几名村民。游击队为了打击敌人，扩大影响，决定痛打这伙汉奸。叶彭年带着游击队走田埂、绕村庄、闪避敌人岗哨，抄小路很快到达联和圩。游击队悄悄地靠近敌人，出其不意地用枪顶着他们的脑袋，随着让老百姓解气的一声"不许动，缴枪不杀"的话音落地，日伪联防队队员一个个被俘虏。有一个匪徒企图逃跑，被游击队当场击毙。叶彭年也因此受到了游击队的嘉奖。

（二）叶文带路除祸害

1944年1月21日晚，村民叶文向游击队报告，博罗日伪联防队在大埔围周边村庄掠夺民财。这伙人来自博罗永宁，掠夺完之后要返回永宁驻地，莲叶遮龟（地名）是他们的必经之路。于是叶文带着游击队悄悄进入伏击地，隐蔽待敌。不一会儿，联防队10余人带着掠夺的财物，大摇大摆地进了伏击圈。联防队不堪一击，很快便成了游击队的俘虏。叶文带路除祸害一时传为佳话。

（三）叶均隆协同作战，牛鼻岭上歼日军

1944年8月，初溪据点的日军10多人到牛鼻岭强抢粮草。叶均隆马上向阮海天报告敌情。阮海天命叶均隆带领大埔围民兵迂回到日军退路的侧翼，占领制高点。然后命令一中队正面攻击敌人，另一中队绕到敌人的后路布下"口袋"。在游击队正面猛烈的攻击下，日军企图抢占侧翼制高点，以待援兵。叶均隆率领民兵集中火力，把日军压制下去。日军只好且战且退，终于落入"口袋"。这次战斗，全歼日军10多人，缴获掷弹筒1具，长短枪10余支。

（四）军民同心建奇功

1945年8月，大埔围村民兵叶进、叶桂发、叶有记奉命到沙塘圩侦察敌情，发现日军的运粮队10多人押着3船稻谷沿增江河向沙塘进发，企图经沙塘转运广州。叶进、叶桂发、叶有记马上赶回游击队驻地汇报。游击队当机立断、直插沙塘。日军的运粮队一到沙塘，就遭到游击队的迎头痛击。日军丢下粮食，仓皇而逃。游击队一边追击敌人，一边组织群众把3船粮食挑回村中坳背地堂，然后连夜把粮食运往东纵司令部——罗浮山冲虚观。

（五）牧牛岭上痛歼顽军

增博边抗日根据地孤悬敌后，处于日伪顽夹击的艰苦环境中。

1945 年春某日，顽军梁桂平部出动两个营，星夜占领联和竹埔村高地牧牛岭和大埔围东北高地凸子凹岭，企图清晨合围大埔围村。"独三大"领导分析敌情后，部署叶均隆、叶彭年率领民兵随军而动，分别隐蔽进入莲叶地、陈屋仔后山、咀角岭、飞鹅岭、岗板岭预定地点埋伏。次日清晨，敌军数百人从牧牛岭向大埔围发起攻击，抗日军民从多个方面分割、夹击敌军。敌军阵脚大乱，首尾不得相顾，四处逃窜。自知败局已定的梁桂平下令火烧牧牛岭，趁浓烟溃逃。

1946 年 6 月，根据国共双方达成的协议，东江纵队北撤。北撤前夕，中共江北特委安排一批抗日游击队员复员，叶香、叶富兴、叶周保、叶醮仔就是此批复员的游击队战士。1946 年 6 月底，国民党军队包围大埔围村，制造事端肆意捕杀东江纵队复员人员。叶香、叶富兴等被国民党军警当场杀害于大埔围村。叶彭年、叶均隆在村民的掩护下，机智逃脱，但遭受当局通缉，被迫远走他乡。

大埔围抗日根据地是增城敌后抗战的一面旗帜，一批热血青年以生命谱写出荡气回肠的英雄乐章。他们有林观妹、叶日新、叶应、叶香、叶富兴、叶周保、叶醮仔。

增从番革命老区

一、油麻山革命老区村庄

油麻山地处增城西部边界，是广州东面的天然屏障。1938年，日军入侵后在油麻山附近设据点。1940年夏，中共增城地方组织领导的增城人民抗日游击基干队在油麻山周围的石牙排、南山口、泗水凼、硬饭堂、巫屋、拾排、鸡九地、五家朱等村庄，发动群众组织抗日武装。1941年4月，广东人民抗日游击总队增从番独立大队在油麻山成立，周围各村庄的抗日武装都参加独立大队。同时，成立抗日救亡会、支前模范队、担架队等。同年4月，日军600多人进扰油麻山，由于群众早获情报，独立大队得以安全转移，但附近的廖屋、温屋、梅屲、炭山等村庄却遭浩劫。1942年1月，日军千余人又进犯油麻山，烧毁民房36间，杀害3名无辜村民。1944年夏，东江纵队独立第二大队驻油麻山，村民继续为部队提供给养，其中：硬饭堂村卓屋将公偿谷100多担献给部队。部队伤病员大部分是在油麻山治疗。当地中医温尧因曾为抗日部队病号治疗，在抗日部队北撤后，被国民党当局杀害。

二、缸瓦窑惨案

缸瓦窑位于增城中新镇大安村缸瓦窑自然村锅头石。1939年秋，日军占领官塘村后，四处搜刮抢掠，制造了缸瓦窑惨案。

1940年1月30日晚，几个日军士兵窜到缸瓦窑村搜刮民财、奸淫妇女。村民陈善林妻子遭到日军调戏。陈善林奋起反抗，开枪打死了一个日军士兵。日军不知村内情况，背尸逃遁。次日上午9时许，日军数十人，10多匹马驮着枪炮弹药进入缸瓦窑村，将村民押到村前一丘田里，烧毁全村房屋，用机枪扫射村民，村民全部倒在血泊中。一名幸存妇女见丈夫中弹身亡，放声大哭，日军再次开枪扫射。两名幸存小孩（钟国浩、钟玉煌）闻声爬了起来。日军用刺刀把小孩刺得满身鲜血，所幸后经医治痊愈。据统计，日军烧毁房屋110多间，杀害村民128人，全村仅有3人幸免于难。缸瓦窑惨案遗址，1985年6月被公布为增城县文物保护单位。

三、黄旗山革命老区村庄

黄旗山位于增城西部油麻山脉南部，属永和地区。塱1940年8月，中共在山下的禾塱、石迳村建立黄旗山支部（后称禾塱支部），并在附近叶岭、晒布岭、戽斗塘、暗冚、木古、狗眠地等村庄发动群众，组织抗日武装。1941年4月，各村庄抗日武装统编为黄旗中队，有60余人枪。1942年4月6日，日军400余人"围剿"驻黄旗山的增从番独立大队，游击队撤出黄旗山，日军便在禾塱、石迳等村庄烧杀抢掠，村民财物损失严重。1944年7月，中共永和区委在禾塱村成立。接着，东江纵队独立第二大队挺进黄旗山建立抗日根据地。同年冬，东江纵队第四支队又在永和地区扩大抗日根据地，使全区90%以上的自然村都建立抗日自卫武装。1945年1月，永和区抗日民主政府成立。2月，中共增城县委机关设于禾塱、石迳村。同年3月，日伪军趁群众忙于春耕之际，出动千余人向永和地区进犯，黄旗中队及黄旗山下各村庄自卫武装配合东江纵队第四支队等抗日主力部队奋起迎击，战斗持续一个多月，全区村民付出很大的代价。同年 8 月下旬，日军宣布投降，国民党军队 4000 余人"围剿"永和区，全区村民遭受更大损失。其中禾塱、石迳两个村民房被烧毁 300 多间（占两村房屋数 80%），家家户户的锅、水缸都被砸烂，有 100 多名村民被抓去遭拷打、勒索赎金，有的妇女遭强奸，村民大部分被迫逃难，使原有 700 余人的村庄只剩下 200 余人。1946 年夏，全国内战爆发后，禾塱、石迳等村庄重建武装，与国民党军队作英勇斗争直至当地解放。

四、陂头村石马岅杀人场

石马岅杀人场位于永宁街陂头村。1938 年秋，日军骑兵联队占驻永宁陂头村。联队队长岩田、山口福来等凶残成性，把村前的石马岅辟为杀人场。一批批村民、过路群众被押往石马岅，绑在柱子上作为射击、刺杀、策马劈砍的活靶子。日军先后屠杀群众 400 多人。

五、西洲村惨案

1938 年 11 月 3 日，驻新塘据点的 2 个日军士兵到西洲村抢掠，村民忍无可忍，开枪击毙 1 人，沉尸东江。5 日后，日军数百人到西洲报复，烧、杀、奸、抢无恶不作：枪杀村民六七十人，甚至连初生婴儿也被刺刀挑死；奸淫妇女 20 多人，最大的 76 岁，最小的 13 岁；烧毁房屋数十间。1941 年 6 月，东莞汉奸黎庆（绰号"崩口庆"）向广州日军诬告西洲村窝藏土匪。9 日，日军从水陆两路包围西洲，以追缴枪支为由，把村民押在一宏祠，施放毒气，连续四日三夜，当场枪杀村民 10 多人。还有数十名村民中毒死亡。1985 年 6 月，惨案旧址公布为增城县文物保护单位。

这一桩桩灭绝人性的血案，不仅吓不倒沦陷区人民，反而更加唤起他们进行抗日斗争的血性，坚定他们奋起反抗的决心。即使在 1942 年 5 月到 1943 年夏增从番独立大队奉命撤出增城，增城抗日斗争最为艰难的日子里，增城西部人民也从来没有停止过斗争。

第六章

社会主义革命和建设时期

　　新中国成立后，开启了劳动人民当家作主的历史新纪元。从 1949 年到 1952 年，增城基本完成土地制度改革和其他民主改革任务，以实际行动支援抗美援朝，迅速恢复遭到破坏的国民经济。1953 年，面对复杂形势和种种考验，中共增城县委、县人民政府采取一系列积极稳健的政策措施，巩固新生人民政权、医治战争创伤、恢复农业生产，踏上建设新增城的伟大征程，实行第一个五年计划的大规模的经济和文化、教育、卫生建设。1956 年完成对生产资料私有制的社会主义改造，初步建立起社会主义基本制度。从 1956 年到 1966 年 "文化大革命" 爆发前，是增城的经济社会取得重大成果的十年。1966 年到 1976 年的 "文化大革命"，增城的经济社会受到巨大破坏。1978 年，经过 "文化大革命" 考验的增城人民终于迎来了社会主义建设改革开放的新时期。

建立人民政权

一、人民政府成立

1949 年 10 月 13 日，中国人民解放军四野一三一师抵达县城，国民党守军邓春华部仓皇逃窜，增城宣告解放。

10 月 14 日，东三支六团团长兼政委徐文、副团长王国祥、政治处主任罗声奉粤赣湘边纵队东江第三支队司令部命令，率部抵达增城，成立增城县军事管制委员会，负责接管国民党在增城县的政权。徐文任主任，徐文、罗声、王国祥为委员。中共增城县委机关也从派潭小迳村迁至县城。

15 日，县军管会奉粤赣湘边纵队东江第三支队政治部命令，宣布成立增城县人民政府，机关设在县城。任命罗声为县长，王国祥为副县长。新成立的县人民政府，内设秘书室、民政科、公安科、文教科、财政科、税务局、工商科、建设科、邮电局、粮食局等政府工作职能机构，成立司法科，行使人民法院的职能。新中国成立初期，增城属东江专区。21 日，中共江北地委任命徐文为增城县委书记兼军管会主任，中共增城县委员会归属中共江北地委领导。

县人民政府建立初期，主要任务是建立政权新秩序和解放生产力，恢复和发展国民经济。

11 月，增城全县划分为 7 个区，即新一区至新七区。新一区人民政府设在县城，新二区在新塘，新三区在中新，新四区在派潭，新五区在正果，新六区在石滩，新七区在仙村。县军事管制委员会派员接管各地旧政权后，成立区人民政府，设正副区长1—3人。区政府内设民政、财粮、文教、生产助理和公安特派员。区下辖乡、村行政机构。至此，增城废除了民国时期的乡、保、甲旧基层政权制度，建立了区、乡、村三级人民政权。

1950年1月1日，增城人民在增城中学操场载歌载舞，庆祝增城解放后的第一个新年，庆祝新生的人民政权的庄严成立。县城镇为中心会场，各圩镇设分会场，10万民众同庆新生。

县人民政府公安科开始对县内城镇人口实行登记管理。1950年4月，新一区按县城镇区划，成立县城镇人民政府。7月，县属7个区一级政权分别改为第一区、第二区、第三区、第四区、第五区、第六区、第七区人民政府。1951年，根据公安部《城市户口管理条例》要求，开展对城镇人口普查、核对工作，并发放户籍册。1952年3月，从第三区、第四区分别划出第八区和第九区，第八区人民政府设在福和，第九区人民政府设在腊圃。1953年10月，区人民政府改称区公所。经全县人口普查、登记，进一步建立与健全户口管理制度。1955年8月，将9个区公所由数字称呼改为地名称呼，即县城、新塘、中新、福和、派潭、腊圃、正果、石滩、仙村区公所。县城镇人民政府也改称县城镇人民委员会。1955年后，各区镇的户口管理改由公安派出所负责，未设公安派出所的则由区镇民政办公室负责。

二、清剿匪特，整顿治安

潜伏下来的国民党匪特、恶霸不甘心失败，纠集残余武装对人民政权疯狂反扑：杀害乡村干部，抢掠人民群众的粮食和财产，扰乱社会治安。潜伏于派潭、福和、二龙等山区的国民党广东保安"清剿"总队第三支队残部，1949年10月下旬，纠合武装匪徒300多人，夜袭上福乡人民政府，抓走民兵2人，掳走机枪1挺，步枪3支，稻谷1万多斤。流窜于增城南部东江沿岸一带的袁虾九、吴丑仔、沈卓匪特，时聚时散，拦截抢劫车船，危害百姓。

中国人民解放军四十四军一三〇师三八八团和十五兵团司令部某营于1949年10月下旬，吹响了清剿匪特的进军号。从1949年10月至1950年9月，清剿匪特的军事行动历时一年，全歼国民党广东保安"清剿"总队第三支队残部，瓦解境内武装匪帮，击毙匪特10人，俘虏385人，逮捕196人，缴获重机枪3挺，轻机枪123挺，长短枪300多支，子弹10万发。

在整顿治安中，县委、县军管会主要采取了三项措施：

一是收缴非法武器和民间私藏武器。增城解放初期，有数百名被打散的国民党军队官兵和伤残人员，身藏武器流落街头；相当一部分农村仍保留着自卫队、老更队等地方武装。1949年10月下旬，县军管会明令国民党各级军政官吏、特务人员、散兵游勇以及反动党派、社团人员持有、埋藏枪支弹药者，从速向公安机关登记缴呈；同时责令各村收缴老更队、自卫队的枪支弹药呈地方政府封存。到1951年9月，共收缴长短枪近2000支，机枪2挺，子弹10万发。

二是治理黄赌毒，荡涤"污泥浊水"。1950年，县公安机关依法查处制毒、贩毒的罪犯和聚众赌博的为首分子，取缔烟馆、赌场、妓寨，没收鸦片2000多斤，收缴吸鸦片烟工具11000多件，铲除罂粟苗3万多亩，烧毁淫秽书画一批。惩治首恶，教育一批人员，帮助其改造成为自食其力的劳动者。

三是收容、遣返散兵游勇和难民，消除社会不稳定因素。县委、县人民政府采取收容、遣返、赈济与教育相结合的方针，在县城、新塘、仙村、石滩、中新设立收容站，组织难民学习，说服教育他们返回原籍参加生产劳动。1950 年至 1951 年，全县收容和遣返难民 400 多人；无法遣返的，则组织他们在当地参加生产劳动。

三、打击金融投机，稳定市场物价

1949 年 10 月，人民币开始流通，比值是 1 元港币兑换 600 元人民币（旧币，下同）。由于境外反动势力操纵和不法商人哄抬，1950 年春，港币兑换人民币的黑市交易为 1 元港币兑换 4000 元人民币，最高为 1 元港币兑 10000 元人民币，严重冲击人民币的流通。1950 年 12 月，县人民政府根据增城县各界人民代表会议的吁请，严格执行中央金融管理规定，明令统一使用人民币，禁止外币在市场流通，并采取四项治理措施：成立增城县禁用外币委员会；公安机关依法取缔地下钱庄、民间信用机构，依法逮捕一批非法炒卖黄金、外币的金融贩子；各区镇召开商人会议，宣布禁止商会和商店自印的"角票"在市场流通；成立中国人民银行增城支行，统一存贷业务，各区镇设立外币收兑点和流动服务站，统一管理外汇、外币、金银兑换。

1949 年 11 月至 1950 年 5 月，由于投机商人囤积居奇、哄抬物价，引发通货膨胀。为保障供给，平抑物价，县委、县政府采取了三项措施：贯彻执行中央统一财经政策和现金管理措施；建立国营商贸机构，设立增城县粮食局、增城县贸易公司，掌控和调配关系国计民生的物资，运用经济手段控制通胀；积极完成税收和推销公债任务，支持国营企业收购粮食和农副产品，购进生产资料和生活用品，保障供给，平抑物价。1953 年 12 月，全县开始实行粮食"统购统销"，实行凭证购粮、油，取消粮油自由市场。

四、支援抗美援朝

1950年10月中旬，美帝国主义侵占朝鲜，将战火引向中国东北边境，中国人民志愿军赴朝作战。增城人民响应中共中央的号召，普遍深入开展抗美援朝、保家卫国运动。11月上旬，成立增城县抗美援朝保家卫国委员会，各区成立分会，乡成立小组，广泛深入开展抗美援朝宣传教育，使爱国主义、国际主义精神深入人心。增城各界人民群众通过示威游行，宣示增城人民反对侵略、保卫世界和平的坚强意志。当时增城全县只有30万人，参加大游行的便有20万人，约占全县人口70%。在保卫世界和平签名书上签名的有11万人。

从1950年12月至1951年7月，全县分三批共有2000多人报名参加中国人民志愿军。参加志愿军总人数644人，奔赴朝鲜战场118人。列树钦、吴祝成、苏树基、郑成保等15位增城优秀儿女在朝鲜战场上光荣牺牲。1952年1月，全县人民响应抗美援朝总会的号召，踊跃捐款。机关干部、工人、农民、学校师生和工商业人士踊跃捐献。截至当年5月31日，共捐人民币19.65亿元（旧币），折算可购买一架战斗机。

广大农村积极开展增产捐献运动。村干部带头垦荒扩种，多产粮食。第三区上福乡大安村村长捐出稻谷1000斤，贫下中农协会组长捐献稻谷500斤。广大乡村持久深入开展拥军优属活动。全县建立982个代耕队，帮助军烈属，代耕优抚对象1235户，代耕土地7784亩，营造参军光荣的浓烈气氛。

五、建立各界人民代表会议制度

1950年3月至1953年10月，全县共召开过五届各界人民代表会议，代行人民代表大会的职权。会议由县人民政府主持召开。

代表主要由县人民政府聘请、区乡人民政府选派和各级人民团体推选。

届次	召开时间	代表人数	会议决议/决定
第一届各界人民代表会议	1950 年 3 月 30 日至 4 月 2 日	285	会议作出生产度荒、反霸和清剿匪特的决议。
第二届各界人民代表会议	1950 年 7 月 17 日至 20 日	266	会议针对水灾造成严重损失的情况，作出关于广泛组织复堤防洪、开展生产自救的决议，并强调做好夏季征粮工作，展开清匪反霸、减租减息斗争。
第三届各界人民代表会议	1951 年 10 月 9 日至 14 日	257	会议确定动员全县各阶层人士大力支持搞好土地改革和整顿地方财政工作。会议通过民主推荐产生 5 名代表为广东省第二届人民代表大会代表。
第四届各界人民代表会议	1952 年 2 月 1 日至 3 日	225	会议作出 3 项决议：（1）欢迎转业军人参加地方建设，积极帮助他们解决各种困难。（2）开展反贪污、反浪费、反官僚主义的斗争，完成"三反"任务。（3）结合土地改革和各项运动，坚决肃清公开与暗藏的反革命分子。

（续表）

届次	召开时间	代表人数	会议决议/决定
第五届各界人民代表会议	1953 年 10 月 15 日至 17 日	283	作出关于全面地结束土地改革，转向生产，整顿和发展临时互助组，开展群众性兴修水利工作，搞好农业生产的决议。

1954 年，增城实行"普选"，6 月召开增城县第一届人民代表大会第一次全体会议。以组织形式凝心聚力，让人民当家作主，巩固新生的人民民主政权。

建立公有经济体制

一、农民协会成立

1950 年 2 月，增城县农民协会成立，为巩固新生政权和建立农村公有经济奠定组织基础。为此，县委、县农协组织大批干部到各乡、村发动群众建立农民协会。规定凡地主、富农、中农（佃耕中农除外）、小土地出租者、流氓不能参加农民协会；明确农民协会的权利和义务。这些权利和义务是：有调整村与村之间土地分配、查漏补缺的权利；有分配斗争胜利果实的权利；有处理村中婚姻矛盾和解除旧婚约的权利；有处理和解决村与村之间纠纷的权利；有决定退租退押、减租减息时间和数量的权利；有动员群众帮助军工烈属搞好生产的义务和权利；有征收没收地主富农的土地财产的权利；有管理学校发展文化事业的义务和权利；有动员发动青年参军保家卫国的义务和权利；有监督干部和向上一级反映情况的义务和权利。

新中国成立前，增城大部分土地为地主、富农所占有。据1951 年 89 个乡调查数据，89 个乡共有耕地 391803 亩，占人口10.1% 的地主、富农占总耕地的 27.1% ，地主操控的公偿田占42.6% ；占人口总数的 89.9% 的贫雇农以及其他阶层，仅占总耕地的 30.3% 。从人均耕地统计，地主为 5.28 亩，贫农为 0.29 亩，雇农为 0.15 亩。有些地区的占有比例更为悬殊。第七区大墩乡，

共有耕地 4610 亩，地主户人均占 14.9 亩；贫农户人均为 0.15
亩；雇农户人均为 0.07 亩。农民缺少或没有土地，为了生计，只
有向地主、富农租地耕种和替他们打工，不少农户是全佃农。

农民协会是个新生事物，是事关广大农民根本利益的政策性
极强的举措。起初，群众入会还是顾虑重重。经过反复地开展思
想工作，村民积极报名入会。至 1951 年，全县 9 个区 105 个乡分
别召开农民代表大会，先后建立以贫雇农为主体的村、乡、区农
民协会。各级农民协会委员均由各级农民代表大会选举产生。至
1953 年，全县各级农民协会会员共 108042 人。农民协会在基层
党组织领导下，发动农民投入清匪反霸、退租退押、镇压反革命
的运动中，在土地改革运动、互助合作运动和建立乡村政权等方
面发挥不可或缺的作用。

二、土地改革运动

1950 年 6 月 30 日，中央人民政府颁布《中华人民共和国土
地改革法》。1951 年 6 月，增城县土地改革革命委员会（简称土
改委）宣布成立。县委第一书记卢慎斋兼任土改委主任。县农
会、妇联、团委的领导参加土改委。1951 年，县人民政府为利于
土地改革运动开展，对农村行政区划进行调整，将全县 32 个大乡
划分成 105 个小乡。

1951 年 6 月，增城土改委调集 825 名干部组成土改工作队，
分赴全县 105 个乡开展第一阶段的土改运动，即清匪、反霸、减
租、退押运动（简称"八字"运动）。时值中国新民主主义青年
团增城县工作委员会成立，团委组织 4000 多名青年参加民兵组
织，投身土地改革运动。

工作队进驻农村后，坚决贯彻中央规定的"依靠贫农、雇
农，团结中农，中立富农，有步骤有分别地消灭封建剥削制度，

发展农业生产"的总路线，与贫雇农同吃、同住、同劳动（简称"三同"）。一是进行调查摸底，摸清农村各阶层对土地、生产资料和生活资料的占有情况以及对土改运动的反应。二是进行宣传发动工作，召开各种会议，向广大群众宣传土改的目的、意义、方针、政策，使之家喻户晓、深入人心。三是通过访贫问苦，扎根串联，忆苦思甜，提高广大农民的政治觉悟，组成贫雇农核心小组，建立和健全农民协会和民兵组织，发动农民同地主阶级作斗争。土地改革运动的第一阶段，历时三个月，共逮捕敌特反革命分子 197 人，收缴机枪 2 挺、长短枪近 2000 支、子弹 10 万发，获得退租退押稻谷 600 万斤，有 14 万名农民取得经济实惠。省委和省土改委领导李坚真曾于 1951 年夏、秋两次到增城调研和指导工作。第一阶段的"八字"运动，有力整顿农村基层组织，培养土改骨干，确立贫雇农核心优势，扫除农村封建势力，为土地改革运动第二阶段的开展打下坚实的基础。

土地改革运动第二阶段，即划分阶级，没收、征收地主富农多余土地，分配土地和斗争果实，是整个土地改革运动的核心。1951 年秋，县土改委选择第一区清燕乡的隔水龙、钟岗和金星村作为试点，调集 50 多名土改队员进村开展工作，县委主要领导王达宏、容克亲自蹲点，获得经验后指导全面土改工作。在第二阶段中，划分地主阶级成分的有 3313 户，占农村总户数的 5.3%；没收和征收土地 27459 亩，耕牛 4023 头，房屋 21227 间，经济果实折谷 300599 担。1952 年 10 月，土改进入复查阶段，又称第三阶段。其步骤包括宣传政策、调整分配、查田定产颁发土地证书等环节，目的是纠正偏差，改进作风，迅速把工作重心转移到生产建设上来。增城土改运动历时一年零十个月，对增城的经济社会产生积极而深远的影响。意义有三个：废除封建土地所有制，让 5.2 万户无地或少地的农户无偿获得梦寐以求的土地、耕牛、农具，妇女同男人一样分得一份，取得经济独立的地位，农民在政治、经济上得到大翻身，真正成为土地的主人；彻底摧毁农村封建统治，建立和健全农村基层组织，锻炼和培养一大批干部；激发农民学文化、时事政治的爱国爱乡热情，极大地解放了生产力。但由于"左"的思想影响，这场暴风骤雨式的土地改革运动，难以避免地留下了一些历史问题，直至中共十一届三中全会后，才得以平反，彻底解决。

三、社会主义三大改造

1953 年，中共中央向全党和全国人民公布了党在社会主义过渡时期的总路线："在一个相当长的时期内，逐步实现国家的社会主义工业化，并逐步实现国家对农业、对手工业和对资本主义工商业的社会主义改造。"

（一）对农业的社会主义改造

其进程大致为三种形式，即互动组、初级农业合作社、高级农业生产合作社（1958 年 8 月，以"一刀切"的方法，转变为人民公社）。初级社与高级社的本质差异，在于初级社还存在生产资料的私有成分，农民以土地、耕牛、农具折价入股分红，而高级社则取消了入股分红，土地、耕牛、农具均无偿转为集体公有。

（二）对手工业的社会主义改造

1949 年统计，全县有 24 个手工业行业，包括铁器、木器、竹器、服装、白铁、造船、麻绳、首饰等，共 349 户，从业人员 1233 人。1950 年县政府改组旧建筑工会，成立首个手工业合作社——增城县土木建筑生产合作社；1954 年又组建县城木屐社。至 1954 年，全县组建手工业合作社组织达 32 个。1956 年，在农业合作化高潮的推动下，各行业手工业纷纷申请加入合作组织。入社的办法是：社员每人交一个月工资（30—50 元）作为股金，原手工业户的设备、原料折价入社。全县批准组建合作社 44 个，社员 1803 人。

（三）对资本主义工商业的社会主义改造

增城地处广州东部，毗邻港澳，商业较为发达，全县计有 35 个行业，2450 家商户，从业人员 4217 人。其中地主兼工商业 178 户，资本家 75 户，小商小贩 2197 户。新中国成立后，县委对资本主义工商业采取利用、限制、改造的政策，经过土改、"三反"、"五反"运动，不法商人在损害国计民生方面受到了遏制，对资本主义工商业进行和平改造的条件成熟。和平改造的形式主要有：经销、代销、加工订货；公私合营与组建合作商店。经销、代销、加工订货，就是把私营商业改造组建成国营、供销合作社的代购、代销店；公私合营与组建合作商店，是国家对资本主义工商业实行赎买政策，将其和平改造为国营企业。对资本主义工商业进行社会主义改造而出现的全行业公私合营这种改造形式，是党进行社会主义革命的一种创造，其定股、定息、人员安排等具体赎买形式，解决了以赎买方法改造资本主义的具体问题。

社会主义三大改造的完成，使增城县的生产资料所有制结构发生了重大变革，标志着社会主义经济制度的基本确立，大大促进了增城工农业的发展。但这场生产资料所有制结构的大变革，过快、过急地"把包括多种成分的国民经济改变成单一的社会主义经济"，留下了不少值得思考的问题。

第三节 第一个五年计划

一、为农业服务的工业起步

增城根据党在过渡时期的总路线与总任务的基本精神，以及全国、全省、地委第一个五年计划的基本任务，结合本县的物质资源和经济条件等实际情况，从 1952 年开始编制第一个五年计划，到 1955 年编制完成后由惠阳地委批准执行。

1949 年，全县仅有 15 家私营小型粮食加工厂（又称米机）和二三十家铁器、木器、竹器和制衣手工作坊，工业总产值 429 万元（按 1990 年不变价）。从电力发展情况便可了解工业发展状况。1930 年，新塘通明电器有限公司安装英国产的 100 匹马力的内燃机带动 60 千瓦发电机发电，供新塘居民照明；1952 年，县城新光粮食加工厂安装一台 80 匹马力的煤气燃机拖动一台 60 千瓦的发电机发电，供米机用电和城内居民照明。1958 年后，增城的火力发电、水力发电逐步得到发展。人们都说"几根红砖条，加上几台木炭机"，就凑成增城解放初期的工业面貌。

1956 年，县委、县政府为贯彻地方工业为农业服务的方针，提出建设糖厂和生粉厂的工业项目，以适应农民生产生活之需。经粤中行署工业处批准，建设地方国营增城糖厂。糖厂计划投资 25 万元，占当年县财政收入 675 万元的 3.7%，占当年县财政支出的 310 万元的 8.1%。糖厂当年投资当年投产，日榨甘蔗 100 吨规模，进行机械压榨土制糖的半机械化生产。糖厂的建成，激发农民种植甘蔗的热情。"一五"时期，年种植甘蔗面积13000—15000亩，产量达30000吨左右，比1949年的种植面积8060亩、产量21000吨分别上升61%—86%和43%。同时，因用机械榨蔗代替畜力牵引石辘榨蔗，农村劳力畜力负担减轻。

增城生粉厂始建于1954年4月，占地面积8.27万平方米，主要产品为木薯淀粉（生粉）、各类米酒、汽水、豆奶等，是带动增城地区农村发展多种经营，尤其是发展木薯种植业的国营企业。随着社会主义三大改造的步伐加快，县内私营粮油、造船、建材、服装、食品等企业于1958年前先后转为国营，初步建立起服务于农业生产和人民生活的增城地方工业门类。

二、以农业为中心的社会主义建设

增城是个农业县，改革开放前依然以全面发展农村经济为主，以农业为中心开展建设。在"一五"期间，增城是广东省售出商品粮的重要县份之一。1953年10月15日至17日，增城县第五届各界人民代表会议作出了关于全面地结束土地改革，转向生产，整顿和发展临时互助组，开展群众性兴修水利工作，搞好农业生产的决议。

1953年，针对1949年洪水造成的破坏，以复堤堵口为主，采取以工代赈的方式，动员群众对沿江堤围进行修复和加固，之后先后完成增博大围及石滩大围的联围筑闸工程，并新筑了罗岗围、西山围、塘头围等；在灌溉方面，新建一些蓄水灌溉工程，并将部分草木陂改为浆砌石陂，解决重点旱区的灌溉问题，同时修建雅瑶山猪峎、正果白湖、西山山猪峎等山塘以及吊钟、百花林、余家庄等水库。在县水利部门的指导下，各镇都举办堤防训练班及农田水利技术训练班，培训了大批农民技术员；还请来黄河堤工，指导推广用打硪方式夯实土方、用锥探探测堤坝隐患、用疏沟导渗的办法稳定堤坝等技术措施，有效地提高堤围防洪能力。

其间，实行以粮食生产为主的农业生产方针。大力发展以养猪为重点的畜牧业，开展多种经营，全面发展农村生产。1955年1月14日，县委合作部发出《关于一九五五年农业生产计划和主要措施》（草案），指出1955年农业生产的方针是："农业以农业社为基础，促进互助合作发展，积极进行技术改革，以生产粮食为主，提高现有耕地面积产量，在大量增产粮食的前提下，充分利用旱地、荒地、荒山，大量增产和发展油料作物、工业原料。有计划地扩大甘蔗、黄麻、花生等种植面积。开展爱国储备运动，繁殖良种，利用农副业产品，全面发展养猪业。"

增城县一届二次党代会明确提出，为实现农业发展纲要，增城县要建立粮食、畜牧、水果三个基地。执行第一个五年计划期间，虽然碰到了不少自然灾害，但是农业生产还是获得较大的发展。5年时间，增加稻谷35万担，使增城成为售出商品粮的主要县份；经济作物种植面积扩大1倍。利用坡地种植水果、木薯等经济作物，发展农业加工业，使增城丝苗米、挂绿荔枝、木薯粉、新塘果蔗等产品名声远扬。人民的消费水平和生活水平都有相应的提高和改善。政府各方面工作，都是紧紧围绕农业开展的。如搞好粮食购销，调整农民合理负担；组织物资交流、商品流通；修路建桥等。1956年8月28日，县委工业部在《对当前厂矿企业开展先进生产者运动和今后工作的指示》中指出：必须贯彻为农业生产服务的方针，不能有丝毫的动摇。

发展地方工业。按照就地取材、就地生产、就地供应和为农村、为农业、为农民、为人民生活服务的方针，发展与农产品加工有关的地方工业；新建和扩建一些中小型的机械、农具工业和榨油、纺织、面粉、制糖等轻工业。先后把私营粮食加工厂转为国营企业，把分散的手工业户联合组成生产合作社或合作组，兴办地方国营粮食加工厂3家、糖厂和生粉厂各1家、水电站1座，开发当地的资源，改造落后的生产方式，为农业生产和城乡居民生活提供保障。

三、"一五"计划完成情况

第一个五年计划基本方针、任务可概括为：工业方面，从较易举办并有发展前途的行业着手，努力挖掘生产潜力，改造私营工商业、手工业；农村方面，积极发展互助合作组织，逐步提高农业生产合作社的水平；农业方面，提高单位面积产量，扩大经济作物及蔬菜果木培植规模，大力发展畜牧业，植树造林绿化城乡；文化教育方面，开展扫盲工作，解决学龄前儿童入学问题，在原有基础上稳步发展初等和中等教育，加强社会主义教育，逐步改善城乡人民文化生活。

首先，"一五"期间，增城社会主义建设方面取得了重大成就。基本实现了第一个五年计划确定的主要任务和目标。全县属于全民和集体所有制的工业产值比重分别为85.41%和14.59%；农业产值中，全民占0.27%、集体占98.38%、个体只占1.35%；社会商品零售总额的比重，国营占73.19%、集体占8.06%、公私合营占11.87%、个体私营只占6.88%。

其次，增城国民经济也取得了重大成就，农业在国民经济中占重要地位，见下表（1990年可比价折算）。在这个时期，增城的工农业生产和交通运输、邮电、商业、财政、金融等各项经济事业健康发展，其中工业、交通运输和商业发展较快。

	1952 年	1957 年	比 1952 年增长
地区生产总值	9735 万元	11800 万元	21.21%
人均地区生产总值	326 元	356 元	9.20%
国民收入	9305 万元	11161 万元	19.95%
社会总产值	15872 万元	20018 万元	26.12%
工业总产值	856 万元	2841 万元	231.89%
农业总产值	15639 万元	16435 万元	5.09%
年末存款余额	122 万元	222 万元	81.97%
贷款余额	19 万元	900 万元	4636.84%

5 年间，农业、轻工业、重工业的比例发生较大变化，工业的发展速度超过农业的发展速度。1949 年，农业产值比重占 94.17%，轻工业为 3.83%，重工业为零。到 1957 年，农业产值比重降至 71.36%，下降 22.81 个百分点；轻工业上升到 27.70%，增加 23.87 个百分点；重工业从零增加到 0.94%。工业产值平均每年增长 27.12%。

在交通运输方面，1957 年 8 月增城大桥建成通车，是新中国成立后县内新建的第一座公路大桥；国营增城汽车运输公司汽车总量由 1953 年的 12 辆增加到 1957 年的 33 辆；修筑广增、福新、增滩、增派、增正、增博等公路，全长 150 公里；县内公路运输路线总长 259 公里。

"一五"期间，文化、教育、卫生等事业都得到发展。开办高中，在校小学生、初中生大幅度增加。县卫生院更名为县人民医院，区级卫生所增至 7 间，区联合诊所增至 19 家；成立县卫生防疫站、血吸虫病防治站和慢性病防治站；培训 1000 多名农村卫生员、保健员，建立 502 个农村保健室。人口数逐年上升，至

1957 年达到 336318 人，比 1949 年增长 14.06%，人口死亡率 1957 年下降为 8.42‰。县文化馆、图书馆、影剧院和农村俱乐部陆续建立起来，1956 年创办了《增产农民报》和县广播站。县文化馆先后组织以青年、妇女和教师为骨干的基层文化组织 200 多个、工人和工商界的业余剧团 3 个。

第四节 十年建设基本成就及经验教训

一、十年建设基本成就

随着社会主义革命深入发展和大规模有计划的社会主义建设的全面开启，到 1957 年增城基本实现"一五"计划确定的主要任务和目标。随后产生急于求成的思想，导致"大跃进"运动中"大炼钢铁""追求高速度""放卫星"等脱离实际的瞎指挥和虚报浮夸现象的出现，国民经济一度出现严重困难的局面。面对困难，县委认真贯彻中央于 1961 年提出的"调整、巩固、充实、提高"的八字方针，"农业六十条"和 1962 年中共八届十中全会提出的以"农业为基础，工业为主导"的国民经济总方针，纠正了"左"倾偏差，克服了困难，扭转了不利局面，取得了可喜的成就。

（一）初步形成地方工业框架

1956 年 9 月建成增城生粉厂。1965 年全县木薯淀粉 1807 吨，白酒（折 65 度）256 吨。1956 年建起增城糖厂，1960 年扩大经营范围，设立造纸车间，后扩建为国营增城印刷厂，产品主要有制糖、造纸、印刷。1958 年相继兴办国营农业机械厂和拖拉机总站，主要产品有铁锅、农业机械、拖拉机零配件、机床等。1966 年试制成功中南地区第一台 50 公厘摇臂钻，总产值近百万元，是当时增城最具规模的国营企业。1959 年 3 月，增城首家化肥厂建成投产。1965 年全县工业总产值 4014 万元，其中全民所有制企业产值 3252 万元。工业门类主要有电机、机械、造船、化工、建材、食品、家具、矿产等。

（二）农业加快发展

1965 年全县耕地面积达 647937 亩。由于耕作技术的改革、推广良种、合理轮种、化学肥料的广泛运用，以及大力推广新式农具，再加上农田基本建设所取得的成就，是年，全县农业总产值 22199 万元，比 1960 年增长 73.6%。

（三）交通事业长足发展

新中国成立后，公路建设方面除继续修复、扩建旧有公路外，还修建一批新公路。这一时期新建的县道有增石线、新石线、腊二线、北竹线等 11 条，约 142.2 公里；乡村公路有三联线、朱横线、正水线等 19 条，约 149.6 公里。1957 年 8 月，横跨增江的增城大桥建成通车，这是新中国成立后增城县内新建的第一座公路大桥。水运方面，1957 年把新塘长航渡口建设为港口。同年，全县水运完成货运量 25.7 万吨，货运周转量每公里 1219.3 万吨，营运收入 73.4 万元。1958 年后，县内江河航道收缩，水运路线逐渐向县外的珠江、西江、北江延伸。至 1965 年，公路客运量达 61.7 万人次，货运量 41 万吨；铁路客运量 17.80 万人，货运量 4.01 万吨；水路客运量 5.2 万人，货运量 40.4 万吨。

（四）文教卫生事业深入开展

10 年间，全县文化事业发展迅速，文化队伍不断壮大，组织了县宣传队、电影放映队，成立了县文工团，建立了区（镇）文化站，文化事业蓬勃发展，文化艺术活动空前活跃，城乡文化呈现一派繁荣景象。教育事业步入正轨，发展迅速。到 1965 年，全县有中学 8 所，学生 3684 名；小学 382 所，学生 68984 名；在职教师 1920 名。卫生事业也得到了很大的发展，形成了县、镇、村三级医疗卫生网。基本消灭丝虫病、疟疾、天花等危害人民群众健康的流行疾病；甲状腺肿大、血吸虫等地方病也终止流行。

（五）大兴水利，加强农田基本建设

1956 年全县兴修水利，大搞农田基本建设，总投资为 2457.56 万元。其中广东省投资 1063.30 万元，县地方财政投资 460.82 万元，群众自筹 933.44 万元。1956—1966 年，各级政府组织民众大力筑陂开渠，搞好水库供水配套建设，在全县范围内逐渐建成较完善的引水灌溉网络。（详见以下各表）

1956—1966 年所修建的水库

水库名称	所在位置	兴建时间（年）	集水面积（平方公里）	总库容（万立方米）	坝高（米）	灌溉面积（万亩）
百花林水库	县城	1956—1958	17.4	1059	18.7	2.67
余家庄水库	永和	1957—1958	12.7	900	15	1.8
联和水库	博罗	1958—1964	110.8	8216		11.74
联安水库	西福河上游	1958—1960	42	2841	28	2.5
金坑水库	金坑水上游	1959—1964	41	1770	36.5	2.35
增塘水库	石滩	1958—1959	34.4	1390	5.7	1.02
白洞水库	福和	1964—1965	16.4	1083	17.5	2
高埔水库	派潭	1964—1966	10.2	745	16.8	0.53
石马龙水库	派潭	1964—1966	8.6	206	14	0.27
拖罗水库	派潭	1963—1964	2.6	111	14	0.31
竹坑水库	小楼	1964—1966	8	380	17.3	0.5136
木潭水库	县城	1963—1964	2.8	139	12	0.27

（续表）

水库名称	所在位置	兴建时间（年）	集水面积（平方公里）	总库容（万立方米）	坝高（米）	灌溉面积（万亩）
万田水库	沙埔	1958—1959	2.7	330	3	0.45
吊钟水库	朱村	1955—1959	7.9	484	6	0.9575
银场水库	正果	1959—1960	7.3	286	2	0.45

建成的主要水陂、渠道

水陂名称	所在位置	兴建时间（年、月）	高（米）	长（米）	引水流量（立方米/秒）	灌溉农田（亩）	开渠（公里）
永和百姓陂	雅瑶河上游	1958.3	3.5	60	0.5	5000	17
福和田美陂	福和田美村前	1964.12	3.2	20	2	5000	11
腊布石陂	二龙河中游	1964.12	3.8	50	2	3300	13
福和凤岗陂	西福河中游	1966.4	4.2	75	3.5	8000	15
西福河活动陂	西福河下游	1960.2	3.6	88	2.5	10300	东12，西8
海河高陂头	派潭河中游	1964	4		1.2	3700	13
派潭腊布陂	派潭	1963	3.5		0.35	1800	9.5
白湖上陂	派潭	1956	3		0.1	1000	4.5
朱村横塱石陂	朱村横塱	1957	3		0.8	2200	7.2

新中国成立初期建成的 40 千瓦以上的主要灌溉站

站名	工程地点	水源依托	建设时间	主要设备		灌溉面积（亩）	说明
				台数	千瓦		
石角	荔城	增江	1963	2	190	3389	已废弃
光明	荔城	增江	1963	1	55	500	
西瓜岭	荔城	增江	1963	1	75	1200	
西望岗一级	新塘	东江	1963	2	200	4500	已废弃
西望岗二级	新塘	东江	1963	2	100	4500	已废弃
南安黄婆井	新塘	东江	1963	2	95	3000	
塘美狮山	新塘	东江	1963	2	80	3613	
白江勒竹围	新塘	东江	1964	1	75	400	
南安建筑	新塘	东江	1963	2	40	700	
章陂	官塘	官湖	1963	1	55	500	
碧江	石滩	增江	1964	1	55	1100	
斜岭	郑田	增江	1963	1	55	300	
大岭一二级	顾屋	增江	1963	2	80	2000	
黄山一二级	塘头	增江	1963	2	83	500	
水库边	麻车	西福河	1963	2	135	2500	
塘面围一二级	麻车	西福河	1964	2	68	800	
欧公岭一二级	石滩	西福河	1963	2	80	2000	
基岗	仙村	东江	1964	2	56	1000	
沙头一级	仙村	东江	1964	1	28	300	
沙头二级	仙村	东江	1964	1	40	200	

（续表）

站名	工程地点	水源依托	建设时间	主要设备		灌溉面积（亩）	说明
				台数	千瓦		
蓝山	仙村	西福河	1964	1	55	1800	
浪拔九龙江	正果	增江	1963	1	40	1400	
何屋勿鱼洲一二级	正果	增江	1963	2	68	1000	
池田晒布	正果	增江	1963	1	95	700	
小楼江坳一级	小楼	增江	1963	1	55	7735	已废弃
小楼江坳二级	小楼	增江	1963	1	55	7735	已废弃
小楼江坳三级	小楼	增江	1963	1	40	7735	已废弃
大楼	小楼	增江	1964	1	40	600	
小楼白石岗	小楼	增江	1964	1	55	500	
白湖	小楼	增江	1964	1	40	500	
湾吓	派潭	增江	1964	1	40	300	
风门坳	中新	西福河	1964	1	55	1500	
沙头	三江	增江	1963	1	55	3000	
白岗长岗一级	永和	官湖	1963	2	130	798	
岗丰二级	永和	官湖	1963	1	55	300	
冯村荔枝山	宁西	雅瑶河	1963	1	55	500	

二、"大跃进"及人民公社化运动

"二五"计划的前三年（1958—1960年），增城弃置编制比较符合实际的"二五"计划。1957年10月27日《人民日报》发表题为《建设社会主义农村的伟大纲领》的社论，要求"有关农

业和农村的各方面工作在十二年内都按照必要和可能，实现一个
巨大的跃进"。这是"大跃进"的先声。1957 年冬，增城根据
《一九五六年到一九六七年全国农业发展纲要（草案）》（简称
"四十条"）和 15 年赶超英国的要求，组织农民日夜奋战，农田
水利建设掀起高潮，揭开了"大跃进"的序幕。在"大跃进"运
动迅猛发展的同时，掀起人民公社化运动高潮。

1958 年，增城县与龙门县合并，仍称增城县。全县进行机构
调整，撤区设乡，9 个区调整为 15 个大乡，分别是新塘、永和、
仙村、公平、石滩、三江、中新、朱村、福和、附城、派潭、灵
山、正果、腊布、二龙乡，继续保留县城、新塘镇。

5 月，县委宣传贯彻总路线提出"破除迷信，解放思想，苦
战 3 年，提前实现农业发展纲要四十条，为建设社会主义新增城
而奋斗"的口号，在全县掀起"大跃进"热潮。各级机关企业干
部职工和学校师生、城镇居民、农民都参加大办粮食"高产试验
田"。由于强调要采取移苗并块的高度密植和大量施肥等不切实
际的增产措施，"高产试验田"全部失败。

根据《中共中央关于在农村建立人民公社问题的决议》，增
城县委于 9 月 20 日，召开宣传人民公社千人大会。21 日，召开
县、乡、农业社干部会议，培训"大办人民公社"工作队伍。会
后，仅用 10 天时间，全县 16 个乡合并组成增江、新塘、中新、
派潭、正果、石滩、仙村、福和 8 个人民公社。10 月下旬，腊
布、二龙两个乡从派潭公社划分出来，组成大同人民公社（1963
年 2 月更名为腊圃公社），县城镇已于 8 月建立人民公社。至此，
全县共办有 10 个人民公社，农户基本入社。

这一时期，各个生产队搞集体饭堂，吃饭不要钱。八人一席，
饭任吃，菜很简单。较穷的生产队，可根据"一大二公"的原
则，到较富的生产队或大队调（借）取粮食。当时正处在晚造收

割农忙时期，因为粮食是"大公"的，生产队都等着上级来处理，有些熟透的稻谷在田里没人收割，谷子都掉到田里。中新公社竹林生产队（即中新圩）地处增城往广州、新塘至福和的交通中心，行经此地的路人均声称是本公社社员，都到饭堂吃饭。于是，饭堂由午到晚都没停过供应，吃饭者过百甚至千计。只搞了几天，便在饭堂门口挂上"因修理饭堂，暂停供应"的牌子。社员"放开肚皮"吃，不到一个月，各队、各公社的粮食纷纷告急，饭堂便自动解散了。

同期，县委又提出实行"少种、高产、多收"的方针和田园化的"三三制"。水稻种植面积大幅度减少，产量也大幅度下降，造成粮食紧缺和经济严重困难局面。增城各机关企业干部职工、学校师生、城镇居民投身大炼钢铁热潮，依靠"土高炉"，大量砍伐山林烧炭和开发热值低的煤作燃料，既浪费大量人力又严重浪费了资源。同时，地委根据龙门县有铁矿和燃料资源，组织增龙两县合作，大炼钢铁。增城于1958年10月23日组织2万名民工赴龙门县参加炼铁。由于大量砍伐森林，破坏生态平衡，造成水土流失，河床淤浅，全县航道缩短一半，影响深远。加上1958年、1959年发生特大水灾，粮食产量下降，全县工农业生产遭受严重挫折。尽管如此，广大人民群众仍然把改变落后面貌的愿望付诸行动，在工业、农田水利、电力等基本建设方面都取得一定的成绩。工业总产值由1957年的2841万元，上升到1960年的3975万元。

人民公社的特点是"一大二公"。所谓"大"，就是规模大。按照一乡一社建制，增城平均每个公社7000多户30000多人，其规模比合作社大二三十倍。所谓"公"，就是生产资料公有化程度高。根据"取消私有""全民富裕"这一指导思想，把土地、山林、耕牛、农具、农田基本设施、农业机械、种子、饲料、肥料和农药等本属合作社的生产资料，全部无偿转为公社所有。用"一刀切"的办法把原来多种所有制的生产资料，变为"清一色"的公社所有。在公社范围内实行贫富拉平、平均分配，对生产队的某些财产无代价地上调，"一平二调"给农村生产力带来灾难性的破坏。

人民公社实行政社合一的体制。它既是一个经济组织，也是一级政权机构；既要负责全社的农、林、牧、副、渔业生产，也要管理工、农、商、学、兵（民兵）等各方面的工作。为了提高公有化水平，各公社大办公共食堂、托儿所、幼儿园等公共事业，宣布"包医疗、包丧葬、包理发、包入学、包看电影"。全县各公社实行粮食供给制，建有公共食堂2079间，参加膳食人数299000人；同时大办各类福利事业，建有老人幸福院37间，免费入院老人607人，幼儿园815间，免费入园儿童19991人，托儿所1658间，免费入托幼儿22873人。结果，公共食堂免费吃饭只实行了3个月便陷入"无米之炊"的困境，其他福利事业也先后"无力为继"，致使农村思想、生产、管理、生活一片混乱。

人民公社大力推行"组织军事化、行动战斗化、生活集体化"，将所有劳动力按军队编制组成班排连营，采取大兵团作战的方式组织工农业生产，动辄夜以继日，连续作战。还强调公社生产自给，努力扩大公社内部的产品分配。农村原有的集市贸易、小商小贩以至家庭副业都被作为"资本主义的尾巴"加以取缔。这些做法违背了社会经济发展的实际，挫伤了广大农民的生产积极性。

三、抗洪救灾，重建家园

增城境内有三大河流，一条是起源于增城大小鹧鸪山的西福河，一条是流经增城的增江，另一条是东西流向的东江。增江、西福河均为东江的支流，两河汇入东江。增城地势北高南低，东江、增江、西福河沿岸低洼地区经常出现洪涝灾害。

1957年5月17日至6月4日，增城连降暴雨。从5月10日至6月4日的20多天里，持续下雨量约占年雨量的45%。尤其是西福河洪水特大，沿岸堤围全决。县委全力以赴，组织防洪抢险。6月1日，县委召开区、乡党支书会议。分析当时农村遭遇洪水的损失所带来的新的变化情况，要求到会干部要克服一切困难，想尽一切办法来弥补损失。

1959年6月，东江出现特大洪水，惠阳、博罗、东莞、增城四县灾情特别严重。6月10日至15日，增江流域出现大范围的暴雨，受东江洪水顶托，增江、西福河洪流暴涨。石滩、三江、仙村、正果、县城变成"泽国"。这是增城百年罕见的特大洪水。

石滩、三江、仙村、新塘都是重灾区，损失惨重。全县133个大队受淹，占230个大队的57.82%，早造22万亩稻田失收，10多万亩经济作物受淹。仅仙村就有70%的村庄和土地受淹，80%人口遭灾。有的村庄被洪水冲毁后仅剩三五间房屋。

广东省委非常重视增城洪灾。6月30日，广东省委第一书记陶铸、广东农业厅厅长朱荣来到石滩公社视察洪水过后生产救灾情况。省政府派出飞机一连几天空降粮食、饼干、帐篷等给受灾农民，南海舰队派了两艘炮艇运送解放军前来支援抗洪救灾。政府给每人每天供应粮食5两，直到秋收。没受灾的宁西干部群众运送大批粮食、蔬菜和柴草支援灾区民众。

8月12日，陶铸再次来到石滩公社视察洪水过后生产救灾情况。10月15日，陶铸在石滩公社召开救灾工作会议，讨论解决灾民重建家园和恢复生产问题。省政府委派省设计院到仙村规划重建，直接下达木材、水泥指标到公社。未受灾的社队派出建筑队，送木材、砖瓦、石灰支持重建。国营、集体单位的受损房屋，由各单位的上级主管部门拨款修建；居民受损房屋，由政府每户补助300—500元，按规划兴建整齐排列的砖瓦平房。

灾情虽然严重，但增城人民在党和政府的领导下，有序救灾，恢复生产，至1960年，全县完成重建家园任务。

四、兴修水利与老区村联安建水库

增城是广东省的粮食主产区之一，有"增城粮库"之称。但洪涝灾害时有发生。整治河流，修建水库势在必行。

	流域面积（平方公里）	其中：增城境内（平方公里）	其中：干流长（公里）	年平均径流量（亿立方米）	流域内人口（万人）	流域内耕地面积（万亩）
增 江	3160	920	203	35.9	25	30.4
西福河	580	540	58		17	21.6
东江北干流北岸				150.8	22	22

新中国成立后，增城县委、县政府对三大河流持续进行整治，建成金坑、白洞、联安三个大中型水库。仅1958年至1959年，就兴建各类型水库28座，库容量相当于1950年至1957年兴建49座水库库容量的4倍多。

集雨面积42平方公里的联安水库位于福和乡老区村联安村。1958年7月，一场为解决农田灌溉、防洪防涝，建设联安水库的战役在此打响。定点测量、画图、计算，民工进场的驻点在1958年12月完成。1959年1月5日成立工程指挥部。推土上坝的手推车每天出动180辆到200辆，每日土方3500立方米进坝；实施人海战术，最高峰达到 4000 人上坝；推行水浸坝的新技术，水浸坝代替人工槌土，既节省人力，又使质量加固。在工程完成 30%—40% 时，不料遇上百年一遇的特大洪水。1959 年 6 月 10 日上午，特大暴雨袭来。情况十分危急，库坝随时会有冲垮的危险。西福河东、北片的坳头、新田、新村、双塘、南池、田美、合益、三星、心岑、五联 10 个大队的支部书记，带领中壮年在 3 小时内赶赴联安水库参加防洪抢险。建设联安水库，时间长、工程大、民工多、工作紧，从 1959 年 1 月 14 日动工到 1960 年 6 月 2 日完工，比原计划 1960 年 12 月完成，提前了几个月。国家投入资金 64 万元，以工代款 114 万元。福和联安水库捍卫福和、中新、仙村、石滩 4 个区，41 个大小村庄的农田和人民生命财产，解决了 38000 人的用水。灌溉面积 52382 亩（收水费面积）。防洪面积 9 万亩，使 28 个村庄脱离洪水威胁。

五、派潭积极修建公路，改变山区落后面貌

派潭老区位于增（城）从（化）龙（门）边，山路崎岖，交通不便，制约着派潭的经济社会发展。说到道路修筑，不得不由当年的派潭领导说起。1963 年初，增城县委调派钟煜明任派潭公社党委书记。

下车伊始，钟煜明携带简单行李，骑着自行车到各大队开展调查研究，在黄沙坜调研时，钟煜明身体不适，体温达 39 摄氏度。按行程安排，下一个调查点是密石大队，到密石大队必须先回派潭圩，再走派高（滩）公路才可到密石。同行的同志便劝他先回派潭就医，再去密石。钟煜明认为：从黄沙坜去密石只有 3 公里多，如果先回派潭看病，再去密石，就多走 24 公里弯路。其实，从黄沙坜去密石虽近，但没有路可行，山上荆棘丛生，干部、群众都没有由此去过密石的。钟煜明用刀砍树割草辟路，用自行

车前轮压着草丛吃力前行。后来人们才明白，钟煜明坚持从黄沙坜去密石，就是考察黄沙坜去密石之间能否修筑公路。这样使密石到派潭圩可省一半多的路程。

经过两个多月的调查，钟煜明归纳出农民反映的焦点问题：一是山区路难行，肩挑辛苦；二是旱涝灾害严重，可谓是"半月无雨田龟裂，一日大雨水冲田"。为此，钟煜明在公社党委会议上建议首先建筑花钱少、动工快的沙土公路。让队队通公路、村村接公路，推动队、村经济发展，壮大集体经济。其次，大力兴修水利，充分利用派潭山多山大、集雨面积广的有利条件，实行"引蓄并举"、以小为主的方针，大办兼治旱洪的中小型水利工程。

1963 年夏收结束后，全员上阵筑公路、修村道。钟煜明深入筑路最艰苦的工程段黄沙坜大队指导工作。派潭至黄沙坜公路，全长 7.5 公里，这里山峦连绵、河谷流急、地势险峻、山路崎岖，特别是黄沙坜石桥至黄沙坜村口这段 2 公里的路段，全是石山。公路如果由河谷底用水泥石砌起，平均有 15 米高，不仅工程大、花钱多、时间长，而且会把河谷变成排水渠，不利于排洪。于是，钟煜明与大队干部商量修路方案，利用筑路线上一高一低的山石，把高的山石炸开，炸掉的石块填埋到低处，夯实铺平。这样修路需要凿很多硝眼（装放火药引爆的小洞口），工程宏大。为了保证顺利施工及安全，钟煜明亲自指挥，在河大塘请来凿硝眼师傅协助，终于把突兀的山石炸平。当各大队修建公路捷报传来之时，黄沙坜也铺平派黄公路。在 10 天时间里，派潭共建成沙土（石）公路 14 条，全长 67 公里；同时修好各村连接公路的村道，接着以民办公助的办法，先后完成黄沙坜简易水泥桥、河大塘低水桥、派潭水泥桥，又将派增公路的洪桥木桥改建成水泥桥。

为了打好冬春水利战，派潭集中公社、大队和生产队干部

500 多人，以修筑高陂头拦河坝西边灌水渠，作为兴修水利的突破口，掀起兴修水利工程的建设热潮。高陂头灌水渠全长 5 公里，灌溉高村、腊田布、围园等 3 个大队近 2000 亩农田。可谓是"一陂拦截千山水，两圳灌溉万亩田"。至 1964 年春耕前，共修建水利工程 745 宗，其中山塘、水库 77 宗，陂头水圳 279 宗，排洪沟 291 条，堤围 98 宗，完成土方 41.7 万立方米、石方 2.3 万立方米，全部工程共用资金 73 万元。除国家投资 9.5 万元外，其余全部由公社、大队、生产队和社员投资。1964 年冬至 1965 年春，全社集中劳力，兴建石马龙小型水库和高埔中型水库。兴修高埔水库的劳动场面十分壮观，《南方日报》头版刊登高埔水库热火朝天的施工场面。至 1965 年春耕前，高埔水库（坝高 16.8 米、蓄水总量 745 万立方米、灌溉农田 5300 亩）的土方工程和装制灌水涵洞任务完成，当年部分农田受益。与此同时，石马龙水库（坝高 14 米、蓄水总量 204 万立方米、灌溉农田 2700 亩）也相继完成。1965 年冬至 1966 年春，又建成了罗塘、汾河 2 个小型水库和一批水利配套工程。

第五节 两次经济调整与"文化大革命"时期

一、第一阶段经济调整

"二五"计划的后两年（1961—1962 年），是经济调整的第一阶段。"大跃进"时期，不仅国民经济受到损害，市场物价也遭受极大冲击，加上 1959 年出现了百年不遇的特大洪水灾害，农业生产遭受严重损失。从 1960 年春天开始，所有农副产品，特别是食品，价格大幅上涨，稻谷出现黑市交易。增城县人民委员会于 1961 年遵照中央和省的指示，从物价调整入手，对国民经济予以调整。一是确保 18 类群众生活必需品价格的稳定。18 类商品包括定量供应的粮油类、棉布（含棉花）、针棉织品、食糖（含糖、糕点）、鱼、猪肉，其余包括鞋、酱油、酱醋、大宗蔬菜、食盐、火柴、煤、煤油、各种文具、纸张、书籍刊物、主要西药（抗生素类、磺胺类、解热止痛类，维生素类、激素类）、搪瓷制品、橡胶制品、铝制品、房租、水电、交通、邮电、医疗、学杂费等。二是扩大凭票定量供应商品范围。凭票定量供应的商品有热水瓶、搪瓷制品、铝制品、铁锅、灯泡、香皂、香烟、煤油、食糖等；城镇居民（含干部、职工）另行发放猪肉、豆制品、鲜鱼等农副产品的供应证；农民购买凭票供应日用工业品，主要是按生产队交售农副产品给国家的总值，按比例发给工业品购买券，凭票购买。三是对少数商品实行高价政策。从 1961 年春起，先是对糖果、糕点实行高价政策，随后又实行市场高价调节和凭票牌价供应双轨政策。四是国营企业和供销社积极开展自营业务。国营企业和供销社对粮、油、豆类、猪肉、禽蛋等主要农副产品，在完成国家统购、派购任务后，可以略低于集市的价格收购，再投入城镇市场进行议价销售。这样既有利于生产发展，又有利于平抑市场物价。

二、贯彻"农业六十条"

增城农村政策的调整工作，早在1960年底贯彻中央《关于农村人民公社当前政策问题的紧急指示信》时就已开始。1961年，增城贯彻"调整、巩固、充实、提高"的方针，组织大批机关干部深入各公社开展整风整社，纠正"一平二调"的"共产风"，对1958年人民公社化运动初期各级部门无偿或低价调拨生产队农副产品等情况进行清理，按合理价格实施退赔。其间，增城全面贯彻中央制定的《农村人民公社工作条例（草案）》（简称"农业六十条"）、《关于改变农村人民公社基本核算单位问题的指示》，压基建保生产，加强农业第一线的指示，解决平均主义问题，确立公社、大队、生产队"三级所有，队为基础"的制度。以生产队为基本核算单位，有利于解决公社内部生产队之间和社员之间的平均主义问题。一是对大队实行粮食征购任务定死包干、增产不增购的政策；二是大队对生产队落实三包指标，全奖全罚，贯彻生产队"七权八有"；三是恢复自留地和农贸市场；四是允许私人饲养禽畜；五是鼓励社员开荒扩种，经营家庭副业生产；六是取消供给制，实行按劳分配、多劳多得。概括地说，就是实行以生产队为基本核算单位，"实行分配大包干的办法""实行全面包死上交的办法"和"实行三包全奖全罚的办法"。1961年不但早造水稻总产量比上一年同期增加将近10%，约90%的大队每人每月口粮 30 斤以上，而且晚造水稻也获得丰收。农民生活得到改善。

1962 年，县委在贯彻中央扩大工作会议（又称七千人大会）中，结合县情，实施精兵简政，加快大电网的建设，减轻农民粮食任务，增加农业资金投入，进一步调整农村政策。经过调整，当年粮食总产量恢复至 1956 年水平。花生、糖蔗总产量都达到了此前历史上最高水平的 1956 年的产量。畜牧业也恢复较快。随着生产的恢复，除完成主要农产品的统购、派购任务外，农民生活也有较大改善，集体分配给农民的口粮（不算杂粮）全年每人平均达到 480 斤左右，现金收入社员全年每人平均 91 元。实行分配大包干，使农民尝到甜头，随之，个别农村实行包产到户。其中，有水稻生产包产到户的，也有副业生产或经济作物生产包产到户的。其间，派潭高滩大队就在全队范围内实行包产到户；增江桥头大队亦有近半的生产队包产到户。

经过两年的调整，1962 年，全县工农业总产值 20697 万元，比 1957 年增长 7.37%，其中工业下降 4.86%，农业上升 9.49%，工农业生产恢复正常。

1963 年至 1965 年，是经济调整的第二阶段。在这期间，增城认真贯彻以农业为基础、以工业为主导发展国民经济的总方针，正确处理工业和农业的关系。全县农业生产逐步实行技术革新。在着重调整生产关系的基础上，狠下功夫抓好生产措施和改善耕作条件。通过抓水电、土肥这两个中心环节来全面贯彻农业生产的"八字宪法"，以便在确保面积的基础上，着重解决提高单产问题。各地首先突出完成去冬今春的水利建设工程和各种中小型水利维修、扩建、新建工程。这些工程包括增江两岸 9 座排灌站的水泵安装、架线工程，仙村、石滩合办的活动陂，增江公社的金星围、木潭水库，腊圃公社的木路陂，派潭公社的东汾陂、腊田圃陂，中新公社的金坑渠，福和公社的过水大桥等。其次加强全面规划，实行长年施工与突击施工相结合的办法，彻底完善农田的水利设施，较好地解决了三江、石滩、仙村、新塘、增江、腊布、正果、中新等地的部分旱地灌溉问题。

1964年增城进一步贯彻以粮为纲，粮、油、猪并举的农业生产方针，在保证粮食生产发展的前提下，积极发展经济作物，因地制宜，开展多种经营。1965年，全面完成农村基本核算单位从公社下放到大队，再以到生产队为基本核算单位。工业也从"大跃进"时期的"以钢为纲"，生产煤、铁为主转变为以生产红糖、生粉、白酒、纸、铁锅等生活资料为主，突出生产化肥、农机等支农产品；工业部门的工作也转移到以农业为基础的轨道上。1965年，增城实现工农业总产值31070万元，比1957年增长61.18%；地区生产总值18853万元，人均地区生产总值491元，比1957年地区生产总值增长59.77%，人均地区生产总值增长37.92%。

三、从"三五"到"四五"计划头三年

"三五""四五"两个五年计划处于"文化大革命"时期，县内经济呈现忽起忽落、起伏不定的局面。工农业总产值1967年增至33686万元，1968年又降至29967万元。1970年秋至1971年，县革命委员会组织各公社劳动力上山挖煤，产量达5106吨，但煤品位低（热值约3000大卡）、贮藏深，且不规则、断层多，经济效益差，致使1973年农业与工业比例明显失调，是年叫停煤矿生产。

经过几年的经济调整，经济形势有所好转。1975年，全县工农业总产值37968万元，比1965年增长22.20%；地区生产总值23415万元，人均地区生产总值461元，比1965年地区生产总值

增长 24.20%。这充分证明，尊重经济发展规律，因地制宜，有利于经济社会发展。

四、增江裁弯取直水利枢纽工程

"文化大革命"十年中，人民群众的社会主义建设热情，客观上减少动乱造成的严重干扰，增城在治理水患方面依然取得重大突破。

增江是增城主要河流之一，发源于新丰县七星岭，流经增城、正果、派潭、小楼、增江、荔城、石滩等地，河道长约 60 公里。流域耕地面积 30.4 万亩。由于上游植被受到破坏，泥沙淤积严重，河床越来越浅，泄水不畅，洪水水位不断升高。而增江上游是暴雨中心区之一，平均年降雨量在 2000 毫米以上，加上河床陡峻，造成下游洪涝灾害频繁，给沿江两岸的村庄和农田造成很大的威胁。

1975 年 1 月，增江河裁弯取直工程正式拉开帷幕，工程项目包括初溪枢纽工程、凸子岭劈山扩河、东门桥改建等，总的治理方针是"上蓄下泄"裁弯取直，扩大河槽，加固堤围、梯级开发，变水害为水利。新开河道 2000 米，河宽 400 米，建造两个水闸、涵洞。县委、县政府调集 12 万劳动大军，掀起"日行百里路，肩挑万斤土"的劳动竞赛。广大干部、民工一起住草棚，日夜战斗。1975 年 3 月 24 日，增江河初溪段裁弯取直工程竣工。新开河段 2.3 公里，修建新堤围 3 公里，共挖土 254 万立方米。该工程竣工以后，结束了增江河重大水患的历史。增江河初溪段裁弯取直水利枢纽，已成为增江画廊的重要组成部分。

7

第七章

改革开放和社会主义现代化建设新时期

　　中共十一届三中全会作出把党的工作中心转移到经济建设上来，实行改革开放的历史性决策，开启改革开放和社会主义现代化建设新时期。改革开放，建设中国特色社会主义，是决定增城人民命运的关键一招。增城处于珠三角地区，具有优越的地缘优势。改革开放，全面推行家庭联产承包责任制，推动增城第二、第三产业快速发展。增城由农业大县逐步向工业强县转变。在1994年被国家体改委列为全国县级综合改革试点之一后，增城市委、市政府把握这一机遇，及时制订并实施深化改革方案，有力地推动经济建设快速发展。本世纪初期，增城为加快北部地区经济发展，市委、市政府确立创建广州东部现代化生态新城区和统筹城乡发展示范区的目标，逐步实现了发展方式的转变。"十一五""十二五""十三五"规划的深入实施，促进增城经济社会协调发展，为全面建成小康社会打下坚实的基础。

农村改革率先取得突破

一、推行家庭联产承包责任制

农村家庭联产承包责任制的推行，是改革开放的突破口。大致分为以下三个阶段：

（一）第一阶段：起步阶段

1978 年初，增城共有 3297 个生产队，但生产队间的发展很不均衡，有的年年发展，集体经济比较巩固；有的处于中间状态；还有一部分生产落后，属于长期困难的"三靠队"（生产靠贷款、吃粮靠返销、生活靠救济）。1978 年春，有 300 多个生产队自发进行"包产到户"和"联产承包"。自 1979 年开始，增城贯彻执行中央关于发展农业的两个文件，采取三种不同形式责任制。一是 1520 个生产队实行包产到组（即五定一奖到组）的生产责任制，占 46%。二是腊圃、中新、正果、增江、宁西、永和和石滩等 429 个生产队实行"三包一奖"（指包工、包产、包费用和超产奖励）生产责任制，占比 13%。其特点是定工、定产、定费用到田，责任到人。有的直接包工、包产、包成本、超产奖励，有的大包干。从实践中看，这种责任制更有利于增产，适合低产穷社、穷队和一部分偏僻山区，如"三低"（低产、低收、低分配）腊布公社、中新公社中新大队。三是实行按件计酬、评工计分或"死"任务"活"时间的责任制。这种经营方式多为管理水平较高，较为富裕的大队使用，如新塘公社 5 个大队、仙村公社潮山大队。

家庭联产承包责任制，曾一度被批评为"损害国家和集体利益，助长发家致富的资本主义倾向"，凡包产到户盛行的地区，如永和公社蓂园大队、石滩公社碧江大队和增江公社西山大队等，都受到县委普及大寨县办公室编印的《运动简报》等内部刊物的点名批评。县委派工作组进驻石滩公社碧江大队、增江公社罗岗大队纠正公社包产到户的做法。

（二）第二阶段：发展阶段

1980 年 9 月，中共中央印发《关于进一步加强和完善农业生产责任制的几个问题》的通知，提出"区别不同地区、不同社队采取不同的方针。在那些边远山区和贫困落后的地区……可以包产到户，也可以包干到户，并在一个较长的时间内保持稳定"。同时指出，"在一般地区，集体经济比较稳定，生产有所发展，现行的生产责任制群众满意或经过改进可以使群众满意的，就不要搞包产到户"。县委召开全县广播大会，正式承认包产到户是一种责任制，但规定只能在贫困地区实行。

11 月 1 日至 5 日，县委召开常委扩大会议认为，就全县总的情况来看，要实行包产到户、解决群众温饱问题的仅仅是很少的一部分生产队，而绝大多数是要解决如何加强和完善生产责任制，促进农业生产更快发展，更好地巩固和发展集体经济的问题。根据增城的实际，需要采取包产到户或包干到户解决问题的贫困队是少数。衡量是否贫困或困难的标准有三条：集体分配人均在 60 元以下的；边远山区或村庄规模很小；以林为主，没有粮食上调任务的村庄。会后，县委决定从机关、公社中抽调一批有农村工作经验的干部，组成工作组，分赴各地指导工作。

1980 年下半年，山区村庄基本实行包产到户、包干到户的双包责任制。实行农村包产到户初期，由于时间短，牵动面广，经验不足，特别是由于人们对包产到户这场变革，思想准备不足，有一些地方出现了强硬扭转或撒手不管两种倾向，随之出现一系列新问题：个别地方违反土地公有制原则，乱占滥用土地建房，或者出租、买卖土地；部分地方侵占集体果树、林山，要回"土改树""祖宗山"，或者平分集体果园，有的甚至不交公余粮；等等。针对上述问题，1981 年 8 月 6 日，县委制定了《关于认真解决包产到户以后的新问题的若干规定》，要求一定要维护基本生产资料公有制，办好原有的集体经营项目，并大力兴办各种新的经营项目，保证完成国家各项征派购任务，清理好债权债务，搞好集体福利事业等。

（三）第三阶段：完善和稳定阶段

1982 年 1 月 1 日，中共中央批转《全国农村工作会议纪要》。针对几年来围绕联产承包责任制的争论，指出："目前实行的各种责任制，包括小段包工定额计酬，专业承包联产计酬，联产到劳，包产到户、到组，包干到户、到组，等等，都是社会主义集体经济的生产责任制。"这给包产到户、包干到户正了名，为争论画上句号。

2 月 1 日至 5 日，县委召开全县三级干部会议。在认真学习《全国农村工作会议纪要》和广州市农村工作会议精神后，着重讨论如何进一步稳定、完善生产责任制和坚决制止侵占耕地乱建房屋的问题。会后，县委再次抽调 1000 多名干部组成 14 个工作队，分别到 14 个公社宣传，澄清误解。到 1982 年底，全县 3346 个生产队已全部实行家庭联产承包责任制。

1983 年是增城家庭联产承包责任制逐步稳定和完善的一年。1 月 2 日，中央印发了《当前农村经济政策的若干问题》。县委、县政府继续把贯彻中央文件精神、稳定和完善家庭联产承包责任制作为农村的一项中心任务来抓。4 月 6 日，县委农村部发出《关于实行联产承包责任制的基本情况和今后稳定、完善的意见》。在完善农业生产责任制方面，县委、县政府注重抓如下几方面的工作：一是调整责任田，使责任田分配和使用趋于完善，调整责任田的生产队多达 1560 个；二是整顿财务，清理兑现承包款，建立财务制度，整顿前两年未算账和包干后账目不清的 685 个生产队；三是划清果树权属界限和给自留山发证、签订责任山承包合同。同年，县政府颁布《关于管好和发展果树的布告》（简称《布告》），组织 100 多人的工作队分赴各公社，协助大队、生产队按照《布告》的规定处理具体问题。截止到 1983 年 12 月，发证自留山 13. 19 万亩，签订合同的责任山 20. 5 万亩。

实行家庭联产承包责任制后的第三年，粮食生产迎来新中国成立以来的第二个高产年和农村社会经济发展的第二个"黄金时代"。家庭联产承包责任制，打破过去"统一生产、统一经营、统一收益分配"的管理体制，充分调动农民生产积极性，使增城农村发生深刻的变化。

随着人民公社的撤销和区、乡、村建制的恢复，从 1994 年起，增城逐步加快"三高"农业的发展步伐：一是继续完善以家庭联产承包责任制为基础的统分结合双层经营体制；二是调整优化农业产业结构，按照"减粮、增菜、扩花、优果"思路发展商品生产；三是划定农田保护区和加强农业基础设施建设。1994 年划定农田保护区 48 万亩，占耕地总面积的 96%。

1997 年以后，农村第一轮土地承包期陆续期满。其中，1997 年承包期满的耕地有 15. 83 万亩，1998 年期满的有 19. 42 万亩，1999 年期满的有 13. 04 万亩。为确保土地承包关系进一步稳定，从 1997 年开始，按照明晰所有权、稳定承包权、强化管理权的思路和"大稳定，小调整"的原则，全市开展第二轮土地延长承包

期的工作。承包以分包制为主，承包延长期一般为 30 年。至
1998 年底，全市共完成延包土地面积 24.24 万亩，占全市耕地总
面积的 51%；1999 年底，全市 302 个行政村有 286 个村完成延包
工作，延包土地面积增加到 43.67 万亩，占全市耕地总面积的
94.3%。2001 年至 2005 年，全市贯彻实施国家颁布的《中华人
民共和国农村土地承包法》和《中华人民共和国物权法》，完善
第二轮土地延长承包期工作。在此期间，全市所有农村经济合作
社法定代表人与承包户签订承包合同，同时向农户颁发"土地承
包经营权"证书，农户可以在不改变土地使用性质的前提下，按
照有偿自愿的原则，采取租赁、转包、互换、转让等方式，让承
包土地得以流转使用。至 2005 年底，全市全面完成第二轮土地延
长承包期工作。

1994 年至 2001 年，增城全境共兴办"三高"农业项目 91
个，投入资金累计 8101 万元；建立各类生产基地 86 个，其中水
果基地 60 个、蔬菜基地 4 个、养鱼基地 3 个、养猪基地 3 个、养
鸽基地 4 个、综合基地 12 个；种植业形成以优质米、蔬菜、水
果、花卉为主导的产业。至 2001 年，全市共有 8 家农业龙头企
业，其中泰稷米业公司、汉华蔬菜场等龙头企业，推行"公司 +
基地 + 农户"的经营模式，共带动 3 万农户生产优质蔬菜、稻米、
花卉，发展畜牧和水产品养殖，每年带动农户增加收入 1 亿多元。

二、农业向集约化生产转化

"撤社建区"，实行家庭联产承包责任制，大大解放了农村生
产力。1985 年，经国务院批准，增城成为珠江三角洲经济开放
县，推动农业向商品生产、现代农业转化，各地涌现出一批讲求
经济效益、从事商品生产的"重点户""专业户"以及新的经济
联合组织。仙村镇竹园村采取集体与私人相结合的模式发展商品

生产，家家筑果园，村民合股办企业。全村种植橙柑橘 140 亩、早熟荔枝 3000 多棵，农业仅水果一项就收益 72000 元；工业收入 135 万元。新塘西洲村青年徐满兴，摸索出科学养鸡经验，成为远近闻名的"万元户"。

为了让农业生产与市场经济接轨，促使农村资金聚集、生产要素合理流动及优化组合，1992 年，以推动农村股份合作制为标志的深化农村改革在全县铺开。1993 年 10 月，首个以股份合作形式创立的经济实业发展公司在新塘镇南浦村水南、夏埔自然村挂牌；1994 年 3 月，首个农村经济股份合作基金会在新塘镇群星村设立运营。到 1995 年底，增城完成经济股份合作制联社 112 个，股份合作社 1018 个，村级合作基金会 2 个，镇级合作基金会 2 个。农村经济股份合作制，在推动农村市场体系与社会服务体系完善、产业结构调整和优化、土地适度规模经营方面发挥着重大的作用。广大农村把资金、劳动、技术集中起来合股经营，创办农业企业，对有限的土地资源实施综合开发、连片开发，涌现出一批农业产业龙头企业，创造出"基地＋农户"、"公司＋基地＋农户"、"专业市场＋农户"、龙头企业和生产基地联系千家万户进入市场的生产经营模式，并在强农、惠农、科技兴农政策的扶持下，引领农业产业转型升级。

为消除农村体制机制弊端和破除城乡二元结构，中共十八大以来，农村改革全面深化，呈现出鲜明的时代特征。一是涉及领域全。中共十八届三中全会确定的 336 项改革任务中有近 50 项直接与"三农"有关。中共十九大提出实施乡村振兴战略，坚持农业农村优先发展，建立健全城乡融合发展体制机制和政策体系，加快推进农业农村现代化等农村改革任务。改革任务涉及经济、政治、文化、社会、生态文明和党的建设等领域。二是推进力度大。增城区委按照中央深改组有关会议、涉及农村改革议题、方案精神，统筹实施乡村振兴战略三年行动计划，推动公共财政资金向"三农"倾斜，深入推进农业供给侧结构性改革，为乡村振兴注入新动能。大力发展现代农业，振兴增城荔枝、迟菜心等特色农业，擦亮增城农业品牌，大力扶持朱村现代农业园区、派潭禾牧田生态园、石滩华茂丰葡萄产业园、增江创鲜农业等项目，把农业基地建成农业公园。推进农村改革由蓄势聚能向全面发力的深刻转变，推动第一产业向第二、第三产业融合和城乡融合。

三、老区群星村率先成立股份合作制

群星村是革命老区村，为增城南部新塘的一个行政村。1980年，该村拥有生产设备、固定资产816141元，包括电动排灌站9座、排灌电动机56台、拖卡车、机动运输船等。因区位优势突出，群星村1981年被广东省工艺公司征用土地，到1986年，村社两级已被征用土地200多亩，共有村社两级征地款1000多万元。

群星村立足于可持续发展，制定处理村社之间土地权属及征地款使用办法。主要内容是：已承包或未承包到户的土地，地权属村社集体所有；已承包到户的土地，如变更土地用途（包括征用、转让、自营、出租、联营等），按所得总额计90%留给经济社发展生产，10%上缴村作公共开支；已承包到户的土地，如有征用，土地款归集体所有，青苗款归承包户所有。上述办法在1992年9月修订为村民委员会文件《群星村关于征地及建设用地的上缴办法以及兴办水电的集资办法》。

在征地全过程中，群星村注重维护集体权益，注重应用征地款夯实村社两级的经济基础。从1981年至2010年，遵循"不违反国家政策、不影响城市规划、不损害开发商利益"的原则，全力支持新塘城镇化建设，把土地账目如数端上桌面，热情地响应

征地开发。与此同时，村（经济联社）社从解决"三农"问题出发，积极争取上级和开发商的支持，从两方面做好以地生财工作。其一是筑巢引凤、置业生财。1984 年至 2010 年，村社投资建设厂房、商铺、仓库、市场等物业，自建物业面积达 186381.86 平方米，占地 218.13 亩。物业 90% 以上由本村村民或外来商人租赁经营。多年来，物业出租收入成为群星村社经济的重要来源。其二是出租土地、合作开发。由开发商立项，取得用地指标后，向村社租地开发，租期 20 年至 50 年不等。基建及经营投资由开发商自理，村社将土地股金转化为地租，按合同收取地租至期满。期满后可再续约或结业。后者不动产归土地出租者（村或社）所有，动产归开发商处理。这样，不仅村社可维系地权并取得地租收入，而且开发商也能省下大笔购地开支。到 2010 年，村社出租土地面积为 478447.17 平方米，折合为 718 亩。土地租赁期满后，不动产交还村社，村社整合资源谋求新发展，使村经济联社和所属土地入股的经济社获得稳定的效益。到 2010 年，群星村村社两级物业和土地出租共收入 4622.48 万元。村社用这笔资金有效地解决"三农"问题。股份合作制既增强村社组织的向心力和凝聚力，又增强村民参与城镇化建设的积极性和自觉性。

第二节 城市经济体制改革

一、"三来一补"企业迅速发展

20 世纪 80 年代,中国沿海地区盛行称为"三来一补"(来料加工、来样加工、来件装配和补偿贸易)的合资企业经营模式,即由外商及港澳台商提供原料、技术、设备,由中国内地(大陆)企业按照外商及港澳台商要求的规格、质量和款式,进行加工、装配成产品交给外商及港澳台商,并收取加工劳务费。"三来一补"推动增城加工业的快速发展,尤以制衣业发展最为强劲。

得改革开放风气之先,1979 年 9 月,增城县二轻工业公司成立第一家"三来一补"集体企业东林制衣厂。该厂先后与香港东林实业、永信制衣和顺发制衣 3 家公司签订服装来料加工合同,由东林制衣厂负责提供厂房和劳动力,港商提供材料和技术,共同合作经营。至 1993 年,制衣厂工人达 1266 名,固定资产 7000 多万元。拥有大型现代化生产流水线,牛仔裤、牛仔衫、机恤等系列产品远销美国、日本及西欧。其中"飞狼"牌服装在国内享有盛誉。省市领导梁灵光、许士杰、匡吉、谢飞、朱森林、谢士华、于桑、王鲁光、张榜晨以及名家杜埃、秦咢生等,都曾莅临视察,对东林制衣厂所取得的成效,表示赞赏。

东林制衣厂是增城 20 世纪八九十年代加工业的代表,不仅为增城带来早期的外汇收入，也为增城更多民营企业的发展开阔视野，更为农民进城务工打开就业渠道。

新塘镇的牛仔服装产业也兴起于 1979 年。这一年港商黄林投入 10 万港币，从香港搬来 40 多台缝纫机，与新塘人民公社合作，办起"三来一补"企业新塘制衣厂。产品销往海外，拉开了新塘牛仔服装产业发展的序幕。

20 世纪 80 年代中期，新塘牛仔服装企业达千家之多。新塘大墩村凭着牛仔服装产业的带动，1992 年率先跨入亿元村行列。从 20 世纪 80 年代到 2016 年，新塘牛仔服装逐渐拥有国际先进技术水平的各类服装制衣设备 10 万多套，国内外注册品牌 1000 多个，被评为"中国最大型的牛仔服装生产""中国百佳产业集群之牛仔服装产业集群"。2018 年，新塘牛仔服装企业达 10000 多家，30 多个规模品牌，占全国 60% 以上的市场份额，日产牛仔服装 300 多万件，全国约 30% 的出口牛仔服装产自新塘。

二、多种所有制经济发展和工业规模扩大

从 1994 年开始到 21 世纪初，是增城市工业转制、变革、扩张阶段。其特点是深化改革，加大开放力度，加速建立社会主义市场经济，实现工业的提速发展。到 2001 年，增城实现工业产值 318 亿元，比 1993 年增长 5.07 倍，比 1978 年增长 327 倍。

（一）深化企业改革

1994 年，增城市被国家体改委定为首批 15 个全国县级综合改革试点之一，同时也是全省 6 个县级综合改革试点之一。市委、市政府把握机遇，制定《增城市综合改革方案》，先易后难、循序渐进地稳妥推进国有企业、集体企业的体制改革。增城的工业体制改革，从企业产权入手，广州市下达转制的国企共 35 家。1994—1998 年，新塘造船厂、市通用机械股份有限公司率先推行

产权转让，先后转制为职工内部持股的股份合作制企业。随后，市汽修厂、电机厂、鸿桥企业集团公司亦转制为股份合作制企业；市水泥厂、化工企业集团、农机企业集团、广丰公司和印刷厂，实行了租赁和承包经营；三荔企业集团实行了资产重组；韵祥制衣厂把产权转让给港商经营。到 2001 年，全市共有 33 家国有企业以改组、兼并、租赁、出售、承包经营和股份合作制的形式，实现了产权转制，转制率为 94%。转制后，这批企业重点开发和发展机械制造、造船、建材、造纸、纺织染整、服装、化工、钢材、铝合金铸件、粮油食品等产业，全年实现工业产值 32. 34 亿元，比 1993 年增长 7 倍，其中有 2 家企业实现了扭亏增盈，其余 31 家企业，亏损面从 2001 年初的 67. 5% 下降到年底的 6. 45%，经济效益明显提高。

在国有企业体制改革的推动下，二轻工业公司和乡镇集体企业也实行以产权制度为核心的企业体制改革。从 1998 年开始，二轻工业公司对其属下的 14 家直属企业采取多种形式的改制，一厂一策，因企制宜，使改制落到实处。乡镇集体企业以转换经营机制，增强可持续发展为目标，通过兼并、租赁、出售、联合、承包经营、股份合作等形式，促使全市 216 家镇办、383 家村办集体所有制企业实现转制，转制率分别为 91. 90% 和 77. 40%。

（二）引导和扶持民营企业的发展

增城撤县设市后，市委、市政府坚持把发展民营经济作为振兴农村经济的重要抓手。1994 年 3 月作出《关于加快发展乡镇企业若干问题的决定》。其间，在党的富民政策鼓励扶持下，各村以市场为主导，充分利用本地资源，用足用好乡镇企业的灵活机制和政府赋予的优惠政策，推动民营经济继续向前发展。2001 年，全市民营工业企业增加到 2146 家，比 1993 年增长 21. 12%；投资总额 8. 59 亿元，比 1993 年增长 127. 25%；实现生产总值

199.6 亿元，比 1993 年增长 3.8 倍。在政策的引导下，民营企业以调整产业、产品入手，内联外引，一批企业上规模、上档次，产品科技含量大、附加值高，保持较强的增长势头，尤其是服装、五金塑料、皮具、鞋业、食品等行业成为增城经济新的增长点。2001 年，全市年产值 500 万元以上的企业有 727 家，超亿元产值的有 1 家，规模以上工业产值 110.6 亿元，占全市乡镇企业总产值的 45.54%；21 家企业取得 ISO9002 系列认证，6 个产品荣膺广州市品牌称号；80 个项目获得国家专利。

（三）扩大开放，发展外向型经济

增城撤县设市后，市委、市政府颁布一系列外商及港澳台商投资优惠政策，充分发挥人缘地域优势，努力为客商打造优质高效投资环境，加快外向型经济发展。南部、中部各镇大力推进工业园区建设，成为招商主体，规划和开发 46 个工业园区，累计引进外资及港澳台资企业 1169 家，合同利用外资及港澳台资 29.8 亿美元，实际利用外资及港澳台资 23.05 亿美元。2001 年，外资及港澳台资企业出口总值为 2.65 亿美元，比 1993 年增长 47.22%。外资及港澳台资投资的产业结构发生了可喜的变化，除继续发展服装、塑料、玩具、食品、包装等劳动密集型产业外，五金机械、电子机电、化工建材、汽车摩托车及其零部件等高新技术产业开始进入增城。除来自港台地区的港资、台资外，还有来自美国、英国、法国、意大利、澳大利亚、日本、韩国、新加坡等 18 个国家的外资。新塘、永和、沙埔、石滩、仙村、三江等镇工业园区展示出良好的发展势头。

（四）承接广州优质工业项目转移，大力发展先进制造业

2000 年后，增城先后承接广州本田、五羊本田等大型优质骨干工业项目。项目落户后，主动为落户企业解决实际问题，促使转移落户的工业项目在较短的时间内发挥较强的竞争优势。五羊

本田摩托 100 万辆产能新厂于 2004 年 12 月奠基，2006 年 3 月投产；2004 年落户增城的广州金邦有色合金有限公司 15 万吨再生有色合金项目一期工程于 2008 年 4 月正式投产。增城紧紧抓住承接广州本田、五羊本田、广州金邦有色合金等优质企业落户增城契机，及时调整招商引资方向，建立健全招商引资项目评估筛选机制和项目准入标准，强化产业准入制度，提高招商门槛，重点引进以汽车、摩托车及其零部件企业为核心的生产力骨干项目，推进汽车、摩托车和牛仔休闲服装等三大支柱产业集群发展。

三、增城经济技术开发区

增城经济技术开发区自 1988 年设立以来，经历三个发展阶段：

（一）第一阶段：增城市（县）新塘工业加工区（1988—2005）

20 世纪 80 年代，增城为改变农业县的落后面貌，于 1988 年在工商贸易较为活跃的新塘，规划建设一个集中吸引外资及港澳台资、发展出口加工贸易产业的增城县新塘工业加工区，并于当年获得了广州市政府的批准，享受县一级行政审批权限。1988 年，创建增城第一个工业小区——茅山工业区，引进培育大批列入增城乃至广州之最的企业。这些企业包括增城第一家外商及港澳台商独资企业——广州光华工业有限公司、广州第一个外商及港澳台商开发的工业小区——太平洋工业小区、增城第一个外商及港澳台商投资商业主体广场——顶好广场、广州当时最大规模的体育服装企业——广州康威集团有限公司、增城第一家上市公司——广州宝龙特种汽车有限公司、增城当时最大民营摩托车企业——广州豪进集团有限公司。

从 1988 年到 2005 年，新塘工业加工区始终发挥龙头带动作用，先后引进和设立纺织制衣、五金塑料、化工机械、玩具、电子、食品、陶瓷等企业共 376 家，累计投资总额约 75 亿元，2004年实现工业产值 47 亿元；打造出太平洋工业区、甘湖工业村、茅山工业区、新塘牛仔纺织服装城等工业基地，一大批企业从增城走向全国；新世界花园、亚太新城、汇美新村、紫云山庄、群星花园等综合小区和太阳城、新好景、凯旋门等高端酒店，对改善投资、生活环境，推动城市化进程都发挥积极的作用。

（二）第二阶段：广东增城工业园区（2006—2009）

进入 21 世纪，增城经济社会实现跨越式发展。为抢占科学发展高地，2002 年增城调整行政区划，着重打造新塘工业加工区，主动承接广州及国际制造产业转移，做强做大增城先进制造产业，设立 22 平方公里的汽车产业基地。2004 年初，首期投资达 22 亿元、产能 24 万辆的广汽本田汽车项目落户该区，走出以广汽本田增城工厂为龙头，以产业集群模式发展汽车摩托车产业的新路径。龙头引领，产业集聚，豪进摩托、福耀玻璃、鹏映塑料等 9 家汽车、摩托车及其零部件企业争相入驻，广汽本田增城工厂不到一年时间就建成投产并在当年实现产值和效益目标，增城汽车产业快速崛起，成为广州东部重要的汽车产业基地。

2006 年，经广东省政府批准，新塘工业加工区升级为省级广东增城工业园区。确立"先进制造业立区、高新技术产业强区、现代服务业旺区"，以及园区建设"三步走"的发展思路。从 2005 年至 2009 年的 5 年间，增城工业园区共引进优质企业 53 家，形成了以广汽本田、豪进摩托为龙头的汽车及摩托车产业集群，以博创机械等为龙头的先进制造业产业集群。2009 年，园区工业产值 290.25 亿元，比 2005 年增长 102.66 倍；税收收入 28.27 亿元，比 2005 年增长 352 倍。在全省 69 个省级开发区中，从 2005年的倒数第一跃升到 2009 年的顺数第二，成为增城工业发展的主战场和经济增长极。

（三）第三阶段：增城经济技术开发区（2010—　）

2010 年是增城经济技术开发区发展历程中具有里程碑意义的一年。2010 年 3 月 21 日经国务院批准，跨入国家级经济技术开发区行列，成为广州市继广州开发区、南沙开发区之后的第三个国家级经济技术开发区，成为广州深化东进战略，开辟的经济发展主战场。2015 年 12 月，国家级侨梦苑落户增城开发区，实现双国家级高端平台优势叠加。

中共十八大以来，增城经济技术开发区紧紧围绕打造广州经济发展主引擎的目标，主动融入粤港澳大湾区建设，实施"一区多园"发展战略，坚持新发展理念，解放思想谋发展，立足实际打基础，创新载体抓落实，着力抓好招商引资、企业服务、园区建设，推动经济实现健康发展，成为带动区域经济发展的强力引擎。2019 年，在建成投产的 70 多家大型优质企业中，亿元以上产值企业 29 家；10 亿元以上企业 8 家；百亿元以上企业 2 家。在建产业项目 30 多个，形成汽车、科技、金融、大健康四大主导产业，正在打造新一代信息技术、汽车及新能源汽车、金融科技三大千亿级产业集群，展现出生态文明和工业文明协调发展，现代产业与新型城市高度融合的发展前景。

在园区环境建设方面，增城经济技术开发区突出城市功能升级和生态化建设，适度超前进行水、电、路等基础设施建设，加快居住、生活配套、基础设施建设，投资环境日益完善。近年来，增城开发区安排数十亿元开展基础设施建设，每年规划建设一批道路，连接周边高快速公路、联系珠三角的交通网络初步显现。开发区首期拆迁安置区建成并完成首次分房，安置 4 个村 493 户1700 名村民，二期拆迁安置新社区、龙丰社安置社区、员工生活配套区及高级人才公寓、员工生活配套区二期等工程已动工建设。

增城开发区小学、开发区第二小学已投入使用，南方医院增城院区（区中心医院）已建成试运营，万达、珠江投资、永旺梦乐城等一批商业综合体进驻建设。开展一批绿化美化工程，累计完成主干道路沥青铺设 42.3 万平方米、绿化提升面积 8.8 万平方米，建设绿化长廊 17 公里，生态环境不断优化。

实施"一区多园"发展战略，形成以增城开发区核心区为主体园区，开发区仙村园区、中新科技园、荔三产业工业带为特色园区的"核心区＋功能园区"发展模式，依托广州国际汽车零部件产业基地、侨梦苑、广州东部交通枢纽中心、富士康科技小镇等引智引资引技高端平台，全力抓好引智引资引技、项目建设投资、企业稳产扩产等工作，推动开发区转型升级和创新发展。2016 年 12 月，广州改革开放以来投资规模最大的先进制造业项目——超视堺第 10.5 代显示屏全生态产业园区项目正式签约落户增城开发区，项目用地 2156 亩，总投资约 610 亿元，设计产能为生产第 10.5 代显示屏 9 万片／月。该项目于 2017 年动工，2018 年 6 月主体厂房封顶。2019 年 8 月完成厂房竣工验收，同年底实现量产。预计 2021 年 9 月可达 9 万片（达产）。截至 2017 年底，增城开发区已引进落户 70 多个重大产业项目，逐步形成了以超视堺、康宁显示等为代表的新一代电子信息产业集群，广汽本田、中汽研、广州电装、日立汽车系统和日立马达系统等为代表的汽车和新能源汽车产业集群，博创智能、江西铜材、华创新材料等为代表的高端装备制造、新材料产业集群，阿里巴巴、万达、永旺梦乐城等为代表的电子商务、高端商贸服务、创新孵化服务的现代服务业产业集群。

四、商业与服务业快速兴起

1994—2001 年，各镇街不断扩大城区面积，兴建商业街和贸易市场，营造经商环境，商品贸易成交额连年上升。到 2001 年，全市有个体和私营商业户 16365 家，从业人员 2.58 万人，比 1993 年分别增长 65.42% 和 43.33%；商品营销总额为 28.72 亿元，占全市批零总额的 76.25%，比 1993 年增长 2.56 倍；商品交易市场 39 个，建筑面积 41.65 万平方米，其中专业市场有新塘钢材市场、机动车市场、石滩勤发蔬菜市场和朱村蔬菜批发市场；集市贸易成交总额 18.77 亿元（现行价）。各镇街城区均培育商业社区，其中荔城镇形成以挂绿广场、挂绿路和西城路一带为中心的商业社区；新塘镇形成以解放路、新塘大道、汇美新城为中心的商业社区，涌现一批档次较高的服装、化妆品、家电、烟酒商店，基本改变过去以街为市、业态落后状态。

2001 年，从事服务业的多种所有制企业有 5000 多家，从业人员 1.2 万人，行业门类从 20 多种增至 40 多种，发展较快的有餐饮、旅业、娱乐、汽车修理和美容美发等。其中经营餐饮住宿的企业有 1895 家，从业人员 5725 人，注册资金 1.5 亿元，年营业收入总额 9.31 亿元，比 1993 年分别增长 20%、30.6%、8.3 倍和 4.2 倍。荔城和新塘城区，增设一批茶餐厅、酒吧、小食店、快餐馆、西餐馆和北方风味馆。新塘镇以中外合作形式，建有太阳城、新好景、凯旋门等 3 家集餐饮、旅游、休闲、健身娱乐于一体的星级大酒店，荔城建有增城宾馆、百花山庄度假村等，提升了餐饮食宿业档次。

从 2012 年起，增城实施商贸市场的升级改造，引进大型商业网点，先后建起东汇城、荔城万达广场、新塘万达广场、增江广场、侨建广场、锦绣广场，进一步完善商贸服务业的布局，打造出富有时代特色的商业街区。2018 年，全区社会消费品零售总额达 370.97 亿元，年度增长位于广州第一。商业销售总额完成 2009.693 亿元，其中餐饮营业额 80.43 亿元。

五、对外贸易与引进资金技术

1993 年以前，增城传统出口商品是粮油食品类，由国营外贸企业收购出口的占全县外贸年出口额 60% 以上，其余是由"三来一补"及外商及港澳台商投资企业生产的工艺品和轻工产品。1994 年以后，一批经营五金机械、机电、电子、化工等产品出口业务的外资及港澳台资企业落户增城，逐步改变出口商品结构。1998 年服装成为大宗出口商品。

1982 年 7 月，在新塘镇设立口岸办公室。随后相继成立有关口岸查验单位，有新塘海关、新塘海关缉私分局、新塘出入境边防检查站、增城出入境检验检疫局、新塘海事处。口岸管理部门依照国家有关规定做好口岸的建设、管理、服务等工作，与驻口岸的查验单位建立健全沟通联系制度，发挥口岸整体功能，提高口岸工作效率。

1994 年 11 月，增城市对外经济贸易局（原县外经贸委）成立增城市国际商会、市外商投资企业协会、中国国际贸易促进委员会增城市支会等服务机构，在政府与外商和港澳台商之间起桥梁和纽带作用。到 2005 年，三会共有会员企业 158 家。之后，市外经贸局相继成立外商投资服务公司、对外加工装配服务公司、外经报关公司，为外商和港澳台商投资企业及"三来一补"企业提供服务。1999 年 10 月，上述公司与市外经贸局脱钩。

根据国际贸易变化和国家外经贸政策的调整，增城企业逐步开拓东南亚、日本、欧盟、美国等出口市场。同时通过寻找代理商、外出展销等形式，不断开拓远洋市场。仅 1998 年欧美出口额就比 1997 年增长了 26%，对澳大利亚出口额增长 6 倍。

1994 年起，增城市每年举办荔枝节活动，均邀请国内外客商前来进行经贸洽谈及招商项目集中签约，每次达成的投资意向有

100 多家。1994 年至 1996 年，曾先后参加广州市在美国、法国、德国、日本、韩国和中国香港举办的经济技术合作交流会。1997 年，重新制订招商优惠政策，从本级财政和规费中给予返还、补贴外资及港澳台资企业。1998 年，在新塘工业区实施无规费工业园招商。2000 年，投资 7700 万美元的盈得电脑数控机械公司在增城动工兴建，标志着大型机械制造业开始进入增城。至此，增城外资及港澳台资来源结构逐渐多元化，从以往集中来源于中国香港逐步向中国台湾地区及日本、韩国和欧美等国家扩散。2004 年新引进的项目来源于 10 个国家和地区，其中来自中国台湾地区和欧美国家的项目占 40%。外商及港澳台商投资者中的大型企业亦逐渐增多，至 2005 年，超亿元以上外商及港澳台商投资企业共有 42 家。

1997 年，位于中新镇的中新塑料有限公司（外向型的民营企业），开始引进日本东洋滤机制造株式会社的摩托车空气滤清器制造技术，生产配套五羊本田摩托车的空气滤清器。该公司还于 2001 年引进日本久美化成株式会社的汽车塑料件生产技术和日本森六株式会社的汽车仪表台部分塑料件生产技术，配套生产广州本田汽车塑料件。1998 年，广丰铝铸件公司引进世界先进的全套生产及检测设备、高精度 CNC 数控加工机床、静电涂装线以及 CAQ 质控网络系统和全套的轮毂性能检测手段，并采用国外铸造工艺技术，产品质量得到国家及国际认可。同年，市一大企业集团从意大利吉玛公司引进全套自动化生产设备，开发腈纶纺纱项目。1999 年，市经济发展总公司下属的超时印花有限公司，引进德国 MBK12 色圆网印花机、蒸化机、直辊丝光机、英国轧光机及一批配套设备，增加花色品种，提高产品档次。

"十二五"以来，增城进一步建立健全招商工作联席会议机制、招商项目评审机制和退出机制、项目准入门槛，建立招商平台，促进招商选资提速增效，依托增城经济技术开发区，形成区镇两级联动工作局面。新引进超视堺第10.5代显示屏全生态产业园区项目、电子所军工电子和装备公共技术服务平台、中汽中心华南总部基地项目、荷兰郁金香产业园、碧桂园华南设计区域总部、广州国际汽车零部件产业基地、高端智能装备产业园等一批高科技产业，为增城经济发展注入新动能。

2017 年增城区招商项目引进情况表

项目分类	项目数量（宗）	计划投资总额（亿元）	同比增长（%）
项目引进总数	94	634.5	-34
其中：先进制造业	25	238.6	-62.6
现代服务业	62	388.2	29.8
农业	8	7.7	

2017 年增城区进出口贸易方式情况表

贸易方式	进出口		进口		出口	
	金额（亿元）	同比（%）	金额（亿元）	同比（%）	金额（亿元）	同比（%）
一般贸易	199.83	5.79	163.85	3.57	35.98	17.19
加工贸易	35.79	2.46	24.51	-3.61	11.28	-6.96
外商及港澳台商投资企业作为投资进口的设备、物品	0.26	379.97	0		0.26	379.97
海关特殊监管方式	1.30	3068.87	1.30		0	-100
其他贸易	46.62	31.79	46.61	31.78	0.01	220.27
合计	283.80	9.45	236.27	7.89	47.53	17.94

2017 年增城区主要商品出口情况表

商品类别	金额（亿元）	同比（％）	出口占比（％）
纺织服装	97.7	−0.3	43
摩托车及零配件	31.7	−5.4	14
汽车零部件	18.2	6.33	8

2017 年增城区主要商品进口情况表

商品类别	金额（亿元）	同比（％）
机电产品	19	27.98
煤及褐煤	8.65	3.71
初级形状塑料	2.88	7.79
高新技术产品	3.4	27.35
汽车零配件	2.16	−1.57

注：以上 4 个表格数据来源于广州市增城区统计年报。

优化整合及城乡全面规划

一、转变发展方式

由于地缘历史因素所囿，经济社会发展无可避免地存在两大问题：一是南中北区域发展的巨大差别，二是拼资源、拼土地、到处搞工业的发展模式。增城为加快北部地区尤其是北部革命老区经济发展，确立创建广州东部现代化生态新城区和统筹城乡发展示范区的目标，逐步实现发展方式的转变。

根据南北各镇（街）差异较大的实际情况，增城注重产业结构的调整和资源优化配置，以大基地、大项目建设带动经济发展，加强规划土地征收整合，加强基础设施建设，提高境内产业发展承载力，实施开发区带动战略。在推动南部形成现代高端制造业产业集聚区的同时，依托资源禀赋推动北部逐步形成都市农业与生态旅游区。增城是著名的荔枝之乡和广东省主要产粮区之一。新中国成立前，荔枝、丝苗米、乌榄和凉粉草为增城四宝，享有盛誉。改革开放后，增城小楼黑皮冬瓜、增城迟菜心、派潭密石红柿、正果腊味、正果黄塘头菜、白水寨番薯，异军突起，逐渐形成"增城十宝"。这是弥足珍贵的发展旅游业的资源。

增城地处广州通往粤东各地的咽喉地带，中部国道 G324 线横贯其中，全境有广九铁路、广州地铁 21 号线、广深铁路、广梅汕铁路、广深高速公路、广惠高速公路、增莞深高速公路、广河高速公路，境内超一级公路四通八达，县道、村道覆盖全境，星罗棋布，纵横交错，与省道、国道、高速公路无缝衔接。更为重要的是，增城山清水秀，素称"岭海之奥区，山川之汇会"。东江、增江、西福河流域面积均超 500 平方公里；全市中型水库 4 座，小型水库、山塘 200 多座。增城是千年古县，人文资源丰富，青史名人辈出。因此，增城作出新的发展布局。

2008 年以后，增城根据境内南中北区域的资源禀赋，实施功能分区，正确处理人口、资源和环境的关系，将新塘、仙村、永宁、石滩、朱村、中新定为增城中南部产城融合发展片区；荔城、荔湖、增江定为中部都市休闲旅游区；派潭、小楼、正果定为北部生态保育发展片区，增城逐渐形成白水寨乡村观光带；鹤之洲休闲产业带；生态观光旅游休闲组团、乡村文化旅游组团、滨水度假旅游组团、商贸文体休闲旅游组团和都市休闲文化组团。各功能区产业联动、优势互补，集聚集约发展。

新的发展方式带来新的发展成果。到 2013 年，增城地区生产总值 1764.95 亿元，工农业总产值 2019.64 亿元，第一、第二、第三产业比例 5.4：60.61：33.98，农民人均纯收入 15858 元。先后建成白水寨风景区、正果湖心岛景区、二龙风景区、小楼人家景区、增江画廊、荔湖、白湖水乡、莲塘春色、鹤之洲万亩湿地公园等一批生态旅游景点和 257.91 公里绿道及 21 个绿道驿站。其中白水寨风景名胜区被评为国家 4A 级景区，增城文化公园、正果湖心岛景区、何仙姑景区、小楼人家景区被评为国家 3A 级景区。全年接待游客 1870 万人次，完成旅游收入 52.67 亿元。

二、持续修复生态与环境治理

新中国成立后，增城生态两度遭到严重破坏。一是"大跃进"时期的过度砍伐；二是改革开放初期的以牺牲环境为代价的失衡发展。20 世纪 90 年代初开始，环境污染源日益扩大，主要是漂洗印染、水泥等工业排放的废水、废气和粉尘。到 90 年代末，增城建有 130 多家大小水泥厂、150 多家小漂染厂、200 多家采石场，这些企业，在促进经济发展的同时，也使增城成为环境污染的"重灾区"。为使增城经济持续健康发展，必须修复生态和整治环境。进入 21 世纪后，增城顶住财政收入可能减少的压力，陆续关闭 100 多家小水泥厂、小型洗水漂染企业和 200 多家采石场。关闭 400 多家污染企业，不但没有减缓增城经济的发展，还提升了增城的投资环境，吸引了大量外来投资。2008 年，增城实现地区生产总值 410 亿元，工业总产值 862.7 亿元，均为 2000 年的 3 倍；财政总收入达 77.22 亿元，是 2000 年的 10 倍；县域经济竞争力从 1999 年的全国第 58 位跃升到 2007 年的第 15 位，连续 5 年稳居县域经济广东省第一。

为了增强北部山区保护青山绿水的自觉性，增城从资源配置、利益补偿、绩效考核等方面着手，探索出一系列对北部山区的保障机制。一是建立生态补偿机制，完善财政体制，实现基本公共服务均等化。从 2002 年起，增城从南部工业镇税收超收还额中提取 10% 给北部山区。2006 年增加至 1000 万元。二是建立科学的下线考核机制，实行差异化考核。北部镇只考核农业和服务业产值；中部镇考核现代服务业和城镇功能配套能力。三是建立资源配置机制，在资源、财政投向方面进行优化，推动工业组团式集聚发展，农田保护区和生态保护区向北部集中，形成都市农业和生态旅游业集群发展。"三管齐下"，使增城各功能分区形成错位发展、集聚发展、良性互动的局面。北部良好的生态环境更增强了中部城区的吸引力，服务型企业、人口、资金加速向中心城区集聚，增城城区发展面积扩大七成。

北部山区树立起"保护也是发展"的理念，建起一批生态旅游和都市农业项目，旅游承载能力不断增强。白水寨风景名胜区被评为广东省"自然生态类最美乡村旅游示范区"和"国内最佳生态旅游目的地"，仅2007年就接待游客60万人次。南部、中部地区的发展为北部农村地区的农民创造了大量的就业机会，5年来全市累计转移农村富余劳动力13.9万人，农民工资性收入由2000年的1507元增加到2006年的3959元。2007年，增城市农民人均纯收入达6624元，比2006年增加2665元，增幅高于城镇居民收入增幅。

增城因此而荣膺"全国绿色小康县""广东省文明城市""广东省卫生城市""广东省林业生态县（市）"称号。一个个荣誉见证了增城发展的坚实步伐。

中共十八大以来，增城把生态文明建设放在更加突出的位置，作为"五位一体"总体布局和"四个全面"战略布局的重要内容，认真贯彻习近平总书记提出的要"像对待生命一样对待生态环境"，把生态文明理念贯彻于经济工作之中，制定出台生态文明体制改革总体方案，实行最严格的生态环境保护制度，全面加强生态环境整治，着力解决人民群众反映强烈的突出环境问题，大气、水、土壤污染防治行动成效明显，推进生态文明建设决心之大、力度之大前所未有。

新时期的增城，改革不再拘泥于经济体制改革领域，而是涵盖经济、政治、文化、社会以及生态文明的"五位一体"的全面改革。在新的历史方位上，增城统筹推进"五位一体"总体布局，明确新时代推进中国特色社会主义事业建设的路线图：以建设现代化中等规模生态之城为发展定位，以人民为中心的发展思想和稳中求进为总基调，以供给侧结构性改革的创新发展为主线，推动经济发展质量变革、效率变革、动力变革。着力打造人才高地推动高端高质高新产业发展，推动现代化交通体系建设，融入珠三角城市群和粤港澳大湾区，全面提高社会发展质量、城市发展质量、人民美好生活质量、党的建设质量。

三、广州对增城北部山区的对口扶贫

2011年，根据广州市要求，增城把农村项目扶贫开发作为工作的重中之重，以项目扶贫的方式，对派潭、小楼、正果3个北部镇开展为期2年的扶贫开发工作。

2月11日，广东省委常委、广州市委书记张广宁率广州市四套班子领导及十区二市和相关市直部门主要负责人到3个北部山区镇调研，并召开广州市加快北部山区发展工作现场会。强调山区脱贫要"一年见成效，两年实现目标"。3月2日，广州市番禺、天河两区四套班子领导分别率队到增城派潭、正果镇开展对口扶贫工作。番禺区安排本区经济基础好的11个镇街与派潭镇的11个贫困村结对，开展帮扶。天河区则对口帮扶正果镇11个贫困村。9日，广州市扶贫开发办公室派驻干部到增城举行工作交接仪式，100名扶贫开发干部进驻增城。5月26日，广州市天河区、恒大地产集团帮扶正果镇20个扶贫开发项目启动，总投资8.5亿元。9月19日，广州市四套班子领导到增城实地检查对口帮扶北部山区工作落实情况并见证"百企助百村"扶贫开发项目签约仪式。

此次扶贫开发项目具有鲜明的特点：一是扶贫与实施名镇名村建设相结合。在凸显山区镇的民风民俗、生态旅游和都市农业特色的基础上，规划73个总投资约10.82亿元的农村扶贫开发（名镇名村）建设项目。二是扶贫与环境保护相结合。按照"大整合、大投入、大建设、大覆盖、大激励"的要求，加大资金投入，推进农林水项目建设。共投入资金6.83亿元，建设77个农业项目工程、133个水务项目工程、110个林业和园林项目工程。

三是扶贫与完善农村生活设施建设相结合。加快建设贫困村急需的道路、路灯、农村"二次改水"、生活污水处理等公共基础设施。共投入资金约9331万元，完成自然村水泥路建设205公里，推进农村"二次改水"工程54宗，投入北部三镇路灯建设资金1.4亿元，建设完成682公里15848盏路灯。

增城在项目扶贫基础上，整合各类资金，加大本级投入，出台一系列脱贫致富的长效配套政策措施，完善困难群众基本生活保障体系。在落实民政政策方面，全面提高困难群众的补助标准，其中2011年农村低保从290元提高到360元，城镇低保从370元提高到435元，五保对象供养标准从464元提高到532元，孤儿供养标准从650元提高到1000元。2011年全市发放城乡低保金5770万元，发放慰问金和临时物价补贴2780万元，发放五保供养费862.5万元、孤儿供养费244.4万元。在养老保障方面，向70周岁以上的老人发放长寿保健金2661万元。在各帮扶单位的大力帮助下，提高困难群众新农保的购买标准，有3575名困难群众办理第二档新农保。在教育医疗保障方面，全面推行12年免费教育，惠及4万多名城乡学子，免除学费7391万元；建立扶困助学资助体系，资助7675人，金额653.4万元。在住房保障方面，需完成建设各类保障性住房目标为2457套，实际完成筹建保障性住房3649套，超额完成年度建设任务。制定《增城市农村泥砖房、危破房、空置房分类改造工作方案》，推进危破房（泥砖房）集中、连片改造。全市纳入第一类农村泥砖房范围的2161户已动工2156户，已完工2117户。纳入第二、第三类的1982间农村泥砖房，已完成拆除面积33809平方米，完成总体拆除任务的62.16%。在就业保障方面，建立贫困户劳动信息库，通过召开招聘会、设立异地帮扶就业基地以及支持发展农业种养等形式，灵活解决困难群众就业。全市有1636名贫困家庭劳动力实现就业。

2011 年共投入资金 30.74 亿元用于农村扶贫开发，其中上级安排资金 17.07 亿元，本级安排 8.3 亿元，企业投入资金 5.37 亿元。全市扶贫开发工作取得显著成效，2011 年有 93 个贫困村、6087 户贫困户、13989 名贫困人口达到脱贫标准。年底，小楼镇率先实现整体脱贫，实现年度扶贫开发目标。

派潭镇在扶贫开发单位的扶持下，举全镇之力，打造名镇名村，投入 2.66 亿元，完成 33 个扶贫开发项目，完成 73 公里农村村道、7101 盏农村路灯、285 项文化体育卫生设施，改造 720 间危破房，建成淮山、花卉、石斛等特色产品种植和加工等产业扶贫项目 88 个，贫困村集体收入从不足 8 万元增加到 45.92 万元，是扶贫开发前的 5.7 倍。全镇 33 个贫困村、1119 户贫困户、2939 名贫困人口全部脱贫，年人均收入达 9058 元，是扶贫开发前的 3 倍。2012 年底，派潭镇实现 100% 脱贫。

正果镇引入扶贫资金约 3.5 亿元，其中扶贫开发资金 2.92 亿元，"双到"资金 5785 万元，扶贫开发实现"一个明显增强、三个大幅改观"的目标。扶贫开发建设项目 13 个，全镇 31 个贫困村年集体收入由 2010 年的 1.12 万元提高到 2012 年的 48.68 万元，增长 42.5 倍，实现 100% 脱贫。

第八章
奋进在城乡融合征途上的革命老区村

　　中共十八大以来，增城在新的历史方位上，贯彻党的基本理论、基本路线、基本方略，着力强化"四个意识"、坚定"四个自信"、坚决做到"两个维护"，坚持以供给侧结构性改革为主线，坚持以改革开放为动力，以粤港澳大湾区建设为"纲"，以支持深圳建设中国特色社会主义先行示范区为牵引，以推动广州实现老城市新活力和"四个出新出彩"为总目标，坚定推动高质量发展，坚决打赢三大攻坚战，全面做好"六稳"工作，统筹推进稳增长、促改革、调结构、惠民生、防风险、保稳定。立足"十三五"时期的发展基础，面向"十四五"，面临重大挑战和机遇，推动革命老区镇村"抓重点、补短板、强弱项、增优势"，全面发力在城乡融合、农旅融合、文旅融合、乡村振兴的伟大征途上，全面建成小康社会和实现"十三五"规划圆满收官。同时开创新的业绩。

第一节 十八大以来取得的伟大成就

一、综合实力跃居全国百强区第17位

随着经济社会的深刻变革和全面发展，2014年2月，国务院发函同意撤销增城县级市，设立广州市增城区，行政区划不变。"周虽旧邦，其命维新"，增城置身于波澜壮阔的改革开放大潮之中，以辉煌的成就见证沧桑巨变与春风化雨，书写了其改革开放和现代化建设的壮丽华章。

（一）经济综合实力全面提升

2019年全区实现地区生产总值1010.49亿元，按可比价格计算，比上年（下同）增长6.5%。第一、第二、第三产业增加值的比例为5.36∶39.54∶55.10。按常住人口计算，增城区人均生产总值达到80191元，折算为11414美元。地区生产总值比2012年的749.31亿元，增长35%倍。财政收入590.72亿元，比2012年的137.94亿元，增长3.28倍；工业总产值1379.58亿元，比2012年增长3.81%；农林牧渔业总产值96.1亿元，比2012年增长3.12%；固定资产投资总额1213.67亿元，比2012年的231.52亿元，增长4.24倍；社会消费品零售总额410.4亿元，比2012年的235.1亿元，增长75%；城乡居民储蓄存款余额912.21亿元，比2012年的498.55亿元，增长83%；城镇居民人均可支配收入50708元，比2012年的30766元，增长65%；农民人均可支

配收入 26372 元，比 2012 年的 14038 元，增长 88%。

（二）城乡建设硕果累累

1978 年增城城区面积仅为 2.7 平方公里，到 2019 年，增城城区分为荔城、荔湖、增江、朱村、宁西、永宁 5 个街道，面积拓展至 412.66 平方公里，增加约 152.8 倍。增城优化国土开发空间，以路网拉开发展框架。构建高标准的四通八达的交通路网，新建、扩建、改造一批道路；辖区内升级改造广园东快速路、广深高速路、广惠高速公路、广河高速公路，开通花莞高速公路、增从莞高速公路，建成地铁 13 号线、地铁 21 号线、穗深城际、广石铁路、北三环二期、广汕公路北绕线，全区高快速路及干道总里程 2248 公里。枢纽型网络交通拉开了城乡发展"骨架"，打通了发展的"血脉"，提升了增城的"颜值"。新建、扩建、改造雁塔大桥、东门桥、增城大桥、荔新公路、增滩公路、新新公路、增正公路、增派公路；营造道路景观林带，以绿色风景传递增城气质。同时，统筹城乡基础设施建设，在完善城区供水、供电、排污、信息网络的同时，让公共设施和公共服务向乡村延伸，全区所有行政村实现"七通"，即通电、通水、通电话、通水泥路、通有线电视、通客运班车和通信息网络。建立健全城乡环境管理规范化、常态化机制，生态优势日益凸显。在城区和新塘，一批地标性建筑拔地而起；一批美丽乡村展现新姿。增城旅游设施建设日益完善，白水寨风景名胜区、小楼人家景区、湖心岛景区及各镇的特色小镇等相继建成并投入使用，诉说着城乡建设的增城气质。

（三）教育事业全面进步

加大教育投入，建立较完善的现代教育体系，优先全面发展教育事业。2013 年以来财政投入 393.71 亿元，全面推进教育均衡优质发展。其中财政投入教育 318.57 亿元，引导社会资金投入

3.48 亿元。继 1993 年普及九年义务教育后，1999 年率先普及高中阶段教育后，全面实施农村基础教育"五项工程"，投入 21.43 亿元，改造、新建、扩建农村中小学生活设施，加强农村中小学信息化和"新装备"工程建设，创建一批优质学校。推进职业教育逐步实现市场化、专业化，建成集教育、培训和开发功能于一体的综合性职业教育基地，推出"订单式"培养模式，同时大力发展民办高等职业教育，吸引民间资金，建成广州松田学院、广东工业大学华立学院、广东商学院华商学院等民办高等院校。加强成人教育，结合解决"三农"问题及促进产业转型升级，建立健全区、镇、村三级成人文化科技教育培训体系。

（四）卫生事业跃上新台阶

建立覆盖城乡的基本医疗服务体系。1979 年增城医疗机构仅有 344 个，到 2019 年，全区共设有医疗卫生机构 588 个，其中医院 22 个，镇级卫生院 10 个，社区卫生服务中心 7 个，社区卫生服务站 262 个。全区设有床位 3490 张，卫生机构从业人员数为 9297 人（含乡医及卫生员），其中卫生技术人员 7780 人，拥有执业（助理）医师 2441 人、注册护士 3572 人，配置 100 万元以上设备有 248 台。区、镇、村三级医疗卫生服务网、城乡卫生基础设施不断完善，公共卫生服务体系建设成效显著；计划免疫、传染病管理和食品卫生不断加强，传染病、地方病得到有效控制，消灭血丝虫病、麻风病、碘缺乏病；健全和完善三级妇幼保健网络，母婴健康水平明显提高；全面实施新型农村合作医疗制度，减轻农民医疗费用负担；设立合作医疗保障救助基金，对贫困农民住院实行医疗救助，缓解农村群众因病致贫、因病返贫问题；深化医院管理，努力解决群众看病贵、看病难问题。

（五）城乡文化日益繁荣

增城一手抓载体建设，一手抓引导培育，逐步完善城乡文化设施建设，精心培育文化社团，推动文化事业大发展。2019 年，增城主要文化阵地有区文化馆、图书馆、博物馆、档案馆、少年宫、增城广场及方志馆和增城党史馆；全区建有文化广场 22 个；各镇街文化站建设全面达标，其中特级文化站 11 个。镇街"六个一"和村"三个一"工程全面实现。全区有艺术团队 58 个，包括增城歌舞团、增城民乐团、增城合唱团、曲艺社、荔乡诗社、摄影家协会、楹联学会、客家文化会、美术家协会、书法家协会、作家协会、民间文艺家协会、电视艺术家协会等。通过艺术展演、文艺会演、曲艺大赛、歌咏比赛、书画艺术交流等，开展形式多样、生动活泼、地方特色浓厚的群众性文化活动，提升增城文化品位，增添城市魅力。群众艺术团队每晚坚持在增城广场演出，成为增城广场的一大特色。多年来，增城文化艺术工作者，创作出一大批主题鲜明、健康向上、反映现实生活的作品，在参加各级比赛、展览、演出中频获奖项。2018 年获得省级奖项 18 个、广州市奖项 52 个。

（六）体育事业全面发展

1978 年前，增城体育场地只局限于学校内。改革开放后，先后建成增城体育馆、增城游泳馆、康威体育场、增城体育中心广场、龙舟比赛场、飞碟射击场。2019 年，全区有体育场馆 1 个，篮球场 612 个，标准游泳池 91 个，网球场 32 个，200 米以上运动场 80 个。体育设施面积 486.60 万平方米（不含 4 个高尔夫球场）。建有篮球场、乒乓球台运动场的乡村超过 217 个，建有体育广场的乡村达 13 个。体育场馆的落成，增强了增城承办大型体育比赛的能力。除先后成功举办省内、国内及国际性大型竞赛外，2010 年，广州亚运会龙舟比赛、飞碟射击比赛在增城成功举办。至 2015 年，增城连续 23 年荣膺"广东省体育突出贡献奖"称号，在田径、举重、柔道、摔跤、赛艇、皮划艇、游泳、蹼泳、击剑、篮球、乒乓球项目中，向国家培养和输送大批人才。

（七）社会保障体系日臻完善

增城社会保障事业始于 1985 年，目前，参保对象覆盖国有企业、集体企业、三资企业、私营企业、个体工商户和灵活就业人员及农村居民，形成"五险一金"齐全的社会保障体系。同时，积极实施健全城乡就业统筹机制，把农民就业纳入统一的劳动力服务管理范畴，建立农民进城就业人员的就业、失业登记和统计制度，帮助农村就业困难人员安置就业；努力消除城乡二元结构体制造成的障碍，取消农民进城务工经商的户口、子女教育等不合理限制和不合理收费；鼓励企业优先招用本地农村富余劳动力。2019 年，推行"充分就业社区（村）"创建工作，发挥社区吸纳就业困难群体再就业的作用。创建充分就业社区 56 个，创建率达 77.5%，就业率达 98%；将创建活动引向农村，创建 220 个充分就业示范村，创建率达 98.2%，转移农村劳动力就业 8451 人。根据就业需求和产业结构调整实际，积极开展就业技能培训，到 2019 年，全区累计培训农村劳动力达 47289 人，有效促进城乡劳动者平等就业。

二、双国家级高端平台助力产业转型升级

2015 年 3 月，增城经济技术开发区和增城区与暨南大学签订"广东侨梦苑合作协议"，瞄准海外华侨华人优秀人才，将其打造成为一个全球华人引资、引技、引智新高地。7 月，首届世界华侨华人工商大会在北京召开，广东侨梦苑在国家层面正式向外宣传推介。12 月，国家级侨梦苑落户。

至此，增城拥有两个国家级产业平台，分别是增城国家级经济开发区和华侨华人创新创业平台——广东侨梦苑。

2016 年 11 月 19 日至 21 日，开发区承办国务院侨务办公室的

"推进侨梦苑建设工作交流会"，国务院侨务办公室主任裘援平对DAS团队助推中国传统制造业企业转型升级智能化改造中的"外国脑、中国芯"的做法给予充分肯定，并表示增城侨梦苑的做法值得全国侨梦苑推广。同期，增城出台《关于实施引进培育高层次华侨华人和创新创业团队"侨智计划"的意见》，对高层次华侨华人创新创业，在资金支持、创业辅导、办公场地、家属就业、子女入学等方面给予扶持。制定侨梦苑项目入驻管理办法，明确项目入驻的条件、程序、考核、监督和管理等，规范侨梦苑入驻项目管理的流程。12月，广州市机构编制委员会办公室将增城开发区机构编制事项委托给增城区管理，统筹管理增城区、增城开发区机构编制及人员。增城区、增城开发区实行联合决策的管理体制。同时，建立扁平高效的工作机制，由一名常委专职分管开发区，担任开发区管委会法定代表人，负责开发区管委会具体日常工作，执行增城区委常委会、开发区党工委会议决策事项。同年，侨梦苑引进高层次华侨华人创新创业项目6个，完成侨梦苑梦工厂的升级改造和创新中心装修工程，搭建华侨华人高端技术与属地企业协同创新平台。推动加拿大Dragonfly团队与区内广州华研精密机械有限公司联合研发高端注塑机，填补国内直压注塑机领域的空白，促使华研国际市场份额增加59%；促成DAS团队与区内博创智能装备股份有限公司联合开发出新型注塑机，其生产效率比国内外同类产品提高30%；联合暨南大学，共建地方产业研究院。

作为增城第一个国家级平台的经济技术开发区，开发区大力引进先进制造业。2016年，开发区引进超视堺第10.5代显示屏全生态产业园区、中汽研、宝盛视光、阿里云创客＋基地、迪安诊断华南总部、信联总部、力达汽配、新莱福电磁、明匠智能、多轴抛光、雄兵互联、清大绿能等13个项目，总投资697亿元；

商事登记企业 12 家，总注册资本约 50 亿元。2018 年，开发区引进 60 多个具有战略性基础地位的项目，初步形成汽车及新能源汽车产业、电子信息产业、高端装备制造业产业三大产业。

2019 年 2 月，增城侨梦苑华侨华人创新产业聚集区作为积极推进建设的港澳青年创业就业基地被写入《粤港澳大湾区发展规划纲要》。为此，增城出台经济新增量抓落实工作措施，重点推动两大平台加快发展、重点企业建设，着力解决经济体量不大、发展后劲不足问题。超视堺第 10.5 代显示屏全生态产业园区项目累计完成投资 320 亿元，进入设备安装阶段；中汽研华南基地、日立汽车马达系统等项目加快建设，北汽华南生产基地全新轿车绅宝智道下线；平安（增城）科技硅谷项目落地建设。开发区 2018 年完成规模以上工业总产值 461.43 亿元，增长 19.7%；固定资产投资 295.7 亿元。在全国 219 家国家级开发区综合发展水平考核评价中跃升至 115 名，两年大幅提升 74 位。2019 年，开发区又引进优质产业项目 40 个，总投资 253 亿元，实现规上工业总产值 500 亿元。侨梦苑引进创新创业项目 5 个、高层次人才 11 名。具备双国家级高端平台叠加优势的增城，不仅当前经济发展有了良好的支撑，未来发展也有新的引擎和增长极。

三、农村综合改革持续发力

2012 年，农业农村工作紧紧围绕"加快转型升级，建设幸福增城"这一核心任务，以科学发展观为统领，以服务城市、改善生态和增加农民收入为宗旨，创新发展思路，有效促进各项工作有序开展，农民收入持续稳定增长，农村人居环境不断改善，扶贫开发、农村改革有序推进，农村经济社会保持平稳较快发展的良好势头。实现农业总产值 87.42 亿元，同比增长 5.58%，其中：种植业产值 45.21 亿元，同比增长 5.22%；畜牧业产值 21.68 亿元，同比增长 4.14%；渔业产值 5.3 亿元，同比增长 4.6%；林业产值 1.69 亿元，同比增长 4.62%；服务业产值 13.54 亿元，同比增长 9.27%。农民人均收入 14101 元，同比增长 14.06%。

2018 年，增城印发《增城区关于开展农村集体"三资"清产核资实施方案》，开展全区农村集体资产清产核资工作，探索开展农村集体产权制度改革，实行"一村一策"，确股到户，由点到面推进农村集体经营性资产股份制改革，实施农村"两确权"（农村集体土地所有权、集体土地使用权），推动"四权"（承包经营权、集体建设用地使用权、房屋所有权、集体林权）合法流转。与此同时，加强农村财务管理，全面推行村账村财"双代管"和大额用款申报制度，逐步实施社账社财"双代管"。按照"一清、二建、三查"的工作要求开展农村集体"三资"清理，各镇街全面完成村级集体的资金、资产摸底、登记和汇总工作。推进农村集体交易平台建设，成立镇（街）农村集体资产交易中心，逐步把村级和社级集体使用国家、集体资金进行的物资采购、集体产权交易、一定规模的牧业出租等，纳入农村集体资产交易平台进行挂牌招标交易，进一步规范农村集体财产、资产管理。

四、实施乡村振兴战略

2018 年 1 月 2 日，中共中央、国务院印发《中共中央国务院关于实施乡村振兴战略的意见》。2 月，中共中央办公厅、国务院办公厅印发《农村人居环境整治三年行动方案》，要求把改善农村人居环境作为社会主义新农村建设的重要内容。

增城积极贯彻实施乡村振兴战略，以整治农村人居环境为突破口，着力打造农旅、文旅融合的生态宜居美丽乡村。第一，实施人居环境全域整治，推动"美丽家园"共建共享。财政投入 6.49 亿元，100% 行政村完成"三清三拆三整治"、100% 行政村创建干净整洁村（自然村创建 81.11%）、65.49% 行政村创建美丽宜居村、9.86% 行政村创建特色精品村。第二，开展乡村综合整治，推动"美丽田园"干净整洁。整治畜禽养殖场 340 家，实现粪污综合利用率 77.1%、规模养殖场粪污处理设施装备配套率 100%。排查农业面源污染耕地 38.44 万亩，全面清理薄膜、农资固体废弃物等有色垃圾 15.4 吨。第三，推进"美丽河湖"水清岸绿工程。投资 9.1 亿元，铺设污水管道 1386 公里，建成生活污水处理站点 727 座、服务 93 万人口；实施 251 个农村生活污水治理查漏补缺，81.1% 自然村完成雨污分流建设；22 条河涌入选广州碧道建设名录；投资 1.3663 亿元建设 6.5 公里增江碧道，成为省"万里碧道"建设试点。第四，推动"美丽园区"环保有序建设。92 个村级工业园 100% 实现与村庄整治同步达到干净整洁标准。第五，打造"美丽廊道"连线成片特色小镇。第六，推动"厕所革命"提前一年完成任务。

增城乘中共中央、国务院印发《乡村振兴战略规划（2018—2022 年)》东风，以加大财政资金投入为牵引，优先配置"三农"发展要素。制定实施《乡村振兴战略五年规划》，落实区长"园长制"，优先配足政策要素。2019 年，区级"三农"总投入 30 多亿元，农林水科目支出同比增长 25.78%，普惠性涉农贷款余额增速 24.19%，高于各项贷款平均增速 23.9%。优先保障建设用地，超额完成省定任务，实现优先配置资本要素。实行规划引领，实现需单独编制规划的 207 个村全覆盖。村庄规划获优秀城乡规划设计全国三等奖。建成 2 个中国传统村落、2 个广东美丽乡村特色村，规划成果被广泛推广。把"四好农村路"建设纳入区十件民生实事，荣获"四好农村路"全国示范县。新改建农村公路 114.36 公里、桥梁 20 座，超额完成省定任务。100 人以上自然村村道硬底化率 100%。信息基础设施建设步伐加快，实现行政村 4G 网络全覆盖（中国移动 4G 网络实现自然村全覆盖）。2019 年建成 5G 基站 1130 个。实现 2992 个自然村接通光网，覆盖率 93%，农村地区百兆宽带用户占比 88%。实现优先安排农村公共服务目标。

增城以特色优质品牌项目为带动，推进乡村产业链建设。第一，开展现代农业产业园区建设。成功创建 4 个省级现代农业产业园，数量居全省首位。以财政资金撬动社会和企业投入，撬动比高达 1∶4.8，辐射带动农民 10161 户，园内农民收入高于平均水平 15%。中共广东省委常委叶贞琴率队对增城的"5G＋数字农业"项目进行调研时，充分肯定增城经验，并予以推广。第二，推进专业村镇建设。创建"一村一品、一镇一业"示范村镇国家级村 1 个、省级镇 1 个、市级村 3 个。打造国家级出口食品农产品质量安全示范区、农产品优势区、名特优新农产品、"三品"企业、国家地理标志保护产品、粤港澳大湾区"菜篮子"生产基地等，数量均列全省各区县首位。第三，通过产品加工、电商购销、技术共享、品牌共创等方式，构建紧密型发展模式。建立多种利益联结机制，培育新型农业经营主体。第四，规划农村电商、冷链物流、农产品分拣中心等物流网点，规划布局华电发电厂大型冷链物流项目，强化区、镇、村物流体系建设。设立商务发展专项资金，完善农村物流服务体系。第五，健全增城助农服务区域平台，广州市助农服务平台工作推进会在增城召开。打造 5 家粤菜师傅培训室，举办"粤菜师傅大湾区厨王大赛"，中央电视台科教频道报道增城经验。第六，探索全区域旅游新模式，开展"以农造节"，成功创建全国休闲农业和乡村旅游示范区。

第二节 乡村振兴中的老区新貌

一、创建省级生命健康小镇

由于地缘条件和历史诸多因素，派潭一直是财政收入低、基础设施滞后、人口较多的贫困地区。从 2011 年起，广州市直 14 个单位和番禺区 11 个镇（街）及增城市（区）11 个单位对派潭予以帮扶，使该镇的公共设施得以不断完善，自然资源和人文资源得以适度开发。2012 年后，随着广河、增从高速的建成通车，派潭融入珠三角城市群 1 小时生活圈，经济社会发展日新月异。2018 年，派潭全年固定资产投资 15.14 亿元，同比增长 10.35%，完成全年目标的 100.9%。全口径两税收入 1.8 亿元，同比增长 240%。全镇共接待游客约 658 万人次，同比增长 2.8%；旅游收入 19.5 亿元，同比增长 3.8%。白水仙瀑景区接待游客人数近 100 万人次。

派潭镇为广州东北部生态屏障，被誉为珠三角地区的"绿肺"。三面环山，2019 年全镇森林总面积 31.2 万亩，森林覆盖率 71.67%。起步于 2005 年的白水寨风景名胜区，经过多年的努力打造，区域不断扩大，功能日益完善。2019 年面积达 197.3 平方公里，成为省级风景名胜区。这里有丰富的温泉资源，水温 28℃—73℃，日出水量 4000 吨；有中国大陆落差最大（428.5 米）的高山瀑布——白水仙瀑；有围绕瀑布沿山修建号称"天南第一梯"的9999级登山步径；有4座海拔超千米的山峰，其中牛牯嶂为增城最高峰，海拔为1088米。白水寨风景区分为白水仙瀑景区（国家4A级景区）、大丰门景区、高滩温泉景区、派潭河景区、将军石景区、七仙湖景区、体育休闲区、密石卧佛区、车洞水车景区、牛牯嶂景区十大景区。派潭镇坚持"生态立镇、旅游兴镇、特色发展"的战略，打响荔乡仙境健康游品牌，形成以"生态浴、休闲游、浸温泉、玩漂流、赏卧佛、观瀑布、登天梯、泡氧吧"为特色的生态休闲旅游路线。投入运营的五星级酒店有碧桂园金叶子温泉度假酒店、三英温泉度假酒店、白水寨嘉华温泉度假酒店和香江健康山谷。另有巴登巴登温泉度假酒店和高滩温泉酒店、万家旅舍等旅游企业181家，农家乐72家。其中慕吉云溪、大坝和客、邓村石屋田园度假酒店等精品民宿深受游客欢迎。

2018年起，派潭镇整合资源，努力创建广州派潭省级生命健康小镇。其间引进中国（广州）白水寨创意山水文旅小镇开发、碧桂园金叶子二期和四期、金锦台花园三期、三英二期、森林海欢乐水城、万科皇马小镇、万科疗养度假酒店、合汇巴塞罗酒店等健康小镇载体企业开发项目。2019年，8个区重点建设项目累计完成投资24.5亿元。其中，碧桂园金叶子二期工程完成88%，金锦台花园三期项目完成55%；三英二期项目完成80%；森林海欢乐水城试营业；万科皇马小镇项目、万科疗养度假酒店项目、碧桂园金叶子四期项目、合汇巴塞罗酒店项目加快推进。

与此同时，该镇以白水寨创意山水文旅开发为依托，投入1亿多元建设11条交通路网，加快融合联通粤港澳大湾区城市群的枢纽型交通体系。2019年，完成温泉路（二期）工程、景区东出入口道路（二期）、白水寨路网改造及东林路连接线工程、背阴村至温南公路工程、七境村至背阴村、樟洞坑村至白江湖公园等工程，美化高滩健康小镇绿道、石马龙水库周边环湖绿道、汉湖村绿道共 12.6 公里。该镇整治和建设双管齐下，完成腊田埔灌渠黑臭河涌整治工程，投入 6600 万元建设派潭污水处理厂配套管网工程，投入 6100 万元建设圩镇范围截污工程、黄沙氹村竹迳冚社河堤修复等 29 宗农田水利工程和香车冚等 4 宗水库加固工程。开展派潭河"一河两岸"环境整治美化工程，严格落实河长制，巡查发现问题 87 处，办结率 100%。启动圩镇人居环境整治提升工程，新建或改造公厕 10 个，全年清运垃圾 1.42 万吨。查处违法建设 278 宗、面积超 16 万平方米。拆除派潭河沿河污染源农家乐 12 宗，面积约 1.5 万平方米。

该镇围绕"一核、一镇、两带、三园、多星"总体布局，实行挂图作战，整合 1000 亩以上的连片土地共 7 宗。全镇 36 个行政村土地确权颁证 14528 户、面积 5.67 万亩，基本完成农村土地承包经营权确权登记颁证工作。稳步推进禾牧田农业旅游综合体、四季田园生态旅游综合体项目和上九陂村、高滩村、樟洞坑村、邓村村四个广州市文化旅游特色村及水口冚广州市级美丽乡村建设，成效显著。

二、中新镇"一村一品"

2012 年以来，中新镇先后将 20 多个村（居）纳入美丽乡村建设，包括五联村、三星村、新围村、心岭村、坳头村、联安村、南池村、官塘村 8 个革命老区村。其中，新围村是广州市级美丽乡村试点村。

各革命老区村抓住机遇，焕发出新的生机。一是完善乡村基础设施。完善心岭村、三星村、五联村、官塘村等多个革命老区的基础设施，并对其人居环境进行规划和建设：加装心岭村村道路灯；修建官塘村文化小广场；建设三星村公园、篮球场和健身广场；修建五联村文化大礼堂。二是改善乡村交通条件，拉近老区村与经济文化中心城镇的距离，推动老区村庄经济社会发展。三是实施"一村一策、一村一品"发展农村经济。升级改造联安村约 2376 平方米的机耕路；建立三星村百合花和丝苗米及禽畜养殖基地，带动村民致富；五联村加大土地确权工作和土地流转工作力度，为绿天然水培蔬菜基地新流转 200 亩连片种植用地，助推绿天然水培蔬菜基地的建设和发展，使农业生产焕发生机。

位于五联村的广州绿天然生态农业有限公司是中新镇农业龙头企业，从事大棚无土栽培蔬果的规模化种植和销售。2018 年公司获得 IDG 国际资本战略投资，在全国多个省份布局建立蔬菜生产基地。公司规划在该村投资规模 2 亿元，分期建设 2000 亩钢结构蔬果生产大棚，无土种植栽培蔬果。第一期 114 亩蔬果生产大棚于 2015 年 9 月建成投产，首批蔬菜产品于同年 11 月投放市场，供不应求。2020 年底，该公司计划将中新基地扩建至 400 亩，在此基础上，向周边村社扩展，逐步实现 2000 亩大棚无土栽培蔬果的建设目标。

此外，广州市德权渔业发展有限公司也落户在五联村，打造出德权渔业良种繁育基地、深陂桥特种水产养殖基地、阳江阳春河口石仔岭成鱼养殖基地。基地总占地面积 1730 亩。其中，广州市增城区两个基地占地面积达 380 亩，投资规模达 2000 余万元。2018 年 5 月该公司取得农业部健康养殖示范场，中国科学院淡水渔业研究中心广东省科研实践、推广基地，广州市级良种繁育基地等诸多荣誉。

南池村农业产业以水果种植为主，主要种植杨桃、番石榴。该村土壤疏松肥沃，为河滩冲积质地，适合种植杨桃。南池杨桃具有甜、脆、嫩、无渣的特点，受众多消费者喜爱。目前全村 180 户种植杨桃，总面积达 1000 亩。2018 年全村杨桃产量约 5000

吨，产值约 1200 万元。2019 年全村杨桃产量约 5500 吨，产值约 1320 万元。此外，该村有 80 余户种植番石榴，总面积有 200 亩。2018 年全村番石榴产量约 800 吨，产值约 160 万元。2019 年全村番石榴产量约 850 吨，产值约 170 万元。

广州市健桥芦荟农业有限公司落户官塘村。该公司辟有芦荟种植场和兰花种植场。其中种植芦荟 250 多亩，每年产值约 225 万元；兰花种植规模 100 多亩。官塘村地处丘陵地带，斜岭众多，树木环抱，是种植兰花的好地方。目前，兰花种植场种植春兰、蕙兰、蝴蝶兰等多个品种，植株 50 万棵，年销售额 500 多万元。

位于新围村的广州市康平农业有限公司于 2015 年设立，注册资金 100 万元，土地规模约 120 亩，以经营水果、苗木、花卉、养殖为主。2015 年，该公司以家庭形式种植水果、苗木，经多年开发投入，规模越来越大。水果种植品种计有鹰嘴桃、葡萄、巴西樱桃、砂糖橘等。打造出春天赏花（粉红色的鹰嘴桃桃花）、夏季吃果（鹰嘴桃）、秋季采摘（葡萄和巴西樱桃）、冬季吃橘（砂糖橘）的家庭采摘观光农业经营模式，带动养殖业和其他农副产品的销售。2017 年，该村产业结构升级，推行"公司＋农户"种植生产模式。2018 年水果总产量达 30 吨，年产值 230 多万元，带动新围村村民致富。

位于山美村的广州市全兴汉华农业发展有限公司总占地面积为 1116.8 亩（其中黄埔区新龙镇洋田村占地面积 983.3 亩，增城区中新镇山美村占地面积 133.5 亩），公司从事有机蔬菜生产、加工和销售，是供港企业、广州市农业龙头企业之一，有机蔬菜核心种植基地面积 1100 亩，以"公司＋农户"的模式，实行有机蔬菜标准化生产。产品投放中国香港、东南亚地区，以及广州、深圳、南宁等地超市。

三、花圃小镇大埔围村

大埔围村位于增城东部，建村于清康熙年间。村民姓叶，客家民系，尊叶大经为入粤初祖，望出南阳。该村坐落于罗浮山脉之西缘，连绵起伏的山峦环绕增江和东江，形成层峦叠嶂、沟壑交错、树高林密、多洞多岽、山清水秀的地貌特征。抗日战争时期，广东人民抗日游击总队独立第二大队、独立第三大队在此建立抗日根据地，演绎出一个个雄浑悲壮、令人荡气回肠的历史故事。2012年，随着增江街"一点两线"（"一点"即中心点为东湖公园，"两线"即增江河东岸、广汕公路沿线）战略的实施，该村被确定为美丽乡村建设试点村。该村有效利用全村闲置土地，形成百亩花海与村庄绿化、美化相映生辉；实施文化融入生态的"微改造"战略，万家旅舍、农家书屋、文创"互联网＋"彰显着村民创建美丽乡村的获得感，成为东莞、广州、深圳市民的观光目的地。

引发乡村"蝶变"的外力是"微改造"。作为美丽乡村建设试点村，大埔围村的定位是：坚持因地制宜的"微改造"，不搞大拆大建，打造出"小而美"的精致新乡村。首先做好农家文章。该村不仅原有的民舍破旧，即使是新建的民舍，在建筑结构、建筑形态上也千差百异，显得乱杂无序。启动美丽乡村建设后，对一些质量较好的民居延续其原有的建筑形态、空间和院落布局，有针对性地设计与现有风格协调的整饰方案，供相关村民参考；拆除破旧房屋，保留原生态的果树、林木，腾出空间设置绿地、公园、广场，以绿色生态景观把各种偏黄色调的民居串联起来。同时奖励与引导双管齐下。对房屋的外立面装饰，出台两套奖励方案供村民选择：选用瓷砖整饰外立面者，按80元/平方米予以奖励；选用喷涂装饰者，按30元/平方米予以奖励；如在50天内完成外立面装饰，每户一次性奖励800元。在美化庭院方面，则通过开展"最美庭院"评比活动加以引导，发动村民绿化美化自家庭院，推动"一户一景"的形成。其次引入专业公司，打造村前花海公园。2015年底，大埔围村鲜艳美丽的花海在网络传播，以格桑花、红玫瑰为主打的大埔围花海试营业。格桑花又称格桑梅朵，在藏语中"格桑"是美好时光或幸福的含义，广布青藏高原的格桑花，盛开于南国大地大埔围，让其一夜之间成为"网红"村，一时间，珠三角游客络绎不绝。在这以后，逢五一、十一、春节假期，花海公园"以花为媒，以花育人"，营造出"美丽魔方，四季花海"的标志性景观。同步运营的还有"亲密农耕园""百花园""观光温棚"，重在承接家庭、学校、教育培训机构组织的春游、秋游、夏令营、冬令营活动，从多个方面增强持续发展动能。

环境优美、主题突出的花圃小镇生机勃勃，成为大埔围村调整经济结构的内生动力。一是吸引广州市微旅游景区管理有限公司落户，为探索以"资金、人才、技术、产业"相互融合、互联互通的创新发展提供实体支持。二是逐步形成"政府＋公司＋农户"，集休闲度假、养生保健、农事体验、文化旅游于一体的乡村旅游产业链，开发农家小食、荔枝、龙眼、黄皮、蔬菜、植物盆栽等一批旅游产品。三是产学研结合。近年来，先后与广东工业大学华立学院华立之声广播电台、广州华立科技职业学院青年志愿者协会、广东省华立技师学院艺术团、广州大学松田学院艺术系、职业学院等签署战略合作框架协议，吸引文创企业进驻该村。2019年该村的文创企业有广州微旅、π艺术空间、幸福花圃、点指色彩工作室、心艺教育、长记文化工作室、华艺园客家风味馆等10多家，6个创新团队长期驻村，上百名创客活跃于大埔围村。2016年，π艺术空间工作室团队创业仅一年就获得近百万元的优厚回报。2018 年，该团队业务发展到澳门官也街。四是优美的环境吸引一批原来外出务工经商的村民回乡创办"万家旅舍"和农家餐馆。五是在增江街道办事处、增城区团委的支持下，联合广东工业大学华立学院打造 5 万平方米的增城区创业孵化基地——大学生创新创业产业园。一个以乡村旅游为龙头，以生产和销售花卉、蔬果、中草药盆栽为依托，向文创、"互联网＋"、生物科技领域发展的现代服务业正在大埔围村形成，并展示出气象万千的发展前景。

四、正果镇打造生态旅游综合体

正果镇位于增城东北部。东北与惠州龙门县交界，西接小楼、派潭镇，南邻增江、荔城等镇街，东南倚博罗县罗浮山麓，广（州）河（源）、从（化）（东）莞深（圳）高速贯穿全镇，交通便捷。全镇总面积 239.41 平方公里，辖 1 个社区和 31 个行政村（其中畲族村是广州市唯一的少数民族聚居地），394 个合作社，常住总人口 21040 户，65533 人。其中革命老区村庄 50 多个。2018 年，全镇共建成 11 个美丽乡村，推进 2 个特色小镇和 4 个美丽乡村建设。

正果镇旅游资源丰富，有广州市唯一的少数民族聚居地——畲族村。畲族村建有畲族民俗馆，至今仍保留畲族流传已久的传统服饰、拜祖公图、语言以及文化。有宾公佛传说、黄塘头菜的制作技艺、畲族拜祖公图、兰溪濑粉等非遗项目。拥有湖心岛、榄园竹海、九峰山森林公园等风景优美的旅游景区。作为革命老区村庄众多的镇域，该镇蕴含着丰富的红色旅游资源。近年来，该镇在以乡村美食节、正果荔枝节、湖心岛桑果节、倚丰缘综合营地活动为核心，打造属于正果文化休闲旅游特色品牌的基础上，挖掘红色资源，打造爱国主义实践体验基地，推动乡村旅游综合体建设。

2018 年，该镇对标对表出台实施乡村振兴政策文件体系，制定土地流转作战图，拟定首批流转计划 2579 亩，意向流转土地 1434 亩，全镇流转土地 284.93 亩。农村土地承包经营权确权登记颁证基本完成。

连年举办正果美食节、荔枝节是该镇推动旅游综合体建设的特点之一。近年来，继广州粤菜师傅培训室落户正果后，美食家庄臣带领专家团队进驻，打造出《百味广州》拍摄基地。2018 年成功举办广州市乡村美食汇，吸引中央电视台大型品牌美食栏目《味道》驻镇专题拍摄，乡村美食实现华丽转身，登上大雅之堂。

农旅、文旅建设成效显著。该镇坚持突出地方特色，注重人居环境改善，规范正果老街改造标准，力求留住"最正果"的记忆和乡愁该镇。该镇系统谋划综合功能户外登山缓跑径和古驿道开发利用，串联一批最能反映正果历史文化底蕴与文化特色、最能展现正果传统风貌的古风遗迹。一是依托环境优势，对村中的簕竹坑河内外环境进行综合整治，疏通水道，完善配套设施。二是结合增城开展绿道规划建设，大力发展生态旅游业。三是开发利用域内的红色旅游资源，以增龙博中心县委旧址为依托，突出"小乡村大历史"的人文特点；同时，着力把正果洋村、水围村、亮星村、大冚村、合水店村、乌头石村的红色资源融为一体，把白面石村打造成"不忘初心、牢记使命"的爱国主义教育基地，推动乡村风情和美丽乡村建设的有机融合，形成初具规模的乡村旅游和红色旅游体验格局。几年来，增城区的机关、学校、企业及人民团体，组织干部、职工、学生前往白面石村举行爱国主义教育和革命传统体验活动。

五、为产城融合谋篇布局的永宁街道

2018 年，永宁街道规模以上工业产值 117.13 亿元；固定资产投资完成 136.21 亿元，其中房地产完成开发投资 127.46 亿元；实现限上社会消费品零售总额 7.18 亿元；实现限上批零业商品销售总额 39.20 亿元；规上服务业营业收入实现 7.62 亿元，其中规上其他营利性服务业营业收入实现 2.50 亿元；两税入库（全口径）38.76 亿元（提爱思、电装、华德汽车弹簧三家公司，2017 年税收约 6.24 亿元，于 2018 年调整至增城开发区）。

在广州经济技术开发区和增城经济技术开发区的辐射下，该街道加快产城融合、城乡融合建设步伐，着力推进南香谷、新世界、保利、碧桂园云颂阁等 4 个区重点项目建设，2019 年完成投资 41.17 亿元，完成年度投资 107.16%。同时推进的还有广明高新技术企业孵化基地、索菲亚 4.0 和中新汽车零部件智能化工业 4.0 项目。上述项目均于 2019 年落地。此外，该街道出实招强化土地供应，保障开发区建设的用地需求。全面落实中汽研华南总部项目、创誉路建设工程、沙宁公路截污网工程、创优路工程、中科瑞龙项目的用地要求；完成 6 个行政村整村搬迁，拆迁房屋 461 户、面积 40.52 万平方米。完成超视堺第 10.5 代显示屏全生态产业园区用地拆迁房屋 354 户、面积 37.93 万平方米；完成永宁大道建设工程拆迁房屋 9 户、面积 11500 平方米。

与此同时，自 2018 年起，永宁街道加快努力构建现代交通网络的步伐。一是大力推进包括穗莞深城际轨道在内的轨道交通、广惠高速西延线、花莞高速公路、东北货车外绕线等交通项目建设，构建广州东部交通枢纽中心。二是进一步完善境内交通道路，先后对新新公路塔岗段、五羊本田西门段、广惠南辅道、新惠路（南段）、宁西工业园（南区）路网工程（一期）、永和城区次干道整治工程、汽车城大道、新科路进行绿化、美化升级改造。为产城融合、城乡融合布局谋篇。

2019 年，永宁街道修编完善《中心城区片区控制性详细规划》，围绕产城融合、城乡融合的要求，整合山、水、园林、观光生态产业，赋予永宁地区建设宜业宜居宜游生态新城区的新定位、新使命，稳步推进拆迁村落的安置房建设，稳步推进革命老区简村、石迳等村庄的旧村改造工程，进一步完善湖东、公安、陂头、翟洞、九如、长岗、叶岭、塔岗等村美丽乡村的升级改造，加强对路边、冯村等一批传统古村落和南香山历史遗存的保护和修缮。永宁街道依托广州经济技术开发区和增城经济技术开发区的产业辐射，谱写出推动城乡融合、产城融合的历史新篇。

结束语

继往开来，再创辉煌

一、百年不懈奋斗的启示

积水成海，积土成山。自 1926 年以来，中共增城组织团结带领增城人民经过近百年的不懈奋斗，结束了增城近代以后内忧外患、积贫积弱的悲惨命运，开启了增城走向中华民族伟大复兴的历史征程，增城经济社会发展日新月异，换了人间。增城经过上百年的不懈奋斗，实现了三次历史性转变，即从半殖民地半封建社会到民族独立、人民当家作主新社会的历史性转变，从新民主主义革命到社会主义革命和建设的历史性转变，从高度集中的计划经济体制到充满活力的社会主义市场经济体制、从封闭半封闭到全方位开放的历史性转变。这三大历史性转变充分彰显了中共增城组织在各个历史时期的奋斗主题和奋斗任务，构成了中共增城组织近百年的不懈奋斗历史，集中反映了党团结带领增城人民不懈奋斗的巨大成就。

如果说，中国共产党带领中国各族人民的百年不懈奋斗史是波澜壮阔、奔腾不息的大江河，那么，中共增城地方组织团结带领增城人民近百年的不懈奋斗史就是汇入大江河的一条支流。增城近百年的不懈奋斗历史昭示我们：人民是历史的主人，是历史的真正创造者，是中国共产党最深厚的力量源泉和胜利之本。党来自于人民、植根于人民、服务于人民。人民是江山，江山是人民。必须始终坚持同人民在一起，坚持尊重社会发展规律与尊重人民历史主体地位一致性、为崇高理想奋斗与为最广大人民谋利益一致性、完成党的各项工作与实现人民利益一致性，坚持立党为公、执政为民，坚持以人为本，坚持权为民所用、情为民所系、利为民所谋，不断谱写实现人民追求美好幸福生活新篇章。这既是广大人民的利益，也是中国共产党的初心和使命。

增城近百年的不懈奋斗史昭示我们：没有中国共产党作为中

国特色社会主义事业的坚强领导核心，就没有改革开放，就没有增城今天的繁荣昌盛，就不可能实现人民对美好生活的不断追求。因此，必须不断加强和改进党的建设。紧紧围绕党的中心任务，以加强党的执政能力建设、先进性和纯洁性建设为主线，以改革创新精神全面推进党的思想建设、组织建设、作风建设、反腐倡廉建设、制度建设，不断解决好提高党的领导水平和执政水平、提高拒腐防变和抵御风险能力这两大历史课题，全面提高党的建设科学化水平，党就能够始终成为团结带领人民沿着中国特色社会主义道路阔步前进的坚强领导核心。

二、贯彻新发展理念，构建新发展格局

2021 年，是增城向着第二个百年奋斗目标迈进的开局之年，是实施"十四五"规划、开启全面建设社会主义现代化国家新征程的第一年。增城将坚持"新发展阶段、新发展理念、新发展格局"的要求，推动各项工作围绕全省打造新发展格局战略支点贡献智慧和力量，确保"十四五"开好局。

（一）以国家级增城开发区引领经济高质量发展

坚持以国家级增城开发区为引领，带动现代化经济体系建设，推进全面深化改革，促进科技进步，推动经济高质量发展，打造广州东部新动力和增长极。一是推动开发区核心区扩容提质；二是推进"一区多园"发展；三是完善开发区公共配套建设。努力构建现代化经济体系，推进产业基础高级化、产业链现代化，促进产业转型升级。重在培育壮大现代产业集群，聚焦"芯""屏"产业发展，构建新型显示全产业链，打造新一代信息技术产业集群、汽车及新能源汽车产业集群、健康服务业产业集群，培育金融科技、高端智能装备、定制家具等产业集群，积极发展 5G 技术、人工智能、大数据、云计算、区块链等数字经济。同时依托

广州东部交通枢纽，大力发展现代服务业。坚持创新在现代化建设全局中的核心地位，搭建创新载体平台，完善科技创新体系，激发创新创业活力，加快建设科技强区。

（二）以国家城乡融合发展试验区建设引领提升城乡品质

坚持以国家城乡融合发展试验区建设为引领，加快完善城市综合功能，推动乡村振兴，提升城乡发展品质。一是深化城乡产业融合，深化城乡要素融合，推动国家城乡融合发展试验区建设取得新突破；二是构建现代化交通体系，优化城乡空间布局，深化生态文明建设，推进城市更新，推动综合城市功能出新出彩；三是加快发展乡村产业，深入开展"五大美丽"行动，推动"厕所革命""四好农村路"建设、垃圾污水治理，补齐农村基础设施和公共服务短板，连线连片建设生态宜居美丽乡村，促进农民富裕富足，全面实现农村从小康向现代化转变。

（三）以保障和改善民生引领提高人民生活品质

坚持以人民为中心的发展思想，促进人的全面发展和社会全面进步，建设更高水平的幸福增城、健康增城、平安增城、法治增城。一是持续增进民生福祉，建设高质量教育体系、医养结合体系、多层次社会保障体系，不断增强人民群众的获得感、幸福感、安全感；二是坚定践行社会主义核心价值观，提升公共文化服务水平，推进市域社会治理现代化，推动文化旅游产业深度融合发展，推动城市文化综合实力出新出彩。

新时代需要新担当，新征程呼唤新作为。当前增城坚持以习近平新时代中国特色社会主义思想为指导，全面贯彻党的十九大和十九届二中、三中、四中、五中全会以及中央经济工作会议精神，立足新发展阶段，贯彻新发展理念，构建新发展格局，实施"十四五"规划，以新担当新作为努力开创增城工作新局面，奋进在全面建设社会主义现代化国家新的伟大征程上，增城正以新的气质屹立于广州东部。

附　录

附录一 **大事记**

1926 年

1926 年初　由李沛群主持，在沙堤乡沙贝村的伍氏祠堂（原著存小学旧址）召开支部大会，成立中共新塘支部，伍来成任支部书记，这是增城建立的第一个中共地方组织。

1928 年

2 月　在阮峙垣的主持下，召开新塘地区党员会议，成立了中共增城县委员会，伍来成任书记，与此同时，成立了下属的新塘市（镇）委员会。

9 月　由于严重的白色恐怖，增城县（主要是新塘地区）的党组织基本处于解体，中共增城地方组织的活动转入低潮。

1938 年

2 月　阮海天在仙村建立中共仙村支部，阮海天任支部书记，这是抗战时期党在增城地区重建的第一个地方党支部。

10 月　王新民、廖明在正果竹林村成立了中共竹林支部，何添荣任支部书记。

10 月 20 日　第四路军看护干部训练班第一中队学员 80 余人，在撤退增城途中，协助当地守军卜汉池旅在朱村阻击追击的日军，护干班 50 多人牺牲。

10 月 28 日　阮海天、单容沛、杨步尧等率领第三区常备队、雅瑶常备队及仙村、雅瑶自卫大队与群众数百人在仙村竹园涌截击日军，毙伤日军 20 人，缴获军用物资一批。

10 月　王新民组织增城青年战地服务团，并担任团长。

10 月　抗先支部改称雅瑶支部。11 月，仙村支部和雅瑶支部合并，由阮文任书记。

1939 年

4 月　东江特委决定把阮海天及其所属部队 70 余人调往东莞编入中共领导的东江人民抗日武装王作尧大队。

4 月　在博罗县委李健行主持下，成立中共增城特别支部，书记郭大同，隶属东江特委领导，5 月中旬后划归博罗县委领导。

4 月　东江华侨回乡服务团增城分团成立，王新民任分团长。

5 月初　"东团"增城队在正果科甲堂成立，队长何添荣。

11 月　经东江特委批准，成立中共增城县临时工作委员会，书记郭大同。

1940 年

1 月　中共增城县临时工作委员会改组为中共增城县委员会，书记仍为郭大同。

3 月　中共增龙博中心县委成立，统一领导增城、龙门、博罗三个县的党组织，郭大同任书记。

1941 年

4 月　广东人民抗日游击总队增（城）从（化）番（禺）独立大队成立，卢伟良任大队长兼政委。

1942 年

3 月 3 日　增龙博中心县委书记钟靖寰和组织部部长李志坚从派潭出发去沦陷区指导工作，路经二龙圩，为国民党六十三军张永卿"杀敌队"逮捕。

5 月　增从番独立大队撤去东莞，编入曾生、王作尧部队。

5 月　中共前东特委对增龙博地区党的领导机构作出了重大决定：撤销中心县委，增城县分设敌后（沦陷区）县委和后方（国统区）县委。敌后县委书记郭大同，后方县委书记陈李中。

1943 年

10 月　原在增博边地区活动的徐荣光中队扩编为广东人民抗日游击总队独立第二大队（简称"独二大"），阮海天任大队长，卢克敏任政委，杨步尧任政训室主任。

1944 年

2 月　"独二大"从东莞、博罗边界回师增城，夜袭石滩圩，全歼伪警察部队和伪联防队，俘日伪警察所长以下官兵 50 多人。

夏　"独二大"向广州郊区龙眼洞挺进，歼灭伪军 1 个连，缴获武器弹药一批，当时延安新华社曾作了报道，表扬增城地区的游击队。

12 月 8 日　在江北活动的 3 个大队组成的东纵第四支队在永和地区乌榄园宣告成立，蔡国梁任支队长兼政委。

1945 年

1 月　中共增城县委（辖国统区）成立，书记袁鉴文，委员陈李中，驻增龙边界。

1 月　永和区抗日民主政府在永和圩正式宣布成立，区长为方觉魂，副区长石熊。

2 月　增城沦陷区党组织恢复县委机构，杨德元任书记，莫福生任县委委员。

4 月　东纵第四支队粉碎了日军、伪绥靖军和国民党地方武装蒋统"杀敌队"共 2000 多人对永和抗日根据地的多次进攻，取得了永和保卫战的胜利。

5 月　在原辖国统区的中共增城县委的基础上，组成中共增龙县委，领导增城县国统区和龙门县的党组织，书记为袁鉴文，委员陈李中。

同年　新塘地区地下党领导群众开展了一场声势浩大的反征粮斗争，有力打击了日伪县政府的统治。

1946 年

6 月　中共增龙地方组织改特派员制，钟育民任中共增龙地区特派员，隶属中共江北特派员谢鹤筹领导。

7 月 15 日　第四支队部分北撤人员 100 多人在宝安县沙鱼涌乘舰北撤安全到达山东烟台。

1947 年

3 月　国民党广东省政府调集一个营的兵力会同增龙两县县警大队等 1000 余人，对派潭、永汉两地进行"扫荡"。

3 月　增龙地区改设中共增城县特派员，钟育民任县特派员，驻派潭，归中共江北工委领导。

1948 年

2 月　敌驻派潭的国民党军独二团九九旅一个营纠合国民党

保安团的部队和地主武装共 2000 多人，大肆向中共增北游击区发动进攻。

3 月 增龙地区成立增龙县委，部队编为第二团，钟育民任县委书记兼二团政委，徐文任二团团长。县委机关驻派潭小迳村。

春 增北派潭和正果等村庄开展收缴地主武装，分地主粮食、浮财和分田废债的群众运动。

4 月 国民党军队对派潭、正果游击区的小迳、车洞、白面石、乱石坑等村庄进行了空前残酷的"清剿"。

6 月至 7 月间 国民党正规军及周天禄下属的反共自卫队、派潭的反共联防队共 1000 余人，再度"扫荡"派潭小迳村。

7 月 宋子文的第一期"分区扫荡""重点进攻"计划结束，转而实施"肃清平原，围困山区"的第二期"清剿"计划，继续向中共武装和游击区发动进攻。

9 月 中共增龙县委和二团领导进行调整，由陈李中任书记兼二团政委，李绍宗任团长。

1949 年

2 月 原在增龙地区活动的江北支队第二团改称为东三支第二团，团长李绍宗，政委陈李中（兼）。

6 月 1 日 东三支第五团成立，徐文任团长兼政委，王国祥为副团长，邱继英为政治处主任。

6 月 19 日至 20 日 东三支五团等围攻驻正果的国民党谭生营部，俘保安总队副队长江锡全、营长谭生及政训员以下官兵 160 多人。

8 月 21 日 中共增城县委、东三支第六团宣布成立，陈李中为增城县委书记兼六团政委。

8 月 在派潭成立增城县人民政府，陈李中任县长，管辖增从边办事处、福和办事处、正果乡人民政府及解放区各乡政权机构。

10 月 13 日　解放军一三一师抵达县城，增城县城解放。徐文接任中共增城县委书记兼六团团长、军管会主任。

10 月　罗声接任增城县人民政府县长，王国祥为副县长，新的中共增城县委组成，县委成员有徐文、罗声、王国祥、杜娟。

附录二

增城革命老区村庄分布表

增城市革命老区村庄分布表

所在乡镇	所在行政村	老区村庄名称	人口（人）	耕地（公顷）	山地（公顷）	类型	备注
正果	白面石	白面石	337	22	160	抗战	
	水围	科甲堂	635	60	93	抗战	
	正果洋	竹林	95	7	14	抗战	
	庙尾	庙尾	1860	139	200	解放	
	乌头石	乌头石	1386	99	58	解放	
	合水店	合水店	962	62	60	解放	
	亮星	乱石坑	111	5	20	抗战	
		船坑	127	6	13	抗战	
		坪田	100	6	7	解放	
		大埻	178	7	3	解放	
		高排	144	6	3	解放	
		洋江	155	6	5	解放	
		长夫麻	128	7	3	解放	
		郭屋	97	3	5	解放	
		新屋	127	5	5	解放	

（续表）

所在乡镇	所在行政村	老区村庄名称	人口（人）	耕地（公顷）	山地（公顷）	类型	备注
正果	亮星	新屋	127	5	5	解放	
		布洞	107	8	3	解放	
		向阳	104	8	5	解放	
		庙吓	105	7	5	解放	
	麻冚	杏布	121	8	36	抗战	
		马排	353	26	80	抗战	
		河口	155	8	20	抗战	
		灯芯冚	129	11	67	抗战	原灯心冚村
		河背	77	8	40	抗战	
		大围	134	12	53	抗战	
		中间围	123	9	33	抗战	
		老中围	35	2	20	抗战	
		大田尾	65	6	40	抗战	
		禾里礤	64	5	66	抗战	
		甲乙堂	16	1	13	解放	
		新屋	33	3	20	解放	
		合面屋	110	4	27	解放	
		黎头围	64	3	26	解放	
		上松元	48	4	53	解放	
		新松元	104	6	66	解放	

（续表）

所在乡镇	所在行政村	老区村庄名称	人口（人）	耕地（公顷）	山地（公顷）	类型	备注
正果	麻冚	担水坑	24	2	20	解放	
		欧冚	153	7	53	解放	
		石壁	93	5	40	解放	
		南寮吓	79	4	53	解放	
		白石	85	33	33	解放	
		麻冚	69	40	40	解放	
		马料	216	10	100	解放	
		坡窝	96	3	20	解放	
		新坪岭	53	3	33	解放	
		老坪岭	83	4	40	解放	
	银场	马鼻岭	205	6	40	抗战	
		高排	120	3	27	抗战	
		大磲	139	4	23	解放	
		新村	124	3	20	解放	
		银场	148	51	23	解放	
		榕树吓	65	2	20	解放	
		上基坑	159	4	33	解放	
		秋风坳	58	2	23	解放	
福和	官塘	官塘	2665	133	400	抗战	

（续表）

所在乡镇	所在行政村	老区村庄名称	人口（人）	耕地（公顷）	山地（公顷）	类型	备注
福和	三星	鸭嬤潭	610	18	12	抗战	
		西河	290	26	80	抗战	
	简塘	龟岭	280	18	12	抗战	
	新围	新围	1865	110	1333	解放	
	心岭	心岭	1360	123	85	解放	
	坳头	坳头	1138	104	563	解放	
	联安	联安	3100	200	200	解放	
	南池	凤池	244	22	2	抗战	
		太和	246	14	2	抗战	
		赤岭	298	19	3	抗战	
		黄屋	349	21	3	抗战	
		油埔	151	9	1	抗战	
		杨屋	253	17	2	抗战	
		南向	271	15	3	抗战	
		汤村	265	16	3	抗战	
	永兴	花山	2378	17	21	抗战	
		李屋三队	196	12	19	抗战	从李屋村分出
		李屋四队	213	15	20	抗战	从李屋村分出
		牛眠窝	803	191	20	抗战	

（续表）

所在乡镇	所在行政村	老区村庄名称	人口（人）	耕地（公顷）	山地（公顷）	类型	备注
福和	新安	三角塘	83	6	33	抗战	
		香车下	383	31	66	抗战	
		六油迳	80	6	66	抗战	
		腰笋	358	29	100	抗战	
	大安	塘尾	220	25	17	抗战	
		五担田	480	37	13	抗战	
		大塘	156	12	6	抗战	
		山塘	364	31	10	抗战	
		缸瓦窑	96	8	3	抗战	
	合益	黄岭	102	5	2	抗战	
		大磨老屋	86	7	1	抗战	从大磨村分出
		大磨新屋	145	10	2	抗战	
		江南	162	10	2	抗战	
		关屋	138	7	2	抗战	
		朱屋	110	7	1	抗战	
		合口	1421	92	5	抗战	
		沙岩	190	11	2	抗战	
		乌洞	212	13	3	抗战	

（续表）

所在乡镇	所在行政村	老区村庄名称	人口（人）	耕地（公顷）	山地（公顷）	类型	备注
福和	五联	上白洞	68	3	10	解放	
		甘元	173	16	7	解放	
		木头塘	223	19	7	解放	
派潭	小迳	小迳	1264	71	1160	抗战	
	大埔	温大埔	1742	95	471	抗战	
	车洞	车洞	1478	79	771	抗战	
	围园	围园	1640	98	446	抗战	
	鹅兜	鹅兜	1265	65	27	抗战	
	佳松岭	佳松岭	810	66	105	抗战	
	斗岗	斗岗	383	32	77	抗战	
	密石	密石	522	30	442	解放	
	万能	万能	1657	112	380	解放	
	大田围	大田围	2422	197	493	解放	
	樟洞坑	樟洞坑	1955	83	1192	解放	
	高滩	高滩	1700	100	1347	解放	
	双头	双头	1100	78	688	解放	
	水口冚	水口冚	1513	77	338	解放	
	玉枕	玉枕	1381	66	757	解放	
	湴汾	湴汾	827	67	160	解放	
	黄沙氹	黄沙氹	913	59	727	解放	
	刘家	刘家	3531	193	730	解放	
	上九陂	上九陂	1650	117	666	解放	

（续表）

所在乡镇	所在行政村	老区村庄名称	人口（人）	耕地（公顷）	山地（公顷）	类型	备注
永和	叶岭	叶岭	730	39	133	抗战	原业岭村
		窝园	205	11	20	抗战	
	简村	简村	2324	23	40	解放	
	陂头	陂头	927	84	306	解放	
	长岗	长岗	3674	270	768	解放	
	新庄	新庄	2952	151	133	解放	
	永岗	宋家庄	273	14	12	抗战	
		罗岟	360	20	28	抗战	
		横迳	1000	40	58	解放	
		井头	707	36	45	解放	
		田心	230	12	18	解放	
		吓围	153	11	17	解放	
		黄瓦瑶	105	8	12	解放	
	翟洞	樟山吓	280	10	10	抗战	
		坝子	138	7	10	抗战	
		榄园	159	15	4	抗战	
		堂元	52	3	4	抗战	从榄园村迁来
		新屋	143	20	3	抗战	从榄园村迁来
		何屋	569	20	32	抗战	
		枝山	200	8	8	抗战	
		迳岟	201	7	8	抗战	

（续表）

所在乡镇	所在行政村	老区村庄名称	人口（人）	耕地（公顷）	山地（公顷）	类型	备注
永和	禾丰	禾塱	273	12	19	抗战	
		石迳	192	24	11	抗战	
		田心	3000	20	9	抗战	从石迳村分出
		上围	194	6	8	抗战	
		下屋	82	5	7	抗战	
		斗塘	217	10	40	抗战	原富斗塘、暗岀村
		木古	454	23	11	抗战	
		九岭	393	13	36	抗战	原九门地村
		布岭	442	13	47	抗战	原晒布岭村
	九如	新东	356	16	25	抗战	
		杨屋	218	9	16	抗战	
		东圃岭	227	11	25	抗战	原东埔岭村
	公安	枫木园	167	7	11	抗战	
		木杓岀	134	8	12	抗战	
		黄姜地	377	9	18	抗战	
		云峰	170	10	17	抗战	
	塔岗	大旺岗	360	21	27	抗战	
		余屋	133	8	17	抗战	
		木棉	125	7	11	抗战	
		龙田	130	9	7	抗战	

（续表）

所在乡镇	所在行政村	老区村庄名称	人口（人）	耕地（公顷）	山地（公顷）	类型	备注
永和	萋元	黄屋	280	11	13	抗战	
		官山	360	7	7	解放	
		湾尾	530	10	3	解放	
		鸭麻㘵	436	12	13	解放	
镇龙	均和	油麻山	418	16	100	抗战	
		十排	304	13	7	抗战	
		泗水㘵	215	9	3	抗战	
		江尾	188	8	3	解放	
		河田	162	9	3	解放	
		其㘵	114	3	7	解放	
		水浪	195	10	10	解放	
		下排	78	3	3	解放	
		车子浪	130	4	3	解放	
		鱼迳	67	2	2	解放	
		新桥	111	4	4	解放	
	迳头	袁岭	59	3	33	解放	
	旺村	旺村	500	35	4	抗战	
		黄昏坳	176	17	3	抗战	
	洋田	佛子庄	912	69	80	抗战	
	金坑	钟屋	60	3	10	抗战	
		朱屋	121	3	10	抗战	原吴家朱村

（续表）

所在乡镇	所在行政村	老区村庄名称	人口（人）	耕地（公顷）	山地（公顷）	类型	备注
镇龙	金坑	卓屋	123	4	10	抗战	原硬范塘村
		楼新	106	3	7	抗战	原巫屋村
		楼下	103	2	4	抗战	原巫屋村
		新村	270	6	40	抗战	原鸡九地
		黄屋	250	5	20	抗战	原南山口、石牙排村
		宝石	159	8	20	解放	
		谷洞	96	2	10	解放	
		银岭	72	3	10	解放	
		上堂	42	2	10	解放	
		上新	63	3	10	解放	
		龙山	171	4	10	解放	
		邓屋	149	5	10	解放	
		龙田	122	4	10	解放	
		黄埔	80	3	5	解放	
		鹅岽	206	8	10	解放	
荔城	西瓜岭	西瓜岭	2600	160	66	抗战	
	陆村	陆村	1750	117	133	解放	
小楼	竹坑	竹坑	152	78	573	抗战	
	青迳	青迳	932	42	200	抗战	原青径
	正隆	新农	376	8	20	抗战	

（续表）

所在乡镇	所在行政村	老区村庄名称	人口（人）	耕地（公顷）	山地（公顷）	类型	备注
宁西	斯庄	斯庄	454	66	80	解放	
石滩	谢屋	谢屋	1330	67	45	抗战	
	塘头	塘头	1780	248	192	解放	
沙埔	岗尾	岗尾	1018	33	5	抗战	从雅瑶村分出
	塘边	塘边	1152	127	12	抗战	从雅瑶村分出
	官道	官道	1715	84	14	抗战	从雅瑶村分出
	长巷	长巷	2030	118	54	抗战	从雅瑶村分出
	巷口	巷口	3047	180	63	抗战	从雅瑶村分出
	上岭	上岭	773	41	2	抗战	从雅瑶村分出
中新	钟岭	钟岭	882	185	200	抗战	
	集丰	集丰	1536	120	30	抗战	
	团结	山口	543	60	140	抗战	
	山美	蛟湖	445	38	20	抗战	
		关屋	160	19	13	抗战	原大远村
		张屋	97	8	13	抗战	
三江	大埔围	大埔围	778	51	19	抗战	原大布围
	四丰	四丰	2253	210	45	解放	
	沙头	子洋	320	11	2	解放	
	田桥	山村	700	68	2	解放	

（续表）

所在乡镇	所在行政村	老区村庄名称	人口（人）	耕地（公顷）	山地（公顷）	类型	备注
仙村	蓝山	蓝山	2347	68	2	抗战	
	竹园	竹园	2233	104	24	抗战	原竹园涌村
	岳湖	岳湖	1796	126	56	抗战	
朱村	凤岗	凤岗	1452	144	92	解放	
	秀山	秀山	1486	124	116	解放	
	龙新	罗群	34	4	1	解放	福和獭塘村迁来
新塘	群星	群星	3586	62	28	抗战	
	塘美	塘美	2859	158	41	抗战	
	坭紫	坭紫	1620	11	3	抗战	
派潭	小迳	东坑				抗战	空村
		大岭脚				抗战	空村
永和	公安	黄猄峃				抗战	空村

撤市设区后增城革命老区村庄分布表

所在镇街	所在行政村	老区村庄名称	类型
正果镇	白面石	白面石	抗战
	水围	科甲堂	抗战
	正果洋	竹林	抗战
	庙尾	庙尾	解放
	乌头石	乌头石	解放

所在镇街	所在行政村	老区村庄名称	类型
正果镇	合水店	合水店	解放
	亮星	乱石坑	抗战
		船坑	抗战
		坪田	解放
		大塅	解放

（续表）

所在镇街	所在行政村	老区村庄名称	类型	所在镇街	所在行政村	老区村庄名称	类型
正果镇	亮星	高排	解放	正果镇	麻冚	黎头围	解放
		洋江	解放			上松元	解放
		长夫麻	解放			新松元	解放
		郭屋	解放			担水坑	解放
		新屋	解放			欧冚	解放
		布洞	解放			石壁	解放
		向阳	解放			南寮吓	解放
		庙吓	解放			白石	解放
	麻冚	杏布	抗战			麻冚	解放
		马排	抗战			马料	解放
		河口	抗战			坡窝	解放
		灯芯冚	抗战			新坪岭	解放
		河背	抗战			老坪岭	解放
		大围	抗战		银场	马鼻岭	抗战
		中间围	抗战			高排	抗战
		老中围	抗战			大磜	解放
		大田尾	抗战			新村	解放
		禾里磜	抗战			银场	解放
		甲乙堂	解放			榕树吓	解放
		新屋	解放			上基坑	解放
		合面屋	解放			秋风坳	解放

（续表）

所在镇街	所在行政村	老区村庄名称	类型
中新镇	官塘	官塘	抗战
	三星	鸭嘴潭	抗战
	三星	西河	抗战
	简塘	龟岭	抗战
	新围	新围	解放
	心岭	心岭	解放
	坳头	坳头	解放
	联安	联安	解放
	南池	凤池	抗战
		太和	抗战
		赤岭	抗战
		黄屋	抗战
		油埔	抗战
		杨屋	抗战
		南向	抗战
		汤村	抗战
	钟岭	钟岭	抗战
	集丰	集丰	抗战
	团结	山口	抗战
	山美	蛟湖	抗战
		关屋	抗战

所在镇街	所在行政村	老区村庄名称	类型
中新镇	山美	张屋	抗战
	永兴	花山	抗战
		李屋三队	抗战
		李屋四队	抗战
		牛眠窝	抗战
	新安	三角塘	抗战
		香车下	抗战
		六油迳	抗战
		腰笋	抗战
	大安	塘尾	抗战
		五担田	抗战
		大塘	抗战
		山塘	抗战
		缸瓦窑	抗战
	合益	黄岭	抗战
		大磨老屋	抗战
		大磨新屋	抗战
		江南	抗战
		关屋	抗战
		朱屋	抗战
		合口	抗战

（续表）

所在镇街	所在行政村	老区村庄名称	类型
中新镇	合益	沙岩	抗战
		乌洞	抗战
	五联	上白洞	解放
		甘元	解放
		木头塘	解放
派潭镇	小迳	小迳	抗战
	大埔	温大埔	抗战
	车洞	车洞	抗战
	围园	围园	抗战
	鹅兜	鹅兜	抗战
	佳松岭	佳松岭	抗战
		斗岗	抗战
	密石	密石	解放
	万能	万能	解放
	大田围	大田围	解放
	樟洞坑	樟洞坑	解放
	高滩	高滩	解放
	双头	双头	解放
	水口冚	水口冚	解放
	黄沙氹	黄沙氹	解放
	刘家	刘家	解放

所在镇街	所在行政村	老区村庄名称	类型
派潭镇	上九陂	上九陂	解放
	玉枕	玉枕	解放
	滥汾	滥汾	解放
永宁街道	叶岭	叶岭	抗战
		窝园	抗战
	简村	简村	解放
	陂头	陂头	解放
	长岗	长岗	解放
	翟洞	樟山吓	抗战
		坝子	抗战
		榄园	抗战
		堂元	抗战
		新屋	抗战
		何屋	抗战
		枝山	抗战
		迳冚	抗战
	公安	枫木园	抗战
		木杓冚	抗战
		黄姜地	抗战
		云峰	抗战
	塔岗	大旺岗	抗战

（续表）

所在镇街	所在行政村	老区村庄名称	类型
永宁街道	塔岗	余屋	抗战
		木棉	抗战
		龙田	抗战
	萎元	黄屋	抗战
		官山	解放
		湾尾	解放
		鸭麻㘵	解放
宁西街道	斯庄	斯庄	解放
	九如	新东	抗战
		杨屋	抗战
		东圃岭	抗战
小楼镇	竹坑	竹坑	抗战
	青迳	青迳	抗战
	正隆	新农	抗战
石滩镇	谢屋	谢屋	抗战
	塘头	塘头	解放
	沙头	子洋	解放
	田桥	山村	解放
新塘镇	群星	群星	抗战
	塘美	塘美	抗战
	坭紫	坭紫	抗战

所在镇街	所在行政村	老区村庄名称	类型
新塘镇	岗尾	岗尾	抗战
	塘边	塘边	抗战
	官道	官道	抗战
	长巷	长巷	抗战
	巷口	巷口	抗战
	上岭	上岭	抗战
荔湖街道	西瓜岭	西瓜岭	抗战
荔城街道	—	—	—
增江街道	四丰	四丰	解放
	陆村	陆村	解放
	大埔围	大埔围	抗战
朱村街道	凤岗	凤岗	解放
	秀山	秀山	解放
	龙新	罗群	解放
仙村镇	蓝山	蓝山	抗战
	竹园	竹园	抗战
	岳湖	岳湖	抗战

注：①此表以行政村为单位统计，只署行政村名的，指其所属自然村皆为老区村庄。

②行政村的自然村为老区村庄。

革命遗址和纪念场馆

一、革命遗址

在革命历史长河中，中国共产党人和革命志士在增城留下了大量的红色史迹，据最新的调查统计，区内的革命遗址、纪念场馆等共有 40 多处，主要分布在派潭、正果、中新和永宁等全区 12 个镇（街）。这是增城区人民的一笔宝贵精神财富，值得后人好好珍惜和保护。

（一）中共增城第一个支部和第一个县委遗址——新塘伍氏祠堂

伍氏祠堂位于增城区新塘镇新何村（原著存小学旧校址），原是一座古色古香的祠堂，遗址现已湮没在一片民房当中，不复存在。

1926 年初，经中共广东区委批准，新塘火车站的搬运工人和当地农民伍来成、伍钟泉等 6 人，被吸收为中共党员，并由李沛群主持，在沙堤乡沙贝村（今新何村）的伍氏祠堂召开支部大会，正式成立中共新塘支部，伍来成任支部书记，这是增城县第一个中共地方组织。

1928 年 2 月，在阮崎垣的主持下，召开新塘地区党员会议，成立了以伍来成为书记的中共增城县委员会，直属广东省委领导。中共增城县委领导成员为伍来成、钟欢、伍钟泉、阮树熙、阮客亮，后补委员伍苏南。县委常委伍来成、钟欢、伍钟泉，下辖新塘市（镇）委员会。县委机关也是设在伍氏祠堂。

（二）中共仙村支部旧址——神山庙

神山庙位于仙村镇竹园涌村。1937 年底，上级党组织派遣阮海天、阮文两人返回增城开展工作。他们回到家乡竹园涌与东莞中心支部接上关系后，着手进行建党工作和开展抗日活动。阮海天在神山小学担任教师，以此为职业掩护开展活动。1938 年 2 月，阮海天在学校秘密成立了中共仙村支部，阮海天任支部书记，有党员 3 人，这是抗日战争时期增城地区重建的第一个中共地方支部。

（三）中共增城县委和中共正果竹林支部旧址——正果竹林村四角楼

四角楼位于正果镇竹林村。1938 年 3 月，广州党组织派遣王新民回增城开展工作，主要任务是创造条件建立党组织，一旦广州沦陷，要创造条件在增城建立游击根据地，他的组织关系划归东莞中心支部。王新民回到家乡正果，发动青年开展抗日宣传活动。8 月，王新民在进步人士和当地上层人士的支持下，就任东山小学校长，建立了开辟工作的桥头堡。随后，东莞中心县委派党员廖明（廖安）到东山小学任教师，协助开展建党工作。10 月，王新民、廖明在正果竹林村发展了王世模、王新史、王振明等人加入中国共产党，并在四角楼王新民家中建立中共竹林支部，由何添荣任支部书记，共有党员 8 人，这是抗日战争时期党在增城北部重建的第一个中共地方组织。

（四）中共雅瑶支部旧址——雅瑶祠堂

雅瑶祠堂位于沙埔镇（今新塘镇）塘边村。1938 年 7 月，广东青年抗日先锋队增城工作队组成，共有 15 名队员，多数是在广州读书的中学生，由抗先临工委宣传部部长唐健带领开赴增城，先到仙村，后开赴雅瑶，队中秘密建立了中共支部，书记卓扬，其后，杨步尧继任队长兼支部书记。后来陆续有东莞中心县委派来的党员参加这个支部，因而抗先支部改为雅瑶支部，隶属东莞中心县委领导。同年11月，上级决定：仙村、雅瑶两个支部合并，由阮文任书记，阮海天负责军事工作，杨步尧负责抗日武装队伍的政治工作。至此，雅瑶支部的活动结束。

（五）广东民众抗日自卫团增城县第三区常备队旧址

1938年10月12日，日军在大亚湾登陆，直逼增城。在日军入侵增城前夕，中共仙村、雅瑶两个支部共同决定成立脱产的广东民众抗日自卫团增城县第三区常备队，第三区常备队以原仙村大队为基础，有70多人枪，由单容沛任队长，阮海天负责军事指挥，杨步尧任政训员，萧汉任军事教官。同月28日，日军经西福河口进犯白鹤洲，第三区常备队及当地群众、雅瑶常备队等在竹园涌一带截击敌人，打响了中共增城地方组织领导人民对日作战的第一枪。此役共毙伤日军20多人，击沉敌艇1艘，缴获军用物资一批。数日后，日军百多人又来侵犯，第三区常备队及当地群众、雅瑶常备队等在大敦与沙头之间把日军击退。数天后，第三区常备队又成功夜袭新塘塘美火车站的日军兵营。1939年4月，奉中共东江特委的命令，第三区常备队编入东江人民抗日武装王作尧大队，成为日后东江纵队的重要组成部分。

广东民众抗日自卫团增城县第三区常备队旧址位于增城区仙村镇竹园涌村一街六巷四横路3号，是一座砖瓦结构的古建筑，共有两进，由于年久失修，显得十分破旧，现在有关部门正在对该旧址进行修复。

（六）中共增龙博中心县委旧址

中共增龙博中心县委是中共增城、龙门、博罗三县中心县委员会的简称，该旧址位于增城区正果镇白面石村。1940年3月，为适应"东团"博罗队事件发生以后的形势变化，中共东江特委决定在增城县委的基础上，成立中共增龙博中心县委，统一领导增城、龙门、博罗三县的党组织，郭大同任书记。同年 8 月，中心县委的领导作了一次调整，上级党委派郑重担任增龙博中心县委书记。1941 年 4 月，中心县委再次作出调整，由钟靖寰接任中心县委书记兼统战部部长。

1942 年 5 月，由于发生了"粤北事件"，前东特委针对当时增城的严峻形势，决定撤销中共增龙博中心县委，增城县分设敌后（沦陷区）县委和后方（国统区）县委。

增龙博中心县委旧址经过多次修整，是增城区广大干部群众进行革命传统和爱国主义教育的重要场所。

（七）中共增城敌后（沦陷区）县委旧址

中共增城敌后（沦陷区）县委旧址位于增城区新塘镇坭紫村。1942 年 5 月，为适应形势的变化，根据前东特委的决定，撤销中共增龙博中心县委，成立中共增城敌后（沦陷区）县委，郭大同任书记，县委机关设在禺北（今黄埔区）萝岗元贝村。根据中共前东特委要把工作重心转移到广州市郊和广九铁路沿线一带的指示精神，同年 7 月，郭大同调离增城，中共前东特委派谢鹤筹接任敌后县委书记，同时，决定把县委机关移驻坭紫村，领导增城沦陷区的党组织和人民的抗日斗争。

增城敌后县委旧址经过修整，1996 年 7 月被增城市委、市政府命名为增城市爱国主义教育基地。

（八）广东人民抗日游击总队独立第二大队成立旧址

广东人民抗日游击总队独立第二大队成立旧址位于增江街大埔围村值禾街 2 号，是一座青砖瓦结构的大屋，保存完整。

1943 年 9 月中旬，广东人民抗日游击总队为了恢复东江北岸、罗浮山和广州东郊外围地区的游击战争，从宝安大队抽调兵力组成了一个约 25 人的中队，徐荣光为中队长，李冲为指导员，由阮海天、卢克敏率领，挺进增城、博罗边界地区活动。队伍从东莞温塘出发，乘小艇过江，先到仙村竹园涌，在该村做了一些准备工作后，然后经麻车村转赴增城的罗岗村，借用村民农用艇连夜渡过增江，开进增博边的大埔围村，在这里驻扎下来。为了打击敌人，扩大影响，游击队到达大埔围村不久，便利用联和圩的圩期，在路上设伏袭击东莞日伪政府派往该圩收税的税务人员和联防队，当场处决了一个汉奸，在当地引起很大的反响，"红军打回来了"的消息不胫而走。1943 年 10 月，在增博地下党组织的支持下，这支队伍扩编为广东人民抗日游击总队独立第二大队（简称"独二大"），阮海天为大队长，卢克敏为政委，杨步尧为政训室主任，下辖 1 个中队、1 个短枪队和 1 个民运工作队。1944 年 12 月，根据上级指示精神，"独二大"与在江北地区活动的东纵抗日游击队合编为东纵第四支队。

大埔围村位于增城东部，与博罗西部相邻，是增城革命老区村，是昔日东江纵队独立第二、第三大队开展抗日游击活动的摇篮。为缅怀革命先烈、弘扬革命烈士功绩，鼓励后人奋发图强，大埔围村于 1979 年 10 月修建了革命烈士纪念碑，2017 年 6 月修建了纪念碑广场、抗战历史纪念馆和新时代增城红色文化讲习所等场所。

（九）中共增龙县委旧址——派潭小迳单竹园

中共增龙县委旧址位于增城区派潭镇小迳村单竹园。1948 年 2 月，中共中央香港分局发出指示，要求各地建立主力部队和根据地。3 月，黄庄平回到江北地区召开工委会议，传达分局的指示，决定成立江北地委，书记为黄庄平，副书记陈李中。同时决定地委、支队以下，分地区成立县委和团级部队机构。是月，根据中共江北地委的指示精神，在增龙游击区成立中共增龙县委，书记钟育民，副书记钟达明，委员有徐文、李绍宗、罗声。增龙县委下辖麻正工委、永和区委、增北办事处党组，派潭、正果、福和以及平原地区的特派员、龙门县的龙北和龙南区委，县委机关驻地设在派潭小迳村的单竹园。在增龙地区活动的人民武装队伍，统一编为江北支队第二团，徐文任团长，钟育民兼任政委，朱骥为副团长，罗声为政治处主任。

1948 年 9 月，江北地委决定调整增龙县委和二团领导，调地委副书记陈李中兼任增龙县委书记、二团政委，李绍宗任二团团长。1949 年 5 月，江北地委副书记陈李中不再兼任地方党组织和二团的职务，由增龙县委副书记钟达明提任书记兼二团政委。同年 8 月，为进一步推进各地的武装斗争，迎接解放，有序地接受江北各县的国民党政权，江北地委、东三支司令部决定调整充实地委、支队、县委和各团的领导，按当时的行政区域，重新调整部队的建制和党组织政权组织设置，撤销增龙县委，分别成立增城县委和龙门县委。

增龙县委机关旧址经过多次修葺，现为广州市和增城区中共党史教育基地。

二、纪念场馆

（一）增城革命烈士纪念碑

增城革命烈士纪念碑位于增城区增江街道东湖边的荔枝山上，该碑建于 1981 年，是增城区人民政府为纪念在辛亥革命、广州起义、抗日战争、解放战争和抗美援朝战争等时期为国家献出宝贵生命的革命烈士而建。

纪念碑坐北朝南，建筑占地面积 961 平方米，整座纪念碑建在宽 24.9 米，长 38.6 米的主平台的中部，由青色大理石建成，碑高 12 米，碑内镶嵌 "增城革命烈士纪念碑" 9 个闪闪发光的红色大字，碑的顶部有一颗鲜艳的五角星。碑的底部四周镶嵌黑色的大理石，底座正面镌刻碑文，碑文写道："增城人民一定会牢牢记住今天革命的胜利，是靠无数革命先烈用鲜血换取得来的。今天在社会主义现代化建设的伟大事业中，还需要我们付出艰苦的劳动，作出必要的牺牲。为缅怀先烈功绩，鞭策后人奋进，特树此碑，以作永久纪念。"整座碑体下大上小，状若梯形。周围种满了青翠的松柏。

1996年7月，纪念碑被命名为增城市爱国主义教育基地。2000年7月，增城市政府对纪念碑进行了重新修建，修建后的纪念碑面貌焕然一新，屹立在荔枝山上，俯瞰增江。2017年，纪念碑被广州市委党史研究室命名为广州市中共党史教育基地，成为增城人民缅怀革命先烈，进行革命传统教育的一个重要场所。

（二）正果革命烈士纪念碑

正果革命烈士纪念碑位于增城区正果镇九峰山上，增江河与增龙公路交汇处附近，与正果佛爷寺相邻，占地面积600多平方米，背靠九峰山，瞰视正果圩，四周绿树成荫，环境幽静。

在抗日战争和解放战争时期，正果人民在党的领导下，为了民族的独立和人民的解放事业，进行了英勇的斗争，有许多烈士献出了宝贵的生命。为永远纪念烈士们的功绩，建碑纪念。

纪念碑坐北向南，花岗岩石结构。全碑分石阶、碑座和主碑塔三部分，拾级而上，到碑座共150多级台阶，碑座的正面刻有碑文，主碑塔高约10米，碑塔的正面刻有"正果革命烈士纪念碑"9个醒目的大字，顶部是一颗鲜艳的红星，四周绿树环绕，最上面主平台两侧种有青翠的松柏。

纪念碑于1965年6月建成，1999年和2006年分别由政府部门进行了重建。现为当地中小学校开展爱国主义教育的活动地点。

（三）大埔围村抗战历史纪念馆

大埔围村抗战历史纪念馆位于增城区增江街大埔围文化大礼堂内，大埔围村革命烈士纪念碑旁，占地面积 2600 平方米。

大埔围村是革命老区，是昔日东江纵队抗日游击活动的摇篮。2017 年 6 月，大埔围村抗战历史纪念馆经改造后落成，改造后的大埔围村抗战历史纪念馆建筑面积 136 平方米，分为"增城抗日战争大事记""重大的历史选择""增城敌后抗战前进基石""创建四联乡抗日民主政府""创建和捍卫抗日根据地的重要战斗"和"英魂铸丰碑"六个板块，该纪念馆现为增城区中共党史教育基地。

（四）阮海天故居

阮海天（1916—1955）是增城仙村竹园涌人。1932 年就读于广东省立第一职业学校，1936 年 9 月加入中国共产党。1937 年后，奉命回增城重建中共组织，组建抗日人民武装。1938 年 2 月，成立中共仙村支部，任支部书记，这是抗战时期党在增城地区重建的第一个地方支部。10 月，抗日自卫团增城县第三区常备队组建，任军事指挥。1939 年 4 月，奉中共东江特委之命率队开赴东莞，编入王作尧大队，任第三中队队长，在东莞至宝安等地打击日伪军。1943 年，奉命返回增城恢复东江北岸及广州外围游击战争。10 月，组建独立第二大队，任大队长。1944 年 5 月，调任独立第三大队大队长。1945 年 2 月，升任东江纵队第四支队支队长，指挥该支队三次粉碎日伪军对永和根据地的大规模"扫荡"，为增城抗日战争的胜利作出了重要的贡献，在增城历史上书写了浓墨重彩的一笔。

阮海天故居位于仙村镇竹园村一街 20 号，建于清代，坐西朝东稍偏南，五间两进，硬山顶，人字封火山墙，灰塑龙船脊，碌灰筒瓦，青砖石脚，故居主体完整，保存尚好。2019 年 9 月，仙村镇政府对故居进行了改造，成为该镇的爱国主义教育基地。

附录四 热血群英谱

一、中共增城地方组织及武装力量主要领导

郭大同

郭大同（1913—2002），1939 年，中共东江特委派郭大同到增城，统一领导增城、龙门的党建工作和人民抗日斗争。先后任中共增城特别支部、增城县委、增龙博中心县委、增城沦陷区工委书记。1948 年，任两广纵队教育长。淮海战役后，任中南军政委员会工业监督处处长。1955 年任中共中央纪律检查委员会工业监督处处长。1957 年，任国务院冶金工业部监察局副局长。1959 年，调回广东工作，历任广东省冶金厅副厅长、广东工学院党委书记兼副院长。

谢鹤筹

谢鹤筹（1908—1988），壮族，广西同正县（今广西扶绥县）人，出生于农民家庭。青年时就读于广西省立第二师范。1928 年 3 月，加入中国共产党。旋任中共南宁市委学生支部书记。1937 年 7 月赴香港，任中共香港市委组织干事，中共香港区委书记。

1938 年秋，日军侵入华南，谢鹤筹深入敌后组织武装斗争，参与创建东江人民抗日武装。1942 年 7 月，任增城敌后县委书

记，不久改任特派员、增城县委书记，长期驻新塘坭紫村。1945年一度兼任东江纵队第四支队政治委员。其间，冲破日伪顽势力合击，在广九铁路沿线地区（包括广州东郊）恢复和发展中共组织，组建人民抗日武装，领导创建永和抗日根据地，支持东江纵队独立第二大队、第四支队在油麻山地区开展游击战争，为增城人民革命斗争打下良好基础、作出重要贡献。

抗战胜利后，谢鹤筹先后任中共江北地委组织部部长、广州市郊二区特派员、珠江三角洲地委书记、华南分局城工委接管城市研究组副组长。这一时期，他一直领导增城地区党组织的地下斗争。

新中国成立后，历任中共梧州市委书记、中共广西桂西壮族自治区党委副书记兼自治区政府副主席。1954 年调入中央，任国务院民族事务委员会政法司司长、民族事务委员会副主任。当选中共八大代表，第一、第二、第三届全国人大代表。

钟靖寰

钟靖寰（1911—2000），1941 年 4 月，任增龙博中心县委书记，领导增龙博地区人民进行抗日斗争。1942 年，被国民党增城当局逮捕，后经组织营救出狱，撤离增城。1948 年 8 月后，历任粤赣边支队连队指导员、河源县人民政府民政科科长、东江行政委员会督导员、粤赣湘边纵队东江第二支队支前司令部统筹科科长等职。1949 年 12 月后，曾任广东糖业公司业务室主任、华南物资交流大会工矿馆副馆长、第一机械工业部广州销售站站长等职。1962 年 10 月，调任广东省科委、科协工作。1973 年 3 月，调任广东省测试分析研究所图书情报资料研究室副主任。1983 年 5 月离休（副厅级）。

欧　初

欧初（1921—2017），广东中山人，生于广州。1938 年参加广东青年抗日先锋队，次年加入中国共产党，是中山五桂山抗日根据地主要创建者和领导人。

1946 年 6 月，任中共江北地区副特派员，带领 8 名机关工作人员赴增城白面石和乱石坑一带开展武装斗争。在极其恶劣的环境下，每天收录新华社电讯，与上级保持联系，制定秘密联络方法。1947 年后，历任粤桂边人民解放军司令部政治部主任、参谋长，中共粤桂边委员会常务委员兼宣传部部长，粤桂边东征支队司令员兼政委，中国人民解放军粤中纵队副司令员兼参谋长。新中国成立后曾任广东省政府秘书长、中共广州市委书记、广州市常务副市长、市人大常委会主任、中共广东省委顾问委员会常务委员等职。晚年创建"欧初文化教育基金会"致力于慈善助学，连续 2 年资助了近 200 名贫困大学生，并出资捐建四川汶川地震灾区广元市的小学。

袁鉴文

袁鉴文（1914—2007），广东东莞人。1936 年，加入中国共产党。1937 年赴延安抗日军政大学和中央党校学习。1938 年，回广东工作，历任中共东莞、增城、宝安、龙门、博罗等县委组织部部长，东莞抗日模范壮丁队政治指导员，中共增城、龙门县委书记兼增龙博独立大队政治委员，广东人民抗日游击队东江纵队第四支队政治委员。

阮海天

阮海天（1916—1955），增城仙村人。1932 年，就读于广东省立第一职业学校，加入中共外围进步组织。1936 年 9 月，加入中国共产党，任中共西江工作委员会组织委员。1937 年，奉命回增城重建中共组织，1938 年 2 月，成立中共仙村支部，任书记。同时出任增城民众抗日自卫团统率委员会第三区政训员，随后任第三区常备队军事指挥。后奉中共东江特委之命，率队开赴东莞、宝安，任宝安大队副大队长，活动于广九铁路西侧。曾参与抢救香港沦陷后滞留在港的爱国文化界人士与外侨。1943 年，奉命重返增城，开辟增博边抗日根据地，任东江纵队独立第二大队、第三大队大队长。转战东江北岸和广州外围，打通江北走廊，一度建立起四联乡抗日民主政府和永和区抗日民主政府。1945 年任东江纵队第四支队队长。1946 年，随东江纵队北撤，任中国人民解放军粤赣湘边纵队第三团团长，率部转战东江地区，配合南下大军解放珠江三角洲。中华人民共和国成立后，任粤中军分区副司令员、江西省军区教导团文化补习学校校长。

李东林

李东林（1909—1961），增城福和陈岗墩村人，出生于马来亚，是华侨实业家李腾利的长子。1931 年，回国就读于上海暨南大学。1934 年，回增城从事抗日运动，被选为增城民众抗日自卫团统率委员兼第七区统率委员会主任委员。1937 年 8 月，与中共党员徐可生并肩作战，建立民众抗日御侮救亡团。增城沦陷后，发起"抗日献金"活动，带头捐稻谷千斤。1939 年 10 月，接受中共增城特支的指示加入国民党，出任国民党增城县党部书记长，吸收一批中共党员和爱国人士进入战时县政府各机构。在国民党掀起的反共逆流中，中共组织安排李东林离开增城。之后加入马来亚共产党，继续参加抗日斗争和反殖民主义斗争。

王新民

王新民（1908—1993），增城正果镇正果洋村人。自幼受父亲王弼宸民主革命思想熏陶，追求真理。赴广州求学期间，1936年12月，加入中国共产党。1937年，发起成立增城留省同学会，利用寒暑假，回乡宣传抗日救国。1938年，奉命回乡组建中共竹林支部。1939年任中共增城特别支部宣传委员。5月，任东江华侨回乡服务团增城分团团长，动员陈李中、张冠雄等数十名爱国青年参加服务团，积极抗战。1940年，任中共增城县委统战委员，并奉命进入国民党增城县政府和县党部。1942年5月，国民党驻军包围东山学校，其向中心县委报告后，离开增城，与组织失去联系。1949年4月，接组织通知，重回革命队伍。

徐可生

徐可生（1902—1939），广东蕉岭县人，南京金陵大学毕业，中共党员。1938年1月，受八路军驻广州办事处派遣，到增城福和组织和领导民众抗日，勋劳卓著。因积劳成疾，1939年春，病逝于增城乌石尾村，年仅37岁。

魏友相

魏友相（1908—1953），增城福和凤池村人，就读于广州培英中学。1938年，任增城县七区民众抗敌后援会常务理事。10月，任福和民众抗日自卫游击队队长，率队袭扰日军。1939年夏，由中共增城特支负责人介绍加入中国共产党。1940年初，把六十六军随军杀敌十一中队扩编为杀敌大队，任大队长，在增从番边开展敌后斗争，曾指挥夜袭日军官塘兵营。同年，经组织批准加入国民党，任七区区长、区党部书记。1942年5月，国民党以"异党"为由诱捕，将其关在曲江、惠州。1944 年获释。抗战胜利后，先后创办上福乡第二中心国民学校及汤南分校、福都中学，并任校长。新中国成立后任增城县立中学校长。

杨步尧

杨步尧（1922—2001），广东珠海人。1938 年，加入中国共产党，任抗先增城工作队队长兼中共雅瑶支部书记。1943 年起，历任中共增城县委常委兼广东人民抗日游击总队独立第二大队独立中队政治指导员，大队政训室主任。1944 年，任东江纵队第四支队第二大队政治委员。1946 年，参加北撤。

杨德元

杨德元（1922—1989），原名李翼。福建厦门人。1937 年，加入中国共产党，历任东江华侨回乡服务团第三分团团长，中共博罗县委青年部部长，中共宝安县龙华区委副书记、书记，中共增城县委书记兼第四支队政治委员，中共增（城）龙（门）县委副书记。

王达宏

王达宏（1919—1987），龙门县永汉镇人。1936 年，于增城县立中学毕业，后在广州读大学，追求抗日救国真理。抗日战争全面爆发后，回龙门从事救亡活动，在永汉发动爱国青年组建大众救国会。1939 年，加入中国共产党，同年 5 月，担任中共永汉特别支部领导的人民抗日游击队队长，继而任六十三军随军杀敌中队队长和队内党支部书记。1945 年 1 月，任东江纵队增龙博独立大队大队长。抗战期间，他变卖家产，购置枪支，支持部队建设。在国民党当局挑起反共事端期间，多次在永汉、白面石、横河等地与国民党顽固派作战，配合东江纵队第五支队从北面捍卫罗浮山抗日根据地与纵队司令部。

解放战争时期，先后任增龙从博人民自卫队队长、广东人民解放军江北支队副司令员、中国人民解放军粤赣湘边纵队东江第三支队副司令员，指挥上坪伏击战、强攻正果圩、解放龙城等重要战斗。1949 年 10 月，率部配合中国人民解放军解放增城。

新中国成立后，任中共增城县委书记，1952 年后，调任广东省基建公司副经理、广东建筑专科学校副校长及广东省建工局科教处副处长等职。

钟育民

钟育民（1914—1982），广东梅县人。1929 年参加梅县苏维埃政权的区武装队伍。1930 年加入共产主义青年团，因白色恐怖而出走暹罗，加入暹共。1938 年回国参加抗战。1939 年加入中国共产党，任东江华侨回乡服务团惠阳队副队长。1941 年任敌占区中共东莞水乡区委书记。1946 年在增龙博地区坚持斗争，任增龙特派员。1947 年任中共增城县特派员。1948 年春任中共江北地委委员，率领武工队到广九铁路沿线开辟新区。1949 年春，任中国人民解放军粤赣湘边纵队东江第三支队三团政治委员，率部在花县、从化活动。8 月，任支队政治部主任，配合中国人民解放军解放派潭、增城。1950 年调任博罗县委书记。1952 年调北京工作。

陈李中

陈李中（1922—1993），增城派潭鹅兜村人。1939 年春，参加中共领导的增城学生抗日宣传队。5 月，参加东江华侨回乡服务团增龙队，同年 7 月，加入中国共产党。1940 年，任中共派潭教育支部书记，9 月任派潭区委书记。1942 年，任中共增城县后方委员会书记，遭到国民党当局通缉，仍在白面石坚持斗争。1943 年，到永和地区开展工作，任南区特派员。1945 年，任增城县委和增龙县委委员。1946 年，随东江纵队主力北撤。1947 年秋，奉命回广东，先后任江北工作委员会常委、副书记、中国人民解放军粤赣湘边纵队东江第三支队政治部主任，其间兼任增龙县委书记、增城县委书记。8 月，任江北地区东江第三行政督导处主任兼增城县人民政府县长。新中国成立后，历任中共从化县委书记、东江军分区独立第七团政治委员、河源县委书记、粤东地区党委办公室主任、粤东地区党委副秘书长兼潮安县委书记。1959 年，任石油工业部第一工程局局长。1962 年，任石油基建司司长。1966 年，任四川气田会战领导小组副组长，为石油的开发作出贡献。

黄庄平

黄庄平（1917—1995），广东东莞石排镇沙角村人。1937 年秋，任莞城力行小学教师。同年 12 月，加入中国共产党。1943 年 7 月，任中共增（城）龙（门）博（罗）特派员，兼任中共博罗特派员。1945 年 2 月至 8 月，任中共博罗县委书记。1946 年 8 月至年底，任中共粤中区副特派员。1947 年 3 月至 1948 年 3 月，任中共江北地方工作委员会书记。1947 年 10 月，兼任中共增龙博区工委书记。20 世纪 90 年代初期，任中共广州市顾问委员会主任。

徐 文

徐文（1922—2000），广东博罗福田人。1939 年，加入中国共产党。历任中共博西特别支部组织委员、博西区委组织委员、福田区委组织委员、福田特派员、东江纵队独立第三大队中队指导员、博西大队政治委员、博西常备大队政治委员。解放战争时期，历任中共博西县工委书记、粤赣湘边纵队东江第三支队第五团团长兼政治委员、中共博罗县委书记、东江第三支队第一团政治委员、中共增城县委书记。

罗 声

罗声（1917—2017），又名罗石思，广东省和平县热水镇柳村人。1938年冬加入中国共产党，1939年秋，参加东江华侨回乡服务团，任第七团县城、热水队队长。1945年春，参加东江支队，先后担任江北指挥部科长、东纵四支队连队政治指导员。1947年春，奉调到增城开展武装斗争，任增龙从博人民自卫队政治指导员，兼任增龙边办事处主任，后任中共增龙县委委员，率武装队伍活动于白面石、冷水坑、麻榨等地区。1948年，代表增龙县委和江北支队二团负责福和地区党政军领导工作。1949年8月，任东三支六团政治处主任。1949年10月，任增城县人民政府县长，为新中国成立后增城县首任县长。

王国祥

王国祥（1920—1995），增城正果镇白面石村人。1945年6月，加入中国共产党。曾任增城抗日人民自卫队（后编为东纵第五支队"铁石队"）中队长、罗浮大队大队长、中国人民解放军粤赣湘边纵队东三支五团、六团副团长。增城解放前夕，率部参加强攻正果圩重要战斗，并配合南下大军解放增城。新中国成立后，历任中共增城县委常委、县长、县委书记、县委第一书记、县委第二书记。1954年，当选广东省人民代表大会代表。1960年，调离增城，任中共宝安县委书记处书记兼光明农场党委书记、场长。1973 年，被国务院农林部选送参加外援工作，任专家工作组副组长。1975 年，回国先后任惠阳地区复员退伍军人安置办公室主任、政法委员会副主任兼民政局局长，中共惠阳地委组织部副部长等职。

钟达明

钟达明（1917—1989），1948 年 3 月，任中共增龙县委副书记；1949 年 5 月，任中共增龙县委书记兼粤赣湘边纵队二团政委。为巩固老区、开辟新区，钟达明在派潭地区广泛发动政治攻势，分化瓦解敌人，团结一切可以团结的力量，成功争取铁卢汾自卫中队转变敌对立场，促成该中队向游击队靠拢。

二、为国家独立、民族解放牺牲的部分英烈

郑贵章

郑贵章（1912—1939），增城五星村人，出生于马来亚。中学毕业后，就读于上海暨南大学。1934 年与李东林等人回增城从事抗日救亡运动。卢沟桥事变后，积极参与福和地区抗日救亡会（后改称抗敌后援会）的活动。1938 年，徐可生到福和组织民众抗日，5 月，成立七区民众抗日自卫团，郑贵章为武装骨干。10 月，日军侵入增城，21 日，福和沦陷。徐可生集结后援会干部及自卫团 200 余人于花山组建福和民众抗日自卫游击队，并选择精锐 60 余人为常备队，郑贵章任队长。11 月，参加乌石尾坳阻击战，毙伤日军 10 多人。

1939 年春，游击队改编为六十六军随军杀敌十一中队，郑贵章仍任常备队队长，队伍活动于二龙、大坑尾、上角水一带。6 月 8 日，日军千余人经福和、二龙进攻增北。国民党一五一师一

个营于联安附近山头首先与敌接火，魏友相率十一中队配合作战。郑贵章等常备队员 60 余人从洋岗冚冲上大鱼头山，以机枪火力猛烈扫射敌人。他手执左轮手枪，佩戴望远镜于阵地上沉着指挥。日军多次冲锋均被击退。激战至午后，天气突变，大雨滂沱。日军改以炮火轰击常备队阵地，郑贵章隐蔽于树下，被弹片击中牺牲，年仅 28 岁。牺牲时仍背靠大树，紧握手枪面对来敌方向，神色凛然。新中国成立后，政府追认他为革命烈士。

林观妹

林观妹（1924—1945），出生于四升平村的农民家庭，后由大埔围村民叶庆年抱养。1943 年参加游击队，在交通站林芳小队任交通员和情报员。她工作认真细致，深得小队长林芳的喜爱和信任。1945 年 3 月，她执行收集敌情任务，行经博罗兰石不幸被俘。国民党顽军软硬兼施，想从她口中得知游击队的情况。林观妹视死如归，痛斥国民党顽军残害抗日军民的反动行径。禽兽不如的国民党顽军凶残地把她活埋。林观妹牺牲时年仅 21 岁。她以生命实践了自己在参队时许下的把青春献给人民，把生命献给中华民族解放事业的崇高诺言。

李 明

李明（1919—1942），原名陈国才，广东陆丰县人。1938 年参加青年抗日救国会。同年加入中国共产党。1939 年任陆丰县委组织委员。1941 年春，随卢伟良到增城油麻山地区组建增从番独立大队，负责宣传工作。

1942 年 1 月，李明任沦陷区中区委书记，活动于油麻山、黄旗山地区，多次组织力量配合独立大队出击日伪军。同年 4 月，参加黄旗山反"围剿"战斗。在反"围剿"期间，进村筹粮，解决部队的供养，被反共势力便衣发现，不幸被捕，惨遭杀害。牺牲时年仅 23 岁。

萧　汉

萧汉（1910—1939），云南凤庆县人。1930 年考入云南东陆大学政治经济系，因思想进步被学校开除。1934 年考入北平朝阳大学政治经济系继续学习。1935 年参加一二·九爱国学生运动。1937 年到陕甘宁边区，加入中共领导的抗日军队。

1938 年春，萧汉奉命南下，参加广东青年抗日先锋队。先在广州东郊长涞乡组织民众抗日。7 月，加入抗先增城工作队，到仙村、雅瑶活动，负责增城民众抗日自卫团第三区仙村常备队、雅瑶常备队的军事训练。

1938 年 10 月下旬，增城沦陷，一队日军数十人在竹园涌一带滋扰群众。萧汉与单容沛、阮海天、杨步尧率常备队及当地武装群众截击日军，毙伤日军近 20 人。11 月，加入中国共产党，继续协助阮海天率常备队在广九铁路塘美至石滩路段袭击日军据点，炸毁日军运输线。12 月，队伍转移至增博边区活动。1939 年 10 月，去沈园村活动，遇日军骑兵围村，暴露身份，在担杆坳遭杀害。牺牲时 30 岁。

钟若潮

钟若潮（1911—1944），原名钟计延，又名李水，广东梅县人，出身贫苦农家。1936 年，参加暹罗共产党。

抗日战争全面爆发后，偕妻王丽、弟钟育民回国投身抗日。1938 年加入惠阳青年救亡工作团，同年加入中国共产党。1939 年春夏之交，任东江华侨回乡服务团增城队副队长，带队深入农村，组织抗日团体。先于竹坑村建立前进基地，发展抗日力量，成立中共支部。先后担任中共增城沦陷区工作委员会宣传委员兼中区委、南区委书记，增城人民抗日游击基干队指导员，增从番独立大队主力中队指导员，游击队根据地油麻山地区党支部书记。

1942 年 4 月，钟若潮与刘志远、黄金水等人率独立大队 70 余人在永和黄旗山英勇奋战，粉碎了日军数百人的"围剿"。1944 年，任东江纵队第二大队飞马队政治委员。同年 5 月，在率队突围中英勇牺牲，年仅 33 岁。

萧光星

萧光星（1910—1945），又名良应，广东大埔县人。少年到马来亚谋生。在马来亚共产党员杨林清的引导下，加入马共，从事工人运动。

抗日战争全面爆发后，投身救亡运动，发动捐款，抵制日货，组织罢工斗争。1939 年 2 月，被英殖民当局驱逐出境，返回祖国。4 月，参加东江华侨回乡服务团海陆丰队，后又到博罗县参加了有进步力量的地方武装陈文博大队。8 月，加入中国共产党。

1940 年，陈文博大队的中共支部负责人被国民党博罗当局杀害。萧光星与大队的共产党员一起组织武装暴动，拉出 26 人转移到增城，编入增城人民抗日游击基干队，萧光星任副队长。队伍挺进油麻山地区开展游击武装斗争。同年冬，与地方党组织负责人钟若潮一起，开辟油麻山抗日根据地，成立中共油麻山支部和常备中队。1941 年 3 月，任增从番独立大队短枪队队长。1943 年12 月东江纵队成立，任司令部宣传科科长。1944 年 5 月，东江纵队独立第二大队回师油麻山。8 月，接替阮海天任独立第二大队队长。12 月，东江纵队第四支队在永和成立，任支队参谋。

1945 年 1 月，国民党顽军别动队会同地方反共武装近千人偷袭水围村，双方发生激烈战斗。为保卫支队，他率队抢占山口有利地形，指挥部队固守反击，在激战中壮烈牺牲，时年 36 岁。

钟西容

钟西容（1911—1945），增城福和镇鸭姆潭村人。曾任县政府录事，在广州当过警察。抗日战争全面爆发后，任国民革命军六十五军某连特务长。因不满军中的不合理现象而愤然辞职回家。1943 年，得到福和中队李南的教育启发，决心跟共产党走。1944年春，中共组建独立第二大队福和中队，钟西容任中队长，李南为副中队长。同年冬，加入中国共产党。

1945 年 8 月上旬，驻增城的国民党部队进犯中共抗日武装及其根据地镇龙旺村。钟西容率队会同大磨自卫中队、福和独立小队以及佛子庄、牛眠窝、李屋等民众抗日武装，支援钟煜明旺村中队，在突围中负伤。面对敌人，钟西容毅然拉响身上的手榴弹，壮烈牺牲，时年 35 岁。

张冠雄

张冠雄（1919—1944），增城正果镇科甲堂村人。自幼好学上进，1927 年，就读于东山小学，1936 年，考入增城中学师范部，学习成绩优良。在校参加进步团体春潮读书会；全国抗战开始，又积极参加抗战救国宣传。1938 年 10 月，日军侵入华南，增城沦陷，目睹日军暴行，他义愤填膺。1939 年初，参加中共领导的增城青年战地服务团，后转入东江华侨回乡服务团增城队，7月，加入中国共产党。当时增城国共合作形势较好，中共地下党员李东林任国民党增城县党部书记长；张冠雄任县党部干事，参与农会、妇女会等工作，又任正果平溪乡乡长。1941 年，任县党部党政工作队队长，深入正果、派潭等地恢复农村基层组织，使基层政权大多掌握在进步人士或中共党员手里。1942 年，国民党增城当局转向反共，张冠雄被软禁 2 个月，后经中共组织营救脱险，转移到龙门县教书，暂行隐蔽，随后因患病回家休养。

1943 年 10 月，广东人民抗日游击总队独立第二大队成立，张冠雄任民运组长，先在增博边区活动，后往石滩与萧志权共同建立萧塘头秘密据点，打通了油麻山根据地至罗浮山根据地的交通线。

1944 年 5 月，"独二大"回师增西南，在巩固油麻山根据地后，准备开辟罗布洞新区。罗布洞，地处增城、从化、番禺三县交界点，是军事重地。7 月，张冠雄以民运股长身份进入该地做统一战线工作。他以惊人胆识和机灵手法与地方联防队谈判，争取到乡长的支持，同意与"独二大"合作。8 月 6 日，"独二大"在罗布洞成立乡抗日民主政府，张冠雄任乡长。数日后，他在乡政府研究工作时，20 多名国民党别动队突然包围乡政府，企图逮捕他。张冠雄宁死不屈，奋力反抗，被射中 7 枪，当场牺牲，年仅 26 岁。新中国成立后，被追认为革命烈士。

刘　华

刘华（1922—1948），原名李竹康，广东五华县人。家贫，小学毕业后由亲友资助在县立第二中学就读。1939 年，在中共五华县委书记兼二中教工支部书记钟靖寰的启发引导下，参加抗日宣传活动，后加入中国共产党。1945 年，调到东江抗日前线游击区工作。

1946 年，奉命调任增城特派员干事兼增北区特派员。初以卖货郎作掩护，深入到小迳、大埔、围园、车洞、翁屋等村联络地方组织，秘密组织农会。1947 年，刘华带领一批地下党员配合东江复员人员自卫队邱学松、徐文部队攻破灵山粮仓并解除灵山乡公所的武装。随后调任县委直接指挥的武装中队任指导员，又兼任大埔常备中队指导员。他率队清除了在游击区活动的土匪、特务，奇袭梅东乡反共自卫队，显露了良好的军事才能。1948 年 1 月，调任中共江北工委训练班任指导员，由于工作深入，善于做思想工作，又以身作则，被评为模范指导员。

1948 年春，由于国民党军和地方反共联防队频频向中共增龙游击区进攻，训练班要经常转移。4 月下旬一个晚上，驻龙门永汉的国民党一个营远道奔袭驻扎在雁洋陂的江北支队指挥机关，训练班会同机关警卫部队反击来犯之敌。是役，刘华率队猛烈追击，敌人弃枪逃遁。第三天早上，敌人再以一个团的兵力来犯，因众寡悬殊，主力部队主动转移，刘华率队殿后，不幸中弹，壮烈牺牲，时年仅 27 岁。

李一民

李一民（1919—1948），原名李炳文，广东番禺县人。少年时在市桥读书，1934 年考入番禺师范学校。1937 年夏，投奔延安，进入抗日军政大学学习。1938 年，被派到广西贺县，以中学教师身份从事抗日救亡工作，并加入中国共产党。1939—1941 年任广东省第一儿童教养院教导主任、曲江县下坑村小学校长，秘密从事农民运动和统战工作。1942 年 5 月，国民党广东当局掀起反共逆流，李一民在南村坑头教书，后到清远滠江、梧州、桂林、肇庆等地从事地下工作。

1947 年冬，被派到增城北部游击区任派潭区委书记兼武工队队长，从事武装斗争。李一民机智勇敢，经常带领武工队在区内各村活动。1948 年 6 月 26 日，他带领 4 名武工队员到灵山七境村活动，被敌人察觉，旋即受三面包围。他临危不惧，指挥武工队员突围反击，毙伤多个敌人。李一民大腿被敌人子弹击中，无法行走，被敌人发现掩蔽之处时，李一民扔出手雷，炸死几个敌人，敌人一阵乱枪扫射，他中弹壮烈牺牲。牺牲前，李一民振臂高呼："中国共产党万岁！"时年仅 30 岁。

为国家独立、民族解放而献身的英烈名录：

姓名	性别	出生时间	籍贯（镇、村）	入伍时间	牺牲时职务	牺牲时间、地点
郭继枚	男	1892	福和官塘	1910	同盟会会员	1911 年，广州起义，有传
卢锦添	男	1888	五华县潭下	1925	自卫军队长	1926 年 9 月，五华县光华
伍来成	男	1899	新塘新何	1925	中共新塘支部书记	1943 年，新塘东洲，有传
郑贵章	男	1912	荔城五星	1938	抗日自卫队小队长	1939 年春，福和，有传
陈德明	男	1918	中新	1939	抗日游击队队员	1940 年，镇龙南山口
温继清	男	1921	镇龙均和	1939	游击队交通员	1941 年，永和陂头村
邓继润	男	1907	镇龙旺村	1940	抗日分队队长	1941 年 7 月
李利华	男	1919	镇龙洋田	1938	游击队中队长	1942 年 2 月，佛子庄
汤佛尧	男	1919	荔城	1939	游击队小队长	1942 年，宝安县
李焕荣	男	1916	福和永兴	1941	游击队小队长	1942 年 3 月，广州市
钟均权	男		福和永兴	1941	地下工作者	1942 年 7 月，官塘村
卢显传	男	1931	永和禾丰	1941	东纵通讯员	1943 年 7 月，博罗横村
叶日新	男	1911	三江大埔围	1943	东纵队员	1943 年 9 月，因伤病故
陈满城	男	1919	中新	1943	游击队通讯员	1944 年，镇龙金坑
温淑娣	女	1920	派潭大埔	1942	东纵队员	1944 年，被捕后牺牲
卢显华	男	1908	永和禾丰	1940	东纵后备中队长	1944 年，新塘担杆坳
魏荣兴	男	1917	福和南池	1944	东纵队员	1944 年，罗布洞

（续表）

姓名	性别	出生时间	籍贯（镇、村）	入伍时间	牺牲时职务	牺牲时间、地点
李锦凌	男	1916	镇龙洋田	1942	中共工作组组员	1944 年 9 月，永和蓂园
钟记安	男	1922	镇龙金坑	1940	东纵班长	1944 年 9 月，永和蓂园
张冠雄	男	1919	正果科甲堂	1937	罗布洞乡长	1944 年 8 月，罗布洞，有传
李政滋	男	1916	镇龙洋田	1942	东纵小队长	1944 年，中新
钟　开	男	1924	镇龙均和	1942	抗日游击队队员	1944 年，罗布洞
卢架化	男	1924	永和蓂园	1938	东纵保卫员	1944 年，龙门铁岗
马德云	男	1906	荔城西瓜岭	1944	东纵队员	1944 年 11 月，罗布洞
王水容	男	1910	正果白面石	1944	东纵队员	1944 年，派潭鹧鸪山
陈朝中	男	1929	正果乌头石	1943	东纵队员	1944 年，陈和洞
袁扬华	男	1927	福和镇	1942	抗日游击队	1944 年，鸡岽
王房兴	男	1920	正果银场	1941	东纵队员	1944 年，博罗西角
曾元禧	男	1903	仙村岳湖	1944	东纵中队长	1944 年，岳湖
温金日	男	1920	派潭大埔	1944	东纵班长	1945 年，太平场
朱记才	男	1919	镇龙金坑	1940	东纵队员	1945 年，金坑
杨丁福	男	1928	荔城光明	1944	东纵队员	1945 年，仙村耕寮
卢记福	男	1908	永和叶岭	1945	东纵队员	1945 年，郭屋仔
彭记全	男	1911	荔城庆丰	1942	东纵队员	1945 年，旺村
马富英	男	1926	荔城	1940	东纵收税员	1945 年，清燕乡
陈国荣	男	1924	荔城	1939	东纵税收站站长	1945 年，增江税站

（续表）

姓名	性别	出生时间	籍贯（镇、村）	入伍时间	牺牲时职务	牺牲时间、地点
卢扬七	男	1923	永和禾丰	1940	东纵队员	1945年，罗布洞
林观妹	女	1924	三江大埔围	1942	东纵交通员	1945年，博罗兰石
李宗甫	男	1926	福和永兴	1942	东纵队员	1945年，旺村
钟西容	男	1911	福和三星	1939	东纵中队长	1945年，旺村，有传
汤庇祥	男	1926	镇龙汤村	1944	东纵队员	1945年，旺村
钟九如	男	1923	镇龙汤村	1943	东纵队员	1945年，旺村
方杨华	男	1920	镇龙洋田	1944	东纵后备队队员	1945年，鸡㞟寨
许茂高	男	1927	永和叶岭	1944	东纵队员	1945年，叶岭
谢保辉	男	1917	荔城西瓜岭	1942	东纵队员	1945年，太平圩
王房林	男	1926	正果白面石	1944	东纵小队长	1945年，白面石
石湛全	男	1914	朱村石山田	1944	东纵队员	1945年，仙村岳湖
谢刘达	男	1907	石滩谢屋	1944	东纵班长	1945年，仙村岳湖
谢朱兴	男	1922	石滩谢屋	1945	东纵队长	1945年，仙村岳湖
万向德	男	1913	石滩麻车	1944	东纵队长	1945年，仙村岳湖
刘炳池	男	1927	永和公安	1941	东纵队长	1945年，塔岗
罗络书	男	1914	宁西百湖	1944	东纵队长	1945年，龙门县
刘佑潭	男	1926	永和公安	1944	东纵队长	1945年，龙门县
刘连新	男	1915	永和禾丰	1944	东纵通讯员	1945年，博罗县
叶有仔	男	1917	永和叶岭	1944	东纵交通员	1945年，叶岭
谢子银	男	1921	石滩谢屋	1942	东纵队员	1945年，仙村岳湖

（续表）

姓名	性别	出生时间	籍贯（镇、村）	入伍时间	牺牲时职务	牺牲时间、地点
李览发	男	1916	福和永兴	1945	东纵队员	1945 年，镇龙
林水祥	男	1927	福和五联	1944	东纵队员	1945 年，镇龙
欧阳洁英	女	1893	永和禾丰	1944	东纵队员	1945 年，东莞县
方蛇仔	男	1926	镇龙洋田	1942	东纵队员	1945 年，九和岭
何观娣	女	1911	正果合水店	1945	游击队炊事员	1945 年，白面石
钟良宏	男	1908	福和三星	1944	东纵交通员	1945 年，陈岗墩
钟炯荣	男	1920	福和	1945	东纵税站站长	1945 年 8 月，三星乡
李 彬	男	1922	永和禾丰	1938	东纵交通员	1945 年，永和菱园
赖伯胜	男	1924	正果正果洋	1944	东纵队员	1945 年，正果
巫新龙	男		镇龙金坑			抗日战争中被日军杀害
卓任章	男					抗日战争中被日军杀害
赖日新	男	1915	正果合水店	1944	东纵队员	1946 年，山东烟台
王金记	男	1916	正果圩	1945	交通站情报员	1946 年，马岭村
廖木清	男	1928	镇龙洋田	1945	自卫队队员	1947 年 7 月，九和
黄亚军	男	1917	中新山美	1945	自卫队班长	1947 年 7 月，派潭
陈志光	男	1924	福和坳头	1944	自卫队副中队长	1947 年 7 月，东江河岸
谢刘春	男	1911	派潭拖罗	1946	自卫队队员	1947 年 9 月，仙村岳湖
汤耀枢	男	1908	派潭车洞	1941	自卫队中队长	1947 年 11 月，派潭车洞
卢丁仁	男	1907	永和禾丰	1940	江北支队班长	1947 年，增城

（续表）

姓名	性别	出生时间	籍贯（镇、村）	入伍时间	牺牲时职务	牺牲时间、地点
叶醒云	男	1910	新塘甘涌	1942	东纵分队长	1947 年 3 月，东莞章彭
叶 双	男	1902	派潭马村	1947	村农会会长	1947 年 12 月，派潭马村
曾房添	男	1918	福和五联	1947	江北支队战士	1948 年 1 月，博罗
何周文	男	1922	朱村山角	1947	江北支队战士	1948 年 2 月，腊圃
陈罗妹	男	1906	正果庙尾	1947	农会干事	1948 年 2 月，正果
曾阿明	男	1925	小楼秀水	1947	地下交通员	1948 年 2 月，增城
温 尧	男	1923	镇龙均和	1940	东江纵队医生	1948 年，增城
陈华岳	男	1924	派潭万能	1945	江北支队战士	1948 年 3 月，黄洞
谢水清	男	1908	派潭高村	1945	江北支队队员	1948 年，派潭
张灶保	男	1890	派潭佳松岭	1947	村农会会长	1948 年 6 月，佳松岭
温燕祥	男	1917	镇龙均和	1942	东江纵队中队长	1948 年，增城
李宗胜	男	1925	派潭高村	1946	江北支队班长	1948 年 10 月，从化三八圩
谢亚华	男	1904	福和联安	1947	江北支队队员	1948 年 5 月，派潭小迳
黄 辉	男	1918	派潭水口㘵	1948	江北支队班长	1948 年 4 月，博罗公庄
王镜清	男	1928	正果正果洋	1947	江北支队交通员	1948 年 7 月，龙门南昆山
温 留	男	1928	派潭背阴	1946	江北支队队员	1948 年 7 月，龙门南昆山
龙 祥	男	1925	小楼约场	1944	江北支队中队长	1948 年 11 月，龙门
龙醒文	男	1920	派潭围园	1946	江北支队班长	1948 年 8 月，龙门麻榨

（续表）

姓名	性别	出生时间	籍贯（镇、村）	入伍时间	牺牲时职务	牺牲时间、地点
邓　仁	男	1921	派潭围园	1945	江北支队收税员	1948年12月，派潭洪桥
李国荣	男	1919	派潭高滩	1947	江北支队队员	1948年8月，博罗石坝
黄亚兰	男	1928	福和联安	1947	地下交通员	1948年10月，增城
谢玉胜	男	1906	福和联安	1947	江北支队通讯员	1948年10月，派潭小迳
王伙灶	男	1921	正果白面石	1946	江北支队队员	1948年，白面石
范水房	男	1923	派潭背阴	1948	江北支队队员	1948年8月，龙门
黄奕明	男	1932	派潭丫口㙟	1946	江北支队队员	1948年8月，博罗石坝
江灶有	男	1915	派潭双头	1946	江北支队队员	1948年8月，增城
邱炳安	男	1931	派潭樟洞坑	1948	江北支队队员	1948年5月，博罗公庄
张德强	男	1919	派潭佳松岭	1947	江北支队队员	1948年8月，龙门香溪
温利容	男	1921	派潭马村	1946	江北支队队员	1948年，龙门
刘项羽	男	1923	派潭刘家	1947	江北支队队员	1948年，博罗石坝
温叔清	男	1902	派潭高滩	1947	江北支队队员	1948年，博罗石坝
温吴福	男	1928	派潭双合寮	1946	江北支队通讯员	1948年10月，派潭灵山
温　洪	男	1923	派潭双合寮	1948	地下工作者	1948年11月8日，灵山
罗日祥	男	1923	正果浪拔	1948	江北支队队员	1948年6月，正果浪拔
汤伯敬	男	1929	派潭车洞	1946	江北支队班长	1948年，派潭斗岗
莫　廉	男	1925	朱村丹邱	1943	东江纵队战士	1948年8月，官田
萧观荣	男	1916	派潭双合寮	1947	地下情报员	1948年，派潭
石会容	男	1908	朱村山田	1945	东江纵队队员	1948年8月，山田

（续表）

姓名	性别	出生时间	籍贯（镇、村）	入伍时间	牺牲时职务	牺牲时间、地点
吴锡云	男	1921	镇龙均和	1942	游击队小队长	1948年10月，增城
赖奎	男	1918	派潭高滩	1948	江北支队队员	1948年6月，从化
黄永科	男	1919	派潭双头	1946	江北支队队员	1948年6月，杨屋
潘镜	男	1919	派潭高滩	1942	江北支队收税员	1948年，派潭高滩
赖魁	男	1917	派潭车洞	1947	江北支队班长	1948年8月，博罗石坝
姚金胜	男	1927	派潭亚如岃	1947	江北支队队员	1948年8月22日，龙门
王凯如	男	1929	正果正果洋	1946	江北支队交通员	1948年，正果
王坚如	男	1929	正果正果洋	1946	江北支队交通员	1948年，正果
黎运珍	男	1908	正果合水店	1947	江北支队交通员	1948年，正果
刘亚文	男	1924	派潭高埔	1948	江北支队队员	1948年，灵山
温水阶	男	1924	派潭亚口岃	1948	江北支队班长	1948年11月，火烧鸡圩
宋锦城	男	1917	永和永岗	1948	江北支队战士	1948年12月，东莞
蔡英福	女	1921	正果圩	1948	江北支队战士	1948年，龙门永汉
冯金	男	1922	派潭高村	1947	江北支队战士	1948年冬，派潭
钟炳坤	男	1924	龙门永汉	1947	粤赣湘边纵队队员	1949年，龙川老隆
汤亚喜	男	1912	派潭车洞	1947	粤赣湘边纵队队员	1949年4月，博罗石坝
汤经昌	男	1929	派潭车洞	1947	粤赣湘边交通站站长	1949年4月，车洞
龙廖榕	男	1929	小楼长岭	1947	粤赣湘边纵队队员	1949年2月，黄洞

（续表）

姓名	性别	出生时间	籍贯（镇、村）	入伍时间	牺牲时职务	牺牲时间、地点
刘锡洪	男	1924	派潭水口𪨗	1948	粤赣湘边纵队队员	1949 年 8 月，博罗石坝
邱水平	男	1901	派潭樟洞坑	1948	粤赣湘边纵队队员	1949 年 3 月，派潭樟洞坑
潘亚长	男	1930	派潭樟洞坑	1948	粤赣湘边纵队队员	1949 年 3 月，派潭樟洞坑
丘金土	男	1901	派潭樟洞坑	1949	樟洞坑农会会长	1949 年 4 月，派潭
李　辉	男	1913	派潭水口𪨗	1949	粤赣湘边纵队交通站站长	1949 年 8 月，龙门
李国英	男	1914	派潭亚如𪨗	1948	粤赣湘边纵队班长	1949 年 8 月 25 日，博罗石坝
钟树沛	男	1918	新塘东洲	1944	粤赣湘边纵队指导员	1949 年 9 月，广州流花桥
魏何福	男	1927	福和南池	1949	粤赣湘边纵队队员	1949 年 8 月，福和田美
郑金福	男	1929	朱村丹邱	1948	粤赣湘边纵队队员	1949 年，东莞
刘永祥	男	1904	荔城太平	1948	粤赣湘边纵队队员	1949 年秋，增城
钟记贞	男	1929	福和永兴	1949	粤赣湘边纵队队员	1949 年 8 月，福和田美
钟　镜	男	1920	正果岳村	1947	粤赣湘边纵队班长	1949 年 8 月，博罗石坝

（续表）

姓名	性别	出生时间	籍贯（镇、村）	入伍时间	牺牲时职务	牺牲时间、地点
张金伟	男	1914	正果水围	1947	粤赣湘边纵队小队长	1947年7月16日，博罗泰尾
高　秀	男	1919	正果蒙花布	1947	村农会干部	1949年春，增城
陈观石	男	1911	正果麻冚	1949	地下交通员	1949年9月29日，岳村花园
刘　银	男	1919	正果庙尾	1947	村农会会长	1949年，增城
王齐观	男	1929	正果银场	1947	粤赣湘边纵队队员	1949年7月，正果
张瑞南	男	1933	正果水围	1946	粤赣湘边纵队队员	1949年，博罗鸭爪
王来兴	男	1931	正果白面石	1948	粤赣湘边纵队队员	1949年8月，博罗石坝
蓝泽棠	男	1929	派潭小迳	1946	粤赣湘边纵队队员	1949年，正果圩
林灼澄	男	1929	宁西斯庄	1948	粤赣湘边纵队队员	1949年，斯庄
高金明	男	1914	正果蒙花布	1947	村农会会长	1949年春，增城
王容观	男	1928	正果银场	1949	粤赣湘边纵队队员	1949年6月，正果
潘记容	男	1925	派潭万能	1949	粤赣湘边纵队队员	1949年6月，罗浮山
赖琛芳	男	1923	派潭亚如冚	1948	粤赣湘边纵队收税员	1949年5月，派潭灵山

（续表）

姓名	性别	出生时间	籍贯（镇、村）	入伍时间	牺牲时职务	牺牲时间、地点
郭　全	男	1921	派潭玉枕	1947	粤赣湘边纵队队员	1949 年 4 月，龙门
朱　骥	男	1910	荔城	1946	粤赣湘边纵队团长	1949 年 7 月，九佛
温鸿坤	男	1929	派潭亚口岬	1948	粤赣湘边纵队队员	1949 年 1 月，派潭灵山
李　胜	男	1924	派潭亚如岬	1947	粤赣湘边纵队事务长	1949 年 5 月，灵山
张灶保	男	1929	派潭围园	1947	粤赣湘边纵队队员	1949 年 8 月，博罗石坝
王秋娣	男	1925	正果亮星	1948	粤赣湘边纵队副班长	1949 年 6 月，正果
郑国珍	男	1927	福和联安	1947	粤赣湘边纵队队员	1949 年 8 月，河源
何肥有	男	1928	荔城三联	1948	粤赣湘边纵队情报员	1949 年，增城
潘学华	男	1930	派潭樟洞坑	1948	增经办事员	1949 年，樟洞坑
李　苟	男	1914	派潭亚口岬	1948	粤赣湘边纵队队员	1949 年 10 月，龙门永汉
张　伟	男	1921	正果乌头石	1945	粤赣湘边纵队班长	1949 年 10 月，博罗石坝

附录五 革命历史文献资料

一、中共增城县委给省委报告
——政治状况、党的组织及工作情况（1928 年）

（一）政治

现增城所驻的军队系袁虾九领导，有千余之众，受徐景唐委任，前者有多数土匪投降，有数月未给过饷，这种土匪完全逃了，只剩得千余杂色军队。此军队所驻的在新塘、仙村、增城街，以及正果，共计有千余人，时有操练。前者反动政府派有四人到来改组民团，及警卫队，豪绅初时在于敷衍中……（原文此处缺字）亦不敢反对他们，仍然照前的。近日反动政府再派学生养成所二人到来，严令从速进行成立地方警卫队，改过民团旗色，举湛国珍为地方警卫委员会主席，目前做过数月区长兼民团团长，今又举湛洸、伍研初为委员。今地方委员会与国民党及防军互相联络，清剿共党，言说新塘为东江咽喉之地，一定有共党捣乱东江后方，但他准备查共党同时派出武装压迫各村。有乡团就要改称为警卫。对于新塘□□有土盖税捐办事处，有禁烟局，实际卖烟。有猪捐、牛捐特向商店抽收。县长姓周系土人，有些知道贫民痛苦。

（二）党的组织

县委负责人：伍来成、钟欢、钟泉、伍钟泉、阮树熙、阮客亮，常委来成、钟欢、钟泉，市委负责人罗耀辉、张全业、满，后补伍苏南。支部同支、农支、猪屎地支、暇下（瞰吓）农支及艇支共有 5 个，现在我们在继续发展。赤卫队前者由内部同志同埋非同志没有加入赤卫队，秘密工会只有同德工会。决定每人每月给二仙，理发工会现未有成绩，仍须速派同志去改造。士兵运动现未做到。农会已经去征求着不日可成。

（三）调查状况

增城有十三都系前清分配定，有的同志报告将十三都改为十三区。现知道二区九区十一区，为二区及九区有组织党部。全县人口有十万余，农民有七万田地，够耕及养畜牲帮助，未受过大的痛苦。土豪一万，地主一万，劣绅一万。有失耕的做兵做贼者千余人。全属出产果品、谷米。共计枪支有二万五，多数公众，少数私家的。地盘由沙村起至罗浮山止，有六百六十里，北至南有一百余里，南边大，西直通东江。另有奸商百余人。

（四）党的工作

县委会每月一次，逢初一，常委会每月六次，逢初一初六，市委每月三次，逢十日，支部会每月六次，逢一、五，各级党部或特别会议临时定，大会提出通过，每个同志每月负责党费六仙。此次"济案"宣运做了一次散传单以及标语等，做了三次破坏交通（断铁路、锯电柱）。散放传单未有收成绩，因袁虾九部队夜深出山放哨防烂头发打击。有做过几次告农友书，他有些感觉。近日附近唐美乡做戏，我们又做了一次传单运动，省农会的通告、全国总工会宣言、共产党宣言，一律当戏场散发。县委每月出星期刊四次及翻印对于新增没有做过的传单。未有做到传单运动，因反动机关常知道我们有付油印机，因此不敢在本处散放。

增城县委

——摘自《广东革命历史文件汇集》1928—1931 甲 32，第217—220 页

二、伯岳给省委职委报告——新塘职运工作情况

（1928 年 7 月 1 日）

省委职委：

现将新塘职运工作汇报如下：

（一）新塘有工人约千四百（1400）人，原有工会十间，自广州暴动后通通被迫解散，失业工人约百五十人左右，一失业均回乡去了，该地工人在该地者很少。

（二）工人斗争情形。该处工人斗争非常勇敢，在过去革履工人斗争四个月，纸料工人斗争三个月，油业工人斗争一个多月，结［果］亦是胜利，因工会解散后散漫下去。

（三）工人之觉悟。十九行商会因各工人有了这种精神，利用同德工人组织同德工会，来破坏工人斗争，每月帮助六十元经费，但同德工人非常觉［悟］，只接了他的银反去帮助工人斗争，结果同德工会亦被解散，新塘现在无一间工会存在。

（四）反动势力不大，同志仍能在群众中活动，只有警卫队组织，仍未有向我们进攻。

目前新塘工作：

（一）反对运动不能做起。同志只有十二人，同德工人占了六人，其他职业亦有一、二人。因过去组织是很散漫，现在正整顿支部，再过些时，可能将反帝运动做起。

（二）秘密工会。我到后与他成立了同德支部一个，有工人十人。制香、理发是有可能成立，约过了这个星期便可成立。

（三）宣传口号。工人应要恢复工会，争回原有条件，便要秘密团结起来。

（四）决定发展方向。邮政，驳船，长生，轮渡，我原本在这处帮助他们去发展组织，因东莞城工作紧张，所以，我

们便回东莞城，临行时交下秘密工会方法，及经济斗争方法，各同志根据执行。莞城工作有相当时候或回新塘一行，观察如何。

伯岳

——摘自《广东革命历史文件汇集》1927—1934 甲 33，第 243—244 页

三、中共广东省委致增城县委信（增城第三号）

——关于群众斗争的宣传发动工作

（1928 年 7 月 5 日）

增城县委：

一、从你们最近的报告看来，看不出你们领导群众斗争的工作。你们除了计划发展赤卫队工会农会及党的组织而外，你们并没有注意发动群众的斗争。假如这样，那就错了。如果斗争不注意发动，宣传与组织有什么用处呢？党如果不去领导斗争，发展做什么呢？这是你们目前工作根本要纠正的问题。你们应该注意如何去发动工人农民小的斗争，如工人之工资减少，时间增多，被恶东的辱骂欺凌，条件推翻等痛苦；农民之被迫交租交税，被地主摧残剥削，或被军队强奸抢掠等痛苦，虽然很微小的问题，亦应注意去启发他们起来斗争。斗争方式，不一定要罢工，甚至是请愿或包围恶东工头等方式，都可以采用，只要能够领导群众起来参加，这是县委第一项重要工作。

二、工会农会之发展也太迟缓，尤其是工会的发展太慢，除了同德工会外，你们直至现在，尚没有一个工会之组织。省委希望你们能够依照省委历次通告及省港罢工征求期工作大纲，积极去扩大工会。你们切不可把工会当为党机关，你们切不可将吸收工会会员的条件提得太高，一定要他们能够愿意为本身利益而奋

斗，即须尽量和他们接近，及介绍他们入工会。经常应有工会的宣传工作，可用工会名义发表宣言传单（特别关于经济方面）。《工农兵》可以用工会名义出版。

如果工人对于组织工会尚有畏惧，可以用俱乐部、兄弟会、合作社等方式组织之。

三、你们的宣传太偏于政治，而且政治的消息，多是造谣与空泛，观各期《工农兵》即可知道。在《工农兵》中，找不出增城本地工农生活痛苦之记载，没有讨论增城工农的实际问题。只是全国全省的东西，且"车大炮"亦太利害（如仁化仍有苏维埃政府割据十三县等）。群众不会因为这样而兴奋，尤其是政治程度还很落后的增城工农。你们必须马上纠正。以后要多多登载增城本地的工农生活及鼓励他们斗争的文章；全省情形只略说一些，只能占《工农兵》一部分，可转录《红旗》一部分稿件。文字方面，技术要弄好一些，同时要非常注意用简单的几句口号，印成一页页纸，宣传鼓动。篇幅不必太大，文字冗长反使工农群众不愿阅读，印的份数，愈多愈好，最少一千份散发到每个工农手中。你们说反动派注意你们，所以你们不敢在县委所在地发传单，这是不对的。发传单不一定要县委同志亲自出马，可分配同志去做。不过我们要注意秘密技术，如散发的方法要好，及散发后同志不可直回机关等，都应注意。但你们一定要懂得，宣传工作决不只传单运动，不只是靠文字的宣传。应该特别注意口头的宣传，可以督促同志去找群众谈话。每个同志，要担任此项口头的责任。尤其注意谈一些工农日常生活的问题，不必开始便讲暴动、苏维埃。

四、你们目前应特别侧重新塘及铁路沿线工作，更加紧群众的组织及斗争。海面的船艇工作，亦要注意。你们目前必须考察群众目前最迫切的问题，提出适当之发动斗争口号，如反对人民警卫队等，以鼓动群众的小斗争的爆发。

省委

　　——摘自《广东革命历史文件汇集》1928（四）甲 1，第49—52 页

附录六 重大革命事件记述文章

抗战初期战斗在增南的增城一支人民抗日武装

廖国端

卢沟桥事变后的一年时间，日军侵占了我华北、华中大片国土。1938 年 5 月，日军飞机轰炸广州、增城等地，华南局势紧张。6 月，在中共广东省委领导下，广东各地蓬勃开展抗日救亡运动。8 月，省委负责人尹林平、李大林在广州召开东莞、增城、南顺、从化、花县、三水等广州外围几个县党组织参加的人民武装工作会议，研究如何建立和掌握人民武装问题，会议决定各地党组织要千方百计利用各种合法形式组织人民抗日武装，积极推动国民党当局举办自卫队的军事训练，党组织要派党员积极参加军事工作，学习军事，争取掌握人民抗日武装。这次会议为抗战初期我党的武装活动指明了方向。

先是卢沟桥事变后，增城籍的共产党员阮海天奉省委指示，于 1937 年底自高明返回增城工作，以重建增城党的组织和筹建武装。他回到家乡仙村竹园涌神山小学教书，以教师职业为掩护，1938 年 2 月，在仙村成立中共党支部，阮海天任支部书记，隶属东莞中心支部。4 月，他利用了广东省第一职业学校同学单容沛（增城石滩人）在增城民众抗日自卫团三区统率委员会当主任的关系，出任三区政训员，开始接触抗日自卫队工作。

7月，由队长张学臻（先）、杨步尧（后）率领的十五六人的广东青年抗日先锋队增城工作队到达增城，经国民党增城县长周东和县党部书记长等人欢迎接待后，开赴增城南部铁路沿线的仙村、雅瑶，开展抗日宣传和发动群众的工作，这个工作组建立了中共支部（之后改称雅瑶党支部），支部书记先后是卓扬和杨步尧，也归东莞中心县委领导。抗先临工委和中心县委交给他们的重要任务是建立抗日武装队伍，作为日军侵入时在罗浮山建立根据地的第一步，围绕这个中心，要建立各种抗日群众组织，发展抗日民族统一战线，开展争取各抗日阶层工作。很快，抗先工作组便和单容沛建立合作关系，并争取了仙村乡乡长、雅瑶乡乡长等有爱国心的地方实力派的支持。

在两个中共支部的共同努力下，仙村、雅瑶一带的抗日群众运动有了很大发展，成立了民众学校，建立了抗先地方支队和妇女救国会。8月底，在此基础上分别成立了"广东民众抗日自卫团增城县仙村大队"和"广东民众抗日自卫团增城雅瑶大队"，各有200多人，属不脱产性质，雅瑶大队长由该乡乡长、青年士绅吴淦澄担任，该大队有2挺机枪和100多支长短枪，下辖6个中队。随后，又争取该乡华侨捐款购买了药品和简易医疗器械，成立了二三十人的脱产的战时救护队。两个自卫团大队的组成，为以后我党在增城开展抗日武装斗争打下了基础。

1938年10月12日，日军在大亚湾登陆。接着，陷惠阳、博罗，直逼增城，指向广州。在战争迫在眉睫之际，中共仙村、雅瑶支部共同作出决定：在两个自卫团大队的基础上，组建自卫团脱产常备队，作为党直接领导的抗日武装。随后，阮海天通过单容沛与国民党增城县政府联系，正式成立"广东民众抗日自卫团增城县第三区常备队"，三区常备队以原仙村大队为基础，有70多人，配备有轻机枪和长短枪。经地方人士和抗先工作组共同协商，决定由单容沛任队长，阮海天负责军事指挥，杨步尧任政训员，萧汉任军事教官，枪支由原大队提供和区内各乡筹集，经费主要由各村的公偿提供和社会各方面捐献。与此同时，雅瑶也成立了五六十人的脱产常备自卫队，由吴淦澄为队长，吴很乐意接受抗先工作队（实际上是共产党）的领导，常备队的组建工作很快地在几天内完成。这时日军的铁蹄已踏进增城了。

10月20日，国民党驻守增城的部队一八六师和独二十旅与日作战。除独二十旅三团二营在营长黄植虞率领下在正果白面石英勇抵抗与敌激战一天，杀伤敌军160余人外，其他都在敌空军轰炸下，溃不成军，仓皇后撤。同日，增城陷入敌手。

10月下旬，另一路日军数十人沿东江河边经仙村西福河口到白鹤洲一带骚扰群众。阮海天、单容沛、杨步尧、萧汉等率三区常备队、雅瑶常备队、仙村和雅瑶2个自卫大队人员以及仙村竹园涌群众数百人在竹园涌一带奋勇抗击日军，这是我党领导的增城人民抗日武装第一次打击日本侵略军的战斗。战斗异常激烈，常备队凭着熟悉的地形与敌人周旋，自上午打到傍晚，击毙日军约20人，击沉敌汽艇一艘，缴获木船一艘和枪支弹药及军用品一批，我军无一伤亡。这一仗，打击了敌人的嚣张气焰，振奋了我军心民心，其影响遍及增西南、博西地区及东莞水乡和禺北一带。

数日后，日军百多人又来侵犯，常备队等武装又在开大墩与沙头之间把敌击退。不数日，日军又进犯雅瑶的新田圩，我三区常备队和雅瑶常备队、自卫队奋起抗击，与敌在圩内激战，毙敌3人。侵占塘美火车站的日军闻讯增援并包围我队，由于我队是新建，队员普遍缺乏作战经验，因此，在敌人疯狂进攻中，吴德贤、吴启图、吴闰东、吴沛连4名队员光荣牺牲。后来我队在圩外部队支援下，终于突围出来，敌军也撤退了。

增城沦陷后，国民党县政府搬迁到增北山区的东洞，管辖范围仅有北部的派潭、正果和福和部分地区，小楼以南的广大地区都成为沦陷区。日军在广增公路和广九铁路沿线建立了一系列据点，增南地区的日军据点有石滩、仙村、白石、塘美、新塘等，斗争形势越来越险恶。

11 月，中共仙村、雅瑶支部联合推举阮海天到东莞找中心县委汇报请示，中心县委决定：2 个支部（指仙村、雅瑶 2 个支部）合并，由阮文（当时在常备队任文书职务）任书记（后来实际由阮海天负责），阮海天负责军事工作，杨步尧负责部队政治工作，县委还强调，武装斗争要与群众工作密切结合；鉴于部队正处在成长过程，强调军事上主要是积极学习摸索。

阮海天回来后，雅瑶常备队并入三区常备队，队员增加到 110 多人，以竹园涌和雅瑶为基地，继续开展打击日军的斗争。在 11 月、12 月两个月，进行过大小战斗多次，先是主动出击夜袭塘美火车站的日军兵营，不料狡猾的日军怕我夜袭，已于白天撤走，常备队破坏了车站的一些设施，拿走了一些铁路器材。第二天晚上，常备队利用这些铁路器材，破坏了附近的铁路桥梁；以后还多次出动破坏铁路和桥梁，造成敌人交通运输的困难。后来，部队又转到石滩附近活动，不断地骚扰和打击日军。鉴于竹园涌和雅瑶离日军据点仙村、白石、塘美仅二三公里，受敌威胁太大，为利于保存自己之故，常备队的活动基地逐步从铁路沿线的平原区转向离日军据点较远的岳湖、招步一带的丘陵区。

三区常备队英勇抗击入侵日军的斗争，极大地鼓舞了当地的人民群众。部队所到之处，群众热情接待食宿，替部队送信送情报，各乡村也积极为部队筹粮、筹经费，补充枪支弹药。在三区常备队的影响和推动下，广九铁路沿线许多村庄先后组织起群众武装抗击日本侵略者。常备队政训员杨步尧和军事教官萧汉去到白湖庄，动员该乡乡长罗洛书起来抗日，并介绍了打游击的经验。

几天后，日军大队人马来犯白湖庄，罗洛书带领村民数百人拿起武器抵抗，激战竟日，打死日军多人，敌被迫撤退。当日军侵占新塘地区时，群众也起来主动抗击侵略者，新塘镇的武装群众曾击毙敌 1 个骑兵头目。西洲村的群众自卫武装在广（州）虎（门）公路截击日军，后又打死了一个来村骚扰的日军士兵。随后，新塘、西洲都遭到日军的残酷报复。

三区常备队的战斗也大大地震慑了敌人，使日军在占领区建立的伪政权和汉奸组织维持会陷于难产，有的推迟了三四个月，有的甚至半年之后才勉强出笼。

1938 年冬，三区常备队接引了国民党增城县长周东及其所属的社训总队到沦陷区雅瑶、岳湖、招步一带活动了几天，常备队的行动对国民党官兵产生了良好的影响。周东对常备队坚持敌后武装斗争的行动和精神表示钦佩。其后，国民党增城县政府筹了一些经费发给常备队，表示支持。

到了 1939 年，由于日伪强化对沦陷区的统治，常备队留在原地活动有困难，尤其是部队的给养难以解决，阮海天在与单容沛商量后并经中共支部同意把部队拉至增博交界即东江抗日前方与后方交界处的联和、福田、正果、三江一带活动，并取得国民党"六十三军随军杀敌队独立中队"番号，由单容沛任中队长，阮海天任副中队长。部队配合驻防增博地区的国民党独立九旅六二六团二营进行了三次战斗。第一次是夜袭日军的罗岗村据点，第二次是在增江河截击日军从广州经石滩到增城的军用运输船队，第三次是袭击占据增城县城的日军。这些战斗都狠狠打击了敌人，长了部队的士气，提高了部队在人民中的威望。当部队转移去增博边境时，杨步尧与萧汉因病未能随军，留敌后雅瑶附近养病，病愈后仍在雅瑶一带组织游击小组活动。萧汉不幸于 1939 年 10 月在沈园村活动时被日军逮捕，押至新塘英勇就义。

　　1939 年春，增城的党组织转属中共博罗县委领导，党很关怀这支在战斗中成长起来的人民抗日武装，先后派出曾在延安抗日军政大学学习过的谢阳光、赵学钊、郭大同到该部帮助进行整顿，加强了部队建设。1939 年 4 月，这支近 80 人的部队，奉中共东江特委命令，在阮海天的率领下，带上 2 挺机枪和一批武器装备，开赴东莞，编入王作尧大队，正式番号为"第四战区第四游击纵队直辖第二大队第三中队"，阮海天也在艰苦的对日作战中锻炼成长为东江纵队的一名优秀的支队指挥员。

　　增城县第三区常备队是抗战时期，在第二次国共合作形势推动下，由中国共产党组建的第一支增城人民抗日武装，它在增城沦陷时打响了人民武装反对日本侵略的第一枪，这支人民武装凭着高度的抗日救国热忱，依靠广大人民群众，屡次英勇顽强地抗击装备精良、训练有素的强大的日本侵略军，给侵略者以应有的惩罚，它从战争中学习战争，终于成长为一支人民军队。三区常备队的光辉业绩，永远铭记在增城人民的革命史册。

　　（本文根据邝爱莲、杨步尧提供的材料并参阅有关材料编写）

　　——此文选编自《增江怒涛》（上集），中共增城县委党史研究室编印，1991 年 6 月

中共增龙博中心县委的成立、扩大和撤销
李光中

　　1940 年春到 1942 年夏这段时间，国民党顽固派在全国范围内发动了两次反共高潮，总的来说，形势在逆转，就在这段时间里，中共增（城）龙（门）博（罗）中心县委正式成立。中心县委执行了党的正确的路线、方针、政策，增龙博地区的党的工作，无论是党的建设、统一战线、群众运动和武装斗争，都取得

了很大成绩，积累了很好的经验。整个地区的局势，在两次反共高潮中，赢得了两年多的稳定，为以后的大发展打下了坚定的基础。中心县委从成立到扩大的过程，中共广东省委和东江前线特委，都给予很大的支持和寄予殷切的期望，省委曾准备在增龙博中心县委的基础上建立增龙博特别委员会，但由于1942年发生了"粤北事件"，党的工作方针有所改变，上级决定撤销中心县委，所以原计划没有实现。可以说，中心县委从成立到扩大到撤销这大约两年半的时间内，工作是发展的，局势是稳定的，其间斗争虽然尖锐、激烈，但党在这个地区取得了重大的胜利。

以山西新旧军冲突事件为标志而开始的第一次反共逆流波及广东后，国民党顽固派首先向东江人民子弟兵开刀。接着解散广东青年抗日先锋队和东江华侨回乡服务团。"东团"博罗队，则全队23人被捕入狱，其他一些地下党员亦备受监视，博罗全境，竟是一片白色恐怖。就在这个时刻，1940年3月在增、龙、博三县交界的增城正果白面石村，在原中共增城县委的组织基础上正式成立了中共增龙博中心县委，郭大同任书记，袁鉴文任组织部部长，李光中任宣传部部长，黄秀芳（小英）任妇委书记，博罗工委书记吴伯仲为委员，中心县委对增城、龙门、博罗三县的党的工作，实行统一的领导。

中心县委直接领导增城县的正果、派潭、福和三个区委和博罗县工委、龙门县工委。正果区委书记先后是邓刚屏、夏冰、陈江天，组织委员先后是张健民和王彪，宣传委员先后是夏冰和梁正，下辖白面石、东山小学、科甲堂和竹林四个支部。派潭区委书记先后是张平（张国强）、陈李中、赵学光（李月萍），组织委员为李月萍，宣传委员为梁锋（梁少立），下辖小迳、鹅兜、大埔、东洞、围园和增中学生共6个支部。福和区委书记先后是钟若潮、刘志远、李明、邓云英。当时，农民党员和妇女党员，都有较大的发展。至于担任了国民党县党部书记长的共产党员李东林、担任了县党部干事的共产党员郭冠雄、县妇女会会长许静文，则由中心县委负责同志进行单线联系，不编入支部，同其他党员也没有横向的组织关系。在农村，外来的党员干部多数安插在小学里担任教师，而脱产工作，以职业革命者身份出现（仍需要有一定的社会掩护），全县就只有中心县委几位负责同志。

在博罗，"东团"博罗队事件发生后，暴露了政治面目的地下党员迅速撤到增城，刘志远（原长宁区政府）、李莫平（即李世平，原东区服务队）、邱继英（原东区服务队）、刘德（即张道仁，原电台副台长）、李子英（即李青、李秀容，原政治队）等，都先后撤到增城沦陷区来。当时，博罗县工委书记吴伯仲驻新作塘八围村，组织部部长岑冰薇在新作塘教书。从增城调去的原正果区委书记邓刚屏任宣传部部长，驻公庄小学，地下党员邓原京（邓金陵）亦在公庄小学任教，韩继元在博罗县城小学，后继邓刚屏任县工委宣传部部长，张励（女）亦在博罗城，后调八围小学任教，进入国民党县党部任干事的黄惊白（书记长陈洁的女婿）、张觉青，则由中心县委负责同志单线联系；博罗的福田一带农村，我们党的基础还是比较强的，后来博罗县工委改为中共博罗县委，县委书记、中心县委委员黄慈宽就驻博西。

龙门县工委书记由中心县委组织部部长袁鉴文兼任，工作的重点在永汉区，区委书记是原中共增城临工委宣传部部长梁永思，在蔗岭祠日新小学任教。王达宏、王达尊、王镜在新屋下，王立中（王德化、王樊培）在虎头坪，李绍宗在低冚，这一带都有我们党的活动。袁鉴文则住在黄牛冚，以开店为职业掩护。至于进入国民党县政府掌握电台的地下党员吴宪俊（吴仲）则由县工委负责同志单线联系。袁鉴文调走后，龙门县工委书记调原在博罗的吴伯仲接任，组织部部长为王达尊，宣传部部长调原增城正果区委书记陈江天接任，县工委机关设在新屋下村崇新小学内。

省委和前东特委为了加强增龙博地区的领导，在第一届中心县委成立后两个月左右，即 1940 年 8 月间，扩大了中心县委，调来郑重担任书记，钟靖寰担任副书记兼统战部部长，李志坚（黄礼文）任组织部部长，黄小英仍任妇委书记，袁鉴文、吴伯仲为委员，并分别兼任龙门、博罗县工委书记。到 1941 年 4 月，郑重和袁鉴文他调，上级决定对增龙博中心县委再次进行调整，成立第三届中心县委，以钟靖寰为书记兼统战部部长；黄慈宽调博罗担任县委书记，吴伯仲调龙门任县工委书记，黄、吴均为中心县委委员，常委是郑重（二届）、钟靖寰、李志坚、郭大同、李光中。常委的分工，除各自部门的工作外，郑重、钟靖寰管全面；钟靖寰、李志坚联系增城沦陷区，李光中联系增城的正果、派潭两个区和博罗、龙门两个县。在沦陷区，以武装斗争为主，建立沦陷区工作委员会，由中心县委武装部部长郭大同兼任沦工委的书记，委员先后有陈启锐、刘志远、钟若潮、张志平。1941 年间，在沦陷区建立了三个区委：即北区委，辖花山、黄岭、大磨三个支部，区委书记先后是陈启锐、刘志远、李世平；南区委，辖禾塱、石迳两个支部，区委书记先后是钟若潮、张志平、邱继英；中区委，辖佛子庄等支部，区委书记是张志平。在增城的正果、派潭两个区，除了增加正果区东山中学的教师支部和学生支部外，其余的党支部，依旧没有改变。

第一届和第二届中心县委，分别于 1940 年和 1941 年暑假期间举办了为期一个月的党员训练班，这个时期，以教师为职业掩护的地下党员都放假了，下个学期党的建点布局又要重新部署。因此，暑假是考察、培养和提高党员的政治思想水平一个最好的时机，对于外来干部，更为重要。1940 年暑假那一期党训班，地点设在增城正果白面石村的东山小学内，对外称"升中补习班"，班主任是李光中，班支部书记是黄小英，课程有《形势与任务》（由郭大同担任）、《马列主义知识》（由李光中担任）、《党的建设》（由袁鉴文担任）等，党员20多人，刘志远、李子英（女）、宋晋、梁锋（女）、陈节（女）、曾广宏、古田芳、蔡培芳（女）等都在内。党训班实行军事化，但生活搞得很活跃，唱抗战歌曲、讲革命故事，进行共产主义教育，还组织形式多样的游艺晚会和各种活动，很适合青年和党员的特点。党训班结束后，党员分别奔赴新的战斗岗位，精神面貌大有改变，工作做得更好，在两次反共逆流中，党训班对增龙博地区政治局势的稳定，确是起了作用的。

　　1941年暑假那一期党训班，设在正果区乱石坑深山里一间独立大屋内，班主任李光中，班支部书记是钟若潮，课程有《形势与任务》（由钟靖寰担任）、《马列主义知识》（由李光中担任）、《党的建设》（由李志坚担任）、《统一战线》（由钟靖寰担任）、《武装斗争》（由郭大同担任）、《妇女运动》（由黄小英担任）等，学员30多人，分别来自沦陷区、正果区、派潭区、博罗县和龙门县，学员有郭云翔（女）、李莫平、古素文（女）、李江、张健民等。在学习期间，还组织了一次"反动派突然袭击"的演习，从中考验和锻炼党员，提高党员的警惕性。在总结增龙博地区的形势，尤其是对开展沦陷区的工作方面，起到了很好的作用。

　　谈到统一战线工作，应该说，中心县委领导下的三个县，成绩是显著的。增城县国民党的县党部和妇女会，完全为我党所掌握，连在县党部做具体工作的郭冠雄，也是地下党员。国民党正果区党部书记王新史和派潭区党部书记温潮伯，当时都是共产党员。中心县委为了贯彻毛泽东的"五·四指示"（见《毛泽东选集》1966年版直排一卷本第752页），经过逐个讨论研究，决定让一部分在国民党统治区工作的共产党员加入国民党，以便更好地掩蔽自己，并开展包括统一战线在内的党的各项工作。有些乡政府，如正果矛步乡、派潭的大埔乡等，都为我党同志所掌握。中心县委所在地正果区白面石村，经常由中心县委负责同志亲自去做当地开明人士王雁门先生的统战工作，争取他对我们的支持。为了进一步搞好统战工作，由中共党员、国民党增城县党部书记长李东林倡议，成立增城县党政军联合办事处，党员王新民出任秘书，何君侠任干事，这个机构，为中心县委掌握国民党动态，确定斗争策略，提供了不少重要报告。博罗方面，国民党县党部里有党员黄惊白、张觉青协助书记长陈洁，掩护了我们的工作。龙门方面，吴宪俊打入县政府，通过统战工作，也提供了不少情报。1941 年皖南事变发生后，中心县委编印了大量宣传品，向广大群众揭露了国民党顽固派投降、分裂和倒退的阴谋，坚持我党抗战、团结和进步的主张，并通过统战工作，争取了一些上层人物和开明人士对我们的同情与支持，因而赢得了第二次反共逆流中增城、龙门、博罗地区政治局势的稳定，有利于我党工作的开展。

农民运动，特别是妇女运动，在中心县委的领导下，也开展得很好，中心县委的工作重点放在广大农村，这个观点是明确的，组织形式多种多样，工作方法深入细致。一般是从开办夜校或识字班，由中心县委编印农民识字课本和妇女识字课本，把识字教育和政治教育结合起来，寓政治教育于识字教育之中，既有日常生活的内容，也有乡土教育的材料。例如，"哥哥去当兵，妹妹来送行，打鬼子，保家乡""日出东山红半天，要求活命靠双肩，多少穷人无饭吃，多少财主占良田""人，男人，女人，大家都是人""你是中国人，我是中国人，大家都是中国人，都爱中国""茶、饭、酒、菜、碗、碟、杯、盘、酒杯、饭碗、茶碟、茶盘""荔枝、菠萝，荔枝红、菠萝香，风吹桃花暖洋洋"。当时，在增龙博地区，农民夜校和妇女夜校遍布广大农村，凡有我们党员任教的村庄，都开办了农民夜校或妇女夜校，许多女同志晚上点着竹柴火接送妇女来校和回家。通过这些夜校，培养了积极分子，吸收了一批农民和妇女入党，使党在农村生根。仅正果、派潭两个区，就建立起农村党支部 16 个。群众组织的形式，则适应反共逆流的形势，多种多样，如同乐会、互助会、兄弟会、姐妹会、妹仔屋（未婚女青年集居处）等；有的组织妇女轮流喂养猪只，叫做"养轮猪"，增加自己的收入；有的组织妇女集体上山割草，互相照顾。通过宣传工作和组织工作，农民和妇女的政治觉悟和政治地位大大提高，积极参加抗战工作，不少农民参加了我们的游击队，有的为我们送信做交通。沦陷区妇女掩护游击队，为抗击日军贡献了力量，白面石村第一个女党员何润娣，为保卫和掩护设在她家中的中心县委机关，付出了极大的劳动和心血。1941年，有一天日军进犯白面石，群众在中心县委领导下，实行坚壁清野，村内群众挑着铺席和家禽家畜，全部上了山高林密的"鬼叫窝"。这些斗争，锻炼了群众，不少妇女，还不时献出粮食和"三鸟"，打了草鞋，挑去慰问我们的游击队。

武装斗争方面，中心县委的重点在增城沦陷区，作为主力部队的何洪川中队，中队长何洪川，指导员钟若潮，副中队长萧光星，司务长卓觉民。这个中队原是正果豸步乡自卫队，与在博罗县陈文博大队暴动拖枪过来的党员萧光星、卓觉民等 23 人合编后开赴沦陷区的，以福和花山村为基础，活动于福和、镇龙、中新一带和佛子庄、旺村、油麻山、竹山岬、卜新庄等地。他们选择时机，独立地或与钟钧衡中队配合，经常打击日军和汉奸，在敌强我弱的条件下，我党领导下的游击队，敢于抗击日军、敢于胜利的精神，大大提高了增龙博地区人民抗敌的信心。

1941 年，何洪川在佛子庄病逝。适值卢伟良、鲁锋、李南等同志从东莞活动到福和地区一带，即以卢伟良为大队长，郭大同为副大队长，将原何洪川中队编为增从番抗日游击队，接受中心县委的领导。为了巩固和扩大这支主力部队的力量，在花山肚大窝深山中，盖搭起兵营，设有医疗站、油印室、交通情报站等，并举办了几期军训班、党训班、青训班，培养了一批骨干分子。经过努力，这支部队发展到 300 多人，游击队活动范围也扩大到广州近郊帽峰山、黄麻塘、李伯坳、岭头及永和地区的禾塱、石迳、黄旗山一带，相机打击敌人。1942 年春，博罗一位隐蔽在罗浮山道观里以道士身份出现的地下党员，策动被日军打散的国民党独立旅一个连起义，由代理连长徐荣光率领，带有两挺白朗宁轻机枪及长短枪数十支，由宋晋、宋刚、张国强、林郎（女）等为向导，在中心县委负责人李光中的直接指挥下，把这支隐蔽在增城正果区畬族山村的队伍，带经正果、派潭、福和转入油麻山，后在黄旗山编入增从番主力部队。在中共增城沦陷区工委的领导下，我们先后建立了油麻山中队、黄旗山中队，以及坝子、塔尾、大旺岗、蕉㘵、木棉村等小分队。这个时期，中心县委依靠主力部队，在敌后大力开辟新区，到处打击敌伪，形势发展越来越好。中心县委领导下的武装斗争，除主力部队以外，还有地方武装，其中有用国民党番号的六十三军随军杀敌队第一大队，由中共党员魏友相任大队长，钟钧衡、魏策新任中队长，李南任支部书记兼小队长，这个大队的活动范围包括花山村李屋、庄岭水、禾场岭、佛子庄、旺村、油麻山等地纵横 100 多华里的增从番边境地带；有用六十三军杀敌中队番号的增龙人民抗日自卫中队，由王达宏任中队长，这个中队开到增城正果圩、三平约、冷水坑、白面石、合水店、箣竹坑、欧㘵、浪拔一带进行抗日锄奸活动，给敌人以沉重的打击；还有用六十三军指挥部独立十九杀敌中队番号的一支队伍，由宋晋任中队长、宋刚任小队长，在派潭、腊布一带活动。此外，在正果区的夯步乡，由共产党员王彪、王俊明任正副队长的夯步乡自卫队，驻正果圩维持地方治安，保护地下党员和进步人士的抗日活动。

1942年3月3日（农历正月十七），中心县委书记钟靖寰和组织部部长李志坚，从增城派潭区到沦陷区指导工作，路经二龙圩，不慎被张永卿"杀敌队"逮捕了。当时，中心县委的四位常委中，有两人被捕，郭大同去了沦陷区，只剩下李光中一人留在机关，日军又正在这个时间对东莞、增城沦陷区大举"扫荡"，我们原来通过沦陷区同东江前线特委的交通联络站暂告中断，一时得不到上级的指示，情况相当困难。李光中代表中心县委，采取了如下紧急措施：派出交通员想方设法从后方把情况报告上级；继续经常到正果、派潭和博罗、龙门县巡视工作，稳定党员的情绪；部署白面石村的党员和群众保卫中心县委机关，并清理文件，分批撤退政治面目暴露的外来干部和地方干部；设法探听钟、李两人在狱中的表现，进行营救工作。至5月间，李光中经博罗、惠阳到了东江纵队司令部，先后见到郑重、黄宇和尹林平同志，详细汇报了钟、李被捕和增龙博地区的情况，听取了上级的指示，然后返回增城。

1942年5月，"粤北事件"发生后，全省包括增龙博地区的政治形势进一步逆转。针对当时的情况，上级对增龙博地区党的领导作出了重大的调整：撤销中心县委，增城县分设沦陷区县委和后方县委，博罗县委和龙门县工委建制仍旧，但改由博罗县委书记黄慈宽任增龙博地区的联络员，代表前东特委联系龙门和增城后方。郭大同调任增城沦陷区县委书记，直属前东特委领导；增城后方县委辖正果、派潭、福和三个区，由陈李中任县委书记，潘仲山任组织部部长；邱继英任正果区委书记，宋佛清任派潭区委书记，邓云英任福和区委书记，李光中和黄秀英调回前东特委。

5 月下旬，李光中分别向博罗县委和龙门县工委将这一决定传达和部署后，在派潭区鹅兜小学主持召开会议，宣布上级关于撤销中心县委和干部安排的决定，并部署好增城县的各项工作。会后不久，李光中、黄秀英离开增城，到前东特委。

中共增龙博中心县委的成立、扩大和撤销，标志着我党力量的迅速发展和逐步巩固，也体现了在各个特定的历史阶段中党的工作方法、组织形式和斗争策略的改变。中心县委正确地执行了党的路线、方针、政策，取得了很大的成绩。增龙博地区的广大共产党员和进步人士以及农民群众和妇女群众，在党的领导下，经受了民族斗争和阶级斗争的严峻考验，写出了可歌可泣的史诗，不愧为中华民族的优秀儿女。为了党的事业而光荣献身的先烈们，更值得我们这些幸存者学习和崇敬，他们的鲜血不会白流，经过多年的浴血奋战，终于赢得了抗日战争和解放战争的全部胜利。在中国共产党的领导下，增龙博地区广大人民，继承先烈遗志，发扬革命精神，为建设社会主义的四个现代化而贡献自己的力量。

——此文选编自《增江怒涛》（上集），中共增城县委党史研究室编印，1991 年 6 月

1. 增城市地方志编纂委员会编：《增城县志》，广东人民出版社 1995 年版。

2. 增城市地方志编纂委员会编：《增城市志（1994—2005）》，花城出版社 2012 年版。

3.《增城年鉴》，广东人民出版社等 2003—2020 年版。

4. 中共增城市委党史研究室编：《中共增城地方史》，2000 年。

5. 中共增城市委党史研究室编：《中国共产党增城地方史（二卷）资料汇编》（第 1—3 辑），2007—2009 年。

6. 中共增城市委党史研究室编著：《中国共产党增城历史·第二卷（1949—1978）》，广东人民出版社 2011 年版。

7. 增城市政协文史学习法制委员会编：《增城文史》（第 1—15 辑）。

8.《增城区 2019 年政府工作报告》。

9.《增城区 2020 年政府工作报告》。

后记

　　2018年7月，按照中国老区建设促进会《关于编纂全国1599个革命老区县发展史的安排意见》以及广东省老区建设促进会等单位《关于印发编纂〈革命老区县发展史〉丛书有关文件的通知》要求，中共广州市增城区委高度重视革命老区发展史一书的编纂工作，并指定由区委党史研究室负责该书的编纂。为此，成立了《广州市增城区革命老区发展史》编纂委员会，统筹做好增城革命老区发展史的编纂工作，由中共广州市增城区委副书记丘岳峰任主任，编委会成员包括增城区委办、区委组织部、区委宣传部、区政协文史学习委、区人民武装部、区发改局（区统计局）、区民政局（区老促会）、区财政局、区国土规划局、区文体旅游局、区委党史研究室、区委党校、增城日报社、区广播电视台、区农业局（区扶贫办）和各镇街分管负责同志。编纂委员会下设编辑部，由区委常委、区委组织部部长祁森林任主编，区委党史研究室主任尹中威、区委办副主任陈坚、区民政局党组书记严立栋、区委党校校长夏文生任副主编，成员包括区委办、区委组织部、区人民武装部、区民政局（区老促会）、区委党史研究室、区委党校有关人员。

　　增城拥有比较丰富的红色革命资源，2019年全区有174个老区村庄，分布在13个镇（街），且有派潭等4个老区镇。为确保编纂质量，编辑部成员张水才、孙晓敏认真查阅增城历年来编纂的地方党史资料：《中共增城地方史》、《中国共产党增城地方史（二卷）资料汇编》、《中国共产党增城历史·第二卷（1949—1978)》、《增江怒涛》（上、下集）、《中共增城党史大事记》（1924.1—1978.11)、《增城改革开放大事记（1978.12—1998.3)》，以及《东江纵队第四支队史》《纪念东江华侨回乡服务团增龙队成立五十周年》《竹园涌革命斗争史》《派潭小迳革命斗争史》《增城永和革命斗争史》等。根据广东省老区建设促进会的编纂要求，编辑部确立全书的章节目编写框架，落实编写人员。其间得到尹中威、陈炳钊的热情指导。2019年，正式启动该书的编纂工作。张水才、孙晓敏负责相关篇章的初稿撰写。

编写人员认真做好资料征集、整理和提炼工作，坚持以习近平新时代中国特色社会主义思想为指导，力图突出中共增城地方组织带领老区人民在新民主主义革命时期，为国家独立、人民解放革命事业，抛头颅、洒热血不懈奋斗的崇高精神；突出中共增城地方组织带领老区人民在社会主义革命和建设时期，以人民利益为中心，自力更生、艰苦奋斗的创业精神；突出中共增城地方组织在改革开放和社会主义现代化建设进程中，勇于解放思想、开拓创新、奋力脱贫攻坚的奉献精神；突出中共增城地方组织带领老区人民在进入中国特色社会主义新时代，不忘初心，赓续红色血脉，奋进在城乡融合征途上，担当使命，夺取一个又一个胜利的豪迈气概和伟大精神。

初稿完成后，广州市委党史文献研究室组织有关专家对初稿进行评审。评审会上，胡巧利、贺红卫、周艳红、董泽国，以严肃认真的科学态度，高度的历史责任感，提出了许多具体的修改意见。根据广州市委党史文献研究室领导和专家提出的修改意见，尹中威、陈炳钊邀请增城区委党史研究室退休干部黄卓夫负责该书的总纂工作，对书中存在的问题予以调整、增删、修改、润色。

在编写过程中，编写人员以严肃认真，对历史负责的精神，字斟句酌，加班加点，三易其稿，确保了本书的质量。《广州市增城区革命老区发展史》是中共广州市增城区委党史研究室全体人员共同努力的结果，是中共广州市委党史文献研究室热情指导的结果，是增城区各级领导大力支持的结果，是集体智慧的结晶。在此谨向他们表示衷心的感谢！

由于编者水平有限，本书仍存在各章资料丰欠不均，部分内容因缺乏资料无法追本溯源等问题。我们深以为憾，热切祈望专家、学者及广大读者批评指正。

《广州市增城区革命老区发展史》编纂委员会

2021 年 7 月 13 日

广东人民出版社 党政精品图书

围绕中心，服务大局，做最具高度、深度和温度的主题出版物

中宣部主题出版重点出版物

《中华人民共和国通史》（七卷本）

· 全国第一部反映中华人民共和国70年光辉历程的多卷本通史性著作
· 中央党校、中央党史和文献研究院权威专家倾力打造

《账本里的中国》

一册册老账本，串起暖心回忆，讲述你我故事，体味民生变迁。

· · ·

《全国革命老区县发展史丛书·广东卷》

· 挖掘广东121个革命地区的红色记忆
· 中国老区建设促进会牵头组织

《红色广东丛书》

· 广东省委宣传部重点主题出版物
· 传承红色基因，弘扬革命精神

本书配有智能阅读助手，为您1V1定制

《广州市增城区革命老区发展史》阅读计划

帮助您实现"时间花得少，阅读体验好"的阅读目的

建 议 配 合 二 维 码 一 起 使 用 本 书

您可根据自己的学习需求，量身定制专属于您的阅读计划：

阅读服务方案	阅读时长指数	为您提供的资源类型	帮助您达到以下学习目的
1. 高效阅读	阅读频次 较低 每次时长 较短 总共耗费时长 ■■	总结类	快速学习和掌握红色精神。
2. 轻松阅读	阅读频次 较多 每次时长 适中 总共耗费时长 ■■■	基础类	简单了解革命老区的历史。
3. 深度阅读	阅读频次 较高 每次时长 较长 总共耗费时长 ■■■■	拓展类	继承和发扬红色精神，推动老区发展。

针对您选择的阅读计划，您可以享受以下权益：

立刻获得的主要权益

▶ **专享本书社群服务**：提供创造价值与私密的深度共读服务，群内分享阅读干货，发起话题探讨
▶ **1套阅读工具**：辅助您高效阅读本书，终身拥有

每周获得的主要权益

▶ **专属热点资讯**：16周社科文学类资讯推送，每周2次
▶ **精选好书推荐**：16周文学社科热门好书推荐，每周1次

长期获得的主要权益

线下读书活动推荐：精选活动，扩充知识开拓视野 不少于1次

抢兑礼品：免费抽取实物大礼 不少于2次限时抽奖

微信扫码 添加智能阅读助手

只需三步，获取以上所有权益：

1. 微信扫描二维码；
2. 添加智能阅读助手；
3. 获取本书权益，提高读书效率。

※ 鉴于版本更新，部分文字和界面可能会有细微调整，敬请包涵。